Wilfried Erdmann Segeln mit Wilfried Erdmann

Segeln mit Wilfried Erdmann

Ansichten und Erfahrungen eines Weltumseglers

Kiepenheuer & Witsch

Fotonachweis:
Seite 67, 86, 122, 216, Hanns-Jörg Anders/stern; Seite 345 Delius
Klasing; Seite 11, 60 Kym Erdmann; Seite 17, 143 Kai Greiser;
Seite 73 Manfred Hebekerl; Seite 160 Trude Rades; Seite 25, 301
Harry Tachulke; Seite 15, 241 Peter Timm/Bild. Alle anderen Auf-
nahmen A. und W. Erdmann

© 1988 by Verlag Kiepenheuer & Witsch, Köln
Layout Wilfried Erdmann
Gesamtherstellung Clausen & Bosse, Leck
ISBN 3 462 01876 0

Für die Mitarbeit am Buch
danke ich meiner Frau Astrid Erdmann.
Sie hat redigiert und koordiniert.

Inhaltsverzeichnis

1 Warum ein neues Buch?

»Wo das Land aufhört, beginnt das Meer. Das weiß jeder.«
(Küstenschnack)

Vom 8. September 1984 bis zum 6. Juni 1985 war ich ununterbrochen auf See. Allein und nonstop segelte ich um die Erde. Von Kiel nach Kiel in 271 Tagen.
Für mich war es die magische Route. – Diese klassische Weltumseglung auf dem naturgegebenen, direkten Kurs: durch die hohen antarktischen Breiten, ums Kap der Guten Hoffnung und das berüchtigte Kap Hoorn. Also nicht durch die künstlichen Wasserstraßen Suez- und Panamakanal, sondern den Kursen der früheren Windjammer von West nach Ost folgend.
Mit dieser einzigartigen Reise wollte ich mich erneut vollkommen einer Sache verschreiben: völlig allein durch die stürmischsten Seegebiete der Erde, ohne anzulegen, einen Hafen anzusteuern oder sonstwie unterwegs Proviant und Ausrüstung nachzubunkern.
Daß ich dieses Unternehmen erfolgreich abschloß, dazu ohne ernste Havarien, konnte ich selber zunächst kaum fassen – und viele andere auch nicht. »Wie hat er das bloß gemacht?«
Nun, diese gelungene Meeresfahrt war das Resultat einer guten Synthese von phantasievoller Planung und nüchterner Kalkulation.
Einmal hielt ich mein Boot in der Konstruktion und in der Ausrüstung einfach, geradezu grundsolide, ohne Schnörkel.
Und zweitens haben mir meine Erfahrungen aus den früheren Reisen entscheidend geholfen. Drei große Fahrten, ge-

nauer Weltumrundungen mit eigenen Segelbooten, gingen dieser Nonstopfahrt voraus. Und ohne die Erlebnisse dieser Reisen, ohne die Erkenntnisse und Wahrnehmungen von damals hätte ich nie das 271-Tage-Abenteuer planen, beginnen und durchführen können.

Nach dieser Fahrt meines Lebens ermunterten mich viele Leute, die Vorstellungen und Pläne von Langfahrten mit sich herumtragen, mein Wissen, meine Beobachtungen und Gedanken in einem Sachbuch weiterzugeben. Das reizte mich. Aber: Ich besitze bereits gut ein Dutzend Fachbücher vom Segeln. Sollte ich da ein weiteres hinzufügen? Zudem bieten sich dem Fahrtensegler heute zahllose Bootstypen, Ausrüstungsmöglichkeiten und vielfältiges Zubehör an. Offensichtlich verwirrt jedoch die meisten Interessierten dieses reichhaltige Angebot. Die Yachten haben zuviel Firlefanz, Bücher ersticken in Perfektion und zeigen nicht den Mut zum Improvisieren.

Deshalb also dieses neue Buch – anders als sonst: in Konzeption, Inhalt und Aufmachung. Ich gehe von meinen persönlichen Erfahrungen aus. Basis für die Aufzeichnungen ist mein letztes Boot, die »Kathena nui«, aber auch meine anderen Weltumseglungen liefern das Material. 30 wesentliche Gesichtspunkte habe ich zusammengefaßt. Die Atmosphäre und Dichte eingestreuter Erlebnisse sollen die Aufnahmen der Fakten erleichtern.

In kaum einem anderen Bereich gehen die Meinungen so weit auseinander wie in der Fahrtensegelei: Ist ein Langkieler vorteilhafter? Geht es ohne Kartentisch? Bloß kein Aluminium als Baustoff! Wie werde ich am besten mit der Seekrankheit fertig? Wieviel Komfort brauche ich? Oder: Benötigt man unterwegs überhaupt Geld? Segelt sich ein Ketschrigg leichter? Rollreffanlage? All diesen Fragen werde ich nachgehen, Vorstellungen erläutern, auf Materialien, Wetter, Arbeit und Muße eingehen. Selbstverständlich werde ich mich mit dem Meer auseinandersetzen. Über negative Einflüsse und Beschwerlichkeiten berichten. Und was man danach, also aus seiner Fahrt, machen kann. Machen muß!

Eine Gebrauchsanweisung für Ozeansegelei werden Sie von mir nicht bekommen. Das jedenfalls bezwecken die Texte,

Bilder, Skizzen dieses Buches nicht. Ich glaube gar, für jene Segelei, die ich hier meine, ist außer Segeltechnik und Navigation und einigen anderen Dingen nichts erlernbar. Gefühl und Begeisterung muß man haben – fürs Boot, das Meer, Natur und Umfeld. Bewußt erleben und mit Willen und Leidenschaft auch unmögliche Dinge anpacken. Den Menschen unterwegs neugierig und höflich gegenübertreten.

Man muß erkennen, daß die technischen Aspekte der Ozeansegelei im Vergleich zu den Erlebnissen eine untergeordnete Rolle spielen. Kenntnisse der Segeltechnik und Navigation sind handwerkliche Voraussetzungen – mehr nicht. Erst recht ist ein erfolgreicher Törn nicht vom Umfang der Ausrüstung abhängig. Manches ist zwar wünschenswert, doch notwendig ist vergleichsweise wenig: ein solider Bootskörper, Rigg und Segel, verläßliche Ruderkonstruktion, hohe Reling, dichte Luken und unter Deck Kocher, Koje, Kartentisch. Dazu etwas Navigationsgerät und ein gesunder Menschenverstand.

Mit einem Wort: Ich möchte einen ganzen Segelsack Erfahrungen ausschütten und Lücken füllen. Aufforderungen, so oder so zu handeln, und Belehrungen werden Sie nicht finden. Es ist auch keine Lektüre für Drop-outs. Jeder, der ein Boot besitzt, sollte damit sorgfältig umgehen. Der sogenannte Aussteiger, der in einer Wuhling von Tauen auf seinem verrosteten Kahn smoked und philosophiert, sollte an Land zurückkehren.

Mit Hinweisen und praktischen Beispielen aus meiner langjährigen Segelei mit verschiedenen Schiffen möchte ich Sie neugierig machen auf das Leben mit einem Boot. Verdeutlichen, daß am Ende einer Route immer das Unbekannte liegt. Zeigen, daß Reisen ein zutiefst subjektives Erlebnis ist, bei dem die Zufälle im Alltag der Fremde aufregender sein können als jede etablierte Sehenswürdigkeit.

Den Lesern, die ein Boot besitzen, wünsche ich, daß sie mit meinen Anregungen den erforderlichen Schubs kriegen. Anderen, daß sie sich ein Segelboot bauen oder kaufen: So kommen Sie mit dem Wind, der zu den wenigen Dingen auf der Erde gehört, die es noch umsonst gibt, überall hin.

Wilfried Erdmann   Goltoft, Januar 1988

2 Erste Segel- Erfahrungen

»Am Morgen des 13. Mai stieß ich von der Pier ab, setzte Großsegel und Fock und brauste los. Nicht sehr weit. Ich kam der Kaimauer an der Ausfahrt bedenklich nahe und wäre unweigerlich dagegengebrummt, wenn ich nicht vergessen hätte, den Spinnakerbaum einzuholen, der wie ein Klüverbaum vorn einen Meter weit hinausragte. Er fing den Aufprall ab – und zersplitterte dabei. In drei Stücke. Drei Stücke sind eigentlich ein gutes Zeichen ...« (Aus meinem Logbuch über den ersten Versuch, allein zu segeln; Alicante 1966.)

Als ich das Meer zum ersten Mal sah, hatte ich einen langen und mühevollen Weg hinter mir. 1958 radelte ich quer durch Deutschland, besuchte Luxemburg und Paris und erreichte schließlich bei St. Raphael die Mittelmeerküste. Ich staunte nicht schlecht. Mann, war das eine Aussicht! Ich stellte mein Rad an eine Pinie, aß einen Pfirsich und trank viel Wasser. Das glatte Meer spiegelte sich im Gegenlicht der Nachmittagssonne. Groß war mein Erstaunen über die Weite des Meeres. So groß, so bestimmend hatte ich mir das Meer nicht vorgestellt. Ich bin zwar in Pommern geboren und in Norddeutschland aufgewachsen, aber das Meer hatte ich bis dahin nicht gesehen.

Immer an der Küste entlang, setzte ich meine Radtour fort: den italienischen Stiefel hinunter, um Sizilien herum, durch Tunesien, Libyen, Ägypten und den Libanon, schließlich gelangte ich bis nach Indien. Dort an der Westküste bei Mangalore entdeckte ich ein Segelboot. Allein lag es vor Anker. Der Eigentümer, ein Engländer, zeigte mir das winzige Holzboot. Am meisten beeindruckte mich die Tatsa-

»Kathena« am 8. Mai 1968 in Helgoland. Mitten in der Nacht verlasse ich den Felsen, um in Hamburg meine erste Weltumseglung zu beenden.

Noch heute fühle ich mich meiner ersten »Kathena« – durch das einzigartige Erlebnis einer gemeinsamen Aufgabe – mehr verbunden als allen nachfolgenden.

che, daß man sich nicht um die leidigen Visa für die jeweiligen Länder bemühen muß, um sich fortzubewegen. »Alles, was ich brauche, ist ein gültiger Reisepaß«, sagte mir der junge Mann. Dazu hatte er seinen Kocher und konnte schlafen, wann er wollte. War also nicht wie ich auf Tempelunterkünfte und billige Herbergen angewiesen. Wurde auch nicht stets von Menschen umdrängt, denn er lag ja weitab vom Strand. Und außerdem war Segeln eine sportliche Betätigung. Alles das setzte mich in Flammen. Ein Segelboot erschien mir sofort als das ideale Reisemittel.

Von da ab hatten die wichtigsten Dinge in meinem Leben mit dem Meer zu tun:

Fünf Jahre Handelsschiffahrt (vom Decksjungen zum Matrosen) – hauptsächlich, um Geld für das erste Boot zusammenzubekommen.

Mit der Segelei habe ich 1965 begonnen. An Bord meines eigenen Sieben-Meter-Kielschwerters, der ersten »Kathena«, die ich für den Zweck einer Weltumsegelung angeschafft hatte. Als gerade Mittzwanziger marschierte ich dann auch direkt durch – 30 223 Seemeilen, als erster Deutscher, der die Welt allein umrundete. Zu einer Zeit, als Weltumsegeln in Deutschland überhaupt nicht populär war. Ich unternahm die Fahrt damals mit sehr wenig Geld und mit einem Boot, das weder für eine solche Reise konstruiert noch gebaut war. Ja, selbst das Segeln habe ich mit dem Boot erst gelernt.

Ich verletzte dabei nach Ansicht mancher Segelfunktionäre ein Tabu: Ich segelte ohne Segelschein und Segelverein. Das nahm man mir nach der gelungenen Fahrt übel. Aber das Können, den Kampfgeist, den Mut zum Improvisieren unterwegs auf dem Meer lernt man nicht in einer Segelschule. Ich war außerdem mit so viel Willen, Leidenschaft dabei, daß selbst grobe Fehler in der Seemannschaft meinen Elan nicht dämpften, vielmehr nutzte ich entschlossen und kaltblütig die rasch wechselnden Situationen auf dem Meer und an den Küsten. Mangels geschulten Wissens habe ich mir daneben ein Gefühl oder genauer einen Instinkt angeeignet, der mir später noch oft behilflich war.

Ich wagte es, unangemeldet anzukommen. Die Folge: Polizei, Zoll, Seglerverband besuchten mich in der engen Kajüte, wo ich mich rechtfertigen mußte.

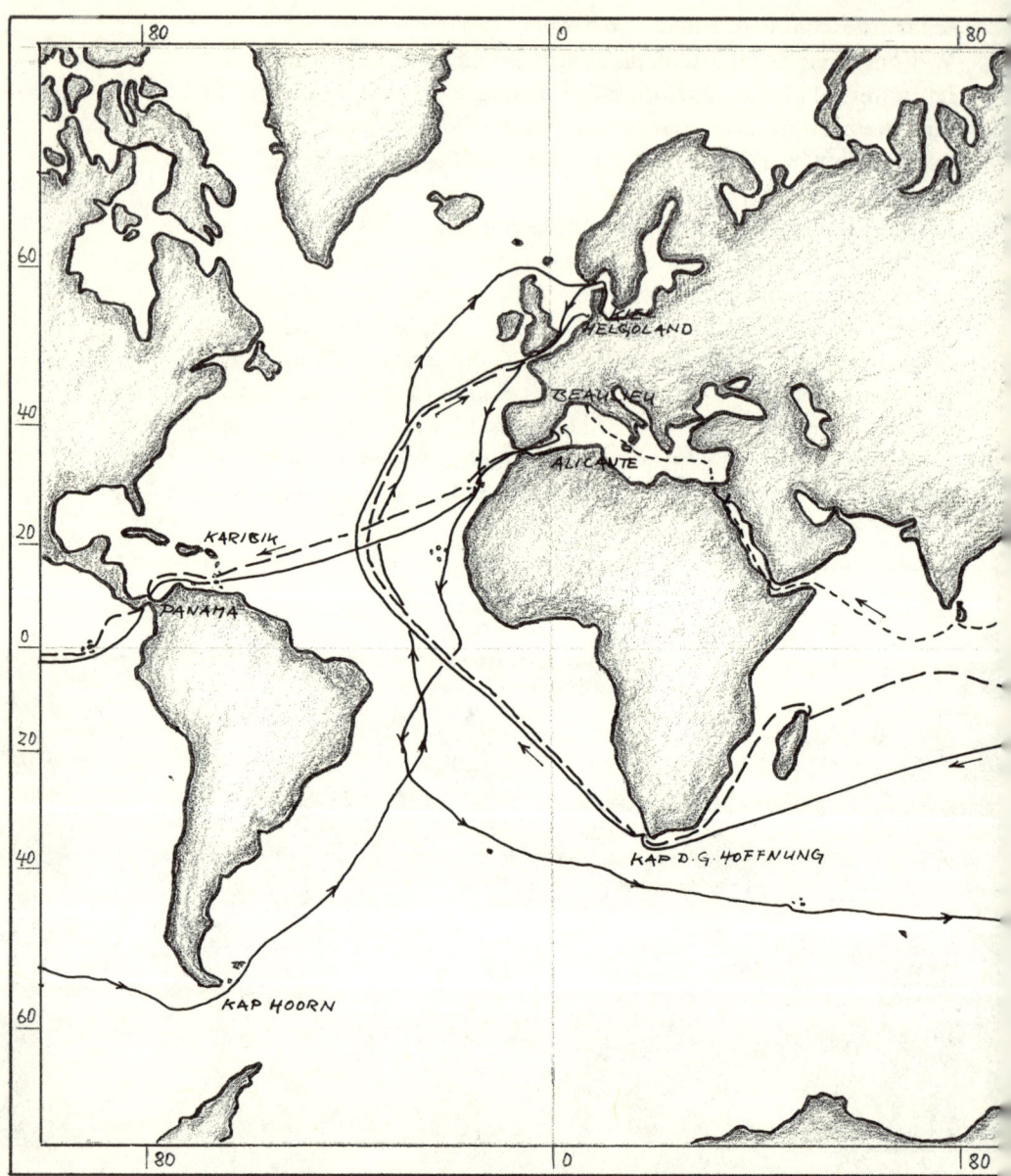

KARIBIK

PANAMA

HELGOLAND

BEAUSEY

ALICANTE

KAP D.G. HOFFNUNG

KAP HOORN

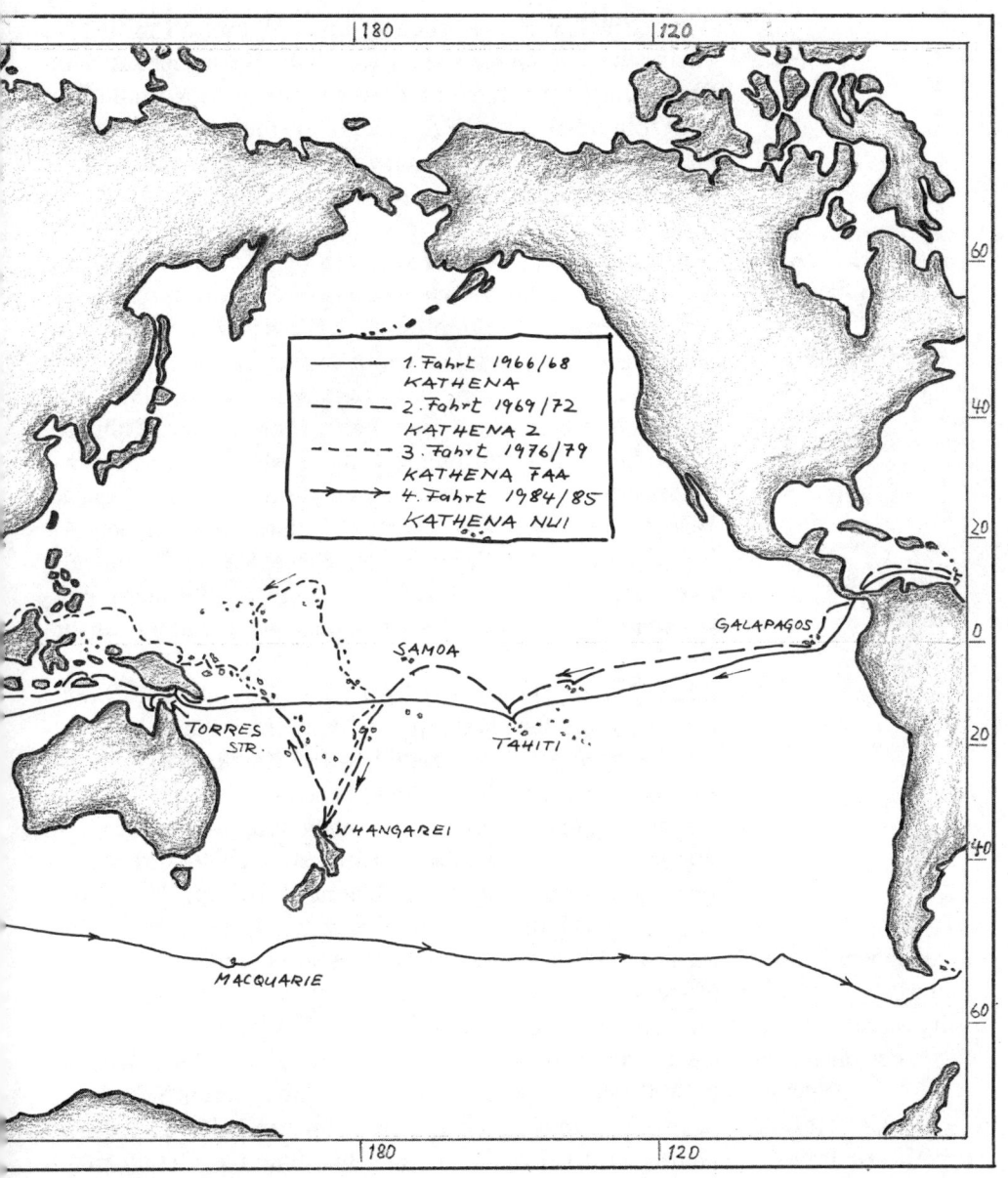

1. Fahrt 1966/68
KATHENA
2. Fahrt 1969/72
KATHENA 2
3. Fahrt 1976/79
KATHENA FAA
4. Fahrt 1984/85
KATHENA NUI

180   120

60

40

20

0

20

40

60

GALAPAGOS

SAMOA

TAHITI

TORRES
STR.

WHANGAREI

MACQUARIE

180   120

Als beispielsweise »Kathena« durch Wurmfraß mitten im Pazifik zu viel Wasser zog, brach ich die Reise nicht ab, sondern nahm Streichhölzer und stopfte sie in die Wurmlöcher. Die aufquellenden Hölzer dichteten mein Boot. Hindernisse wie Geldmangel, Ruderbruch, löchrige Segel, hübsche Mädchen konnten mich jungen unbekümmerten Segler nicht aufhalten.

Völlig gleichgültig, ob alle Segelscheine und Erfahrungen vorhanden sind – vor jedem Törn sollte primär eine wohlwollende Illusion stehen.

Das Motiv dieser ersten Fahrt: Ich tu' es einfach. Genauso plante ich und führte ich eine weitere Reise durch. Diesmal war es eine Weltumseglung zu zweit. Frisch verheiratet mit Astrid, einer Düsseldorfer Sportlehrerin, stürzten wir uns auf die Wogen. 1022 Tage, von 1969 bis 1972, war die »Kathena 2« auf der Passatroute unser Zuhause. 35086 Seemeilen, größtenteils nasse Meilen, brachten wir hinter uns. Der Stahlrundspanter war zu schwer, schon bei Windstärke 5 das Deck überspült – eine harte Segelei. Als fast am Ende der Fahrt in der Biskaya eine Sturmwelle zwei große Fenster eindrückte und die Kajüte unter Wasser stand, packte uns das Entsetzen: »Nie wieder um die Welt!«

Beim Wasser blieben wir trotzdem. Mit einer 13,5 Meter langen Kutterslup »Kathena iti«, gezeichnet von John Illingworth, machte ich von Beaulieu (Südfrankreich) 14tägige Korsika-Törns. Sechs bis sieben zahlende Mitsegler hatten meistens gebucht. Praktische Ausbildung war dabei. Drei Sommer lang ging ich dieser Tätigkeit nach. Astrid organisierte alles von Land aus: Buchung, Proviant, Säuberung. Unser »Geschäft« florierte. Sorge um Kunden hatten wir nicht. Und wir fühlten uns wohl im für uns schönsten Teil des Mittelmeeres.

»Kathena 2«, eine 8,90 m lange Slup, war für Astrid und mich drei Jahre unser Zuhause. Unteres Bild: Mit »Kathena iti« verdienten wir drei Sommer mit Ausbildungstörns unseren Lebensunterhalt.

Der Vorsatz »Nie wieder« hielt nur drei Jahre. »Kathena iti« wurde verkauft, und es folgte ein unvergleichbarer dreieinhalbjähriger Südseetörn mit Astrid und unserem Sohn Kym, der zu Beginn drei Jahre alt war. Im April 1976 ging es von Neuseeland aus los, mit einer zehn Meter langen und knapp drei Meter breiten Slup aus Glasfiber. Mit der »Kathena faa« hatten wir uns vorgenommen, die Hinterpfade der Südsee auszufurchen. Im Zickzackkurs kreuzten wir durch viele Archipele: Fidschi, Tuvalu, Kiribati, Nukumanu, Salomonen, Neuguinea, Borneo. Insgesamt segelten wir 20422 See-

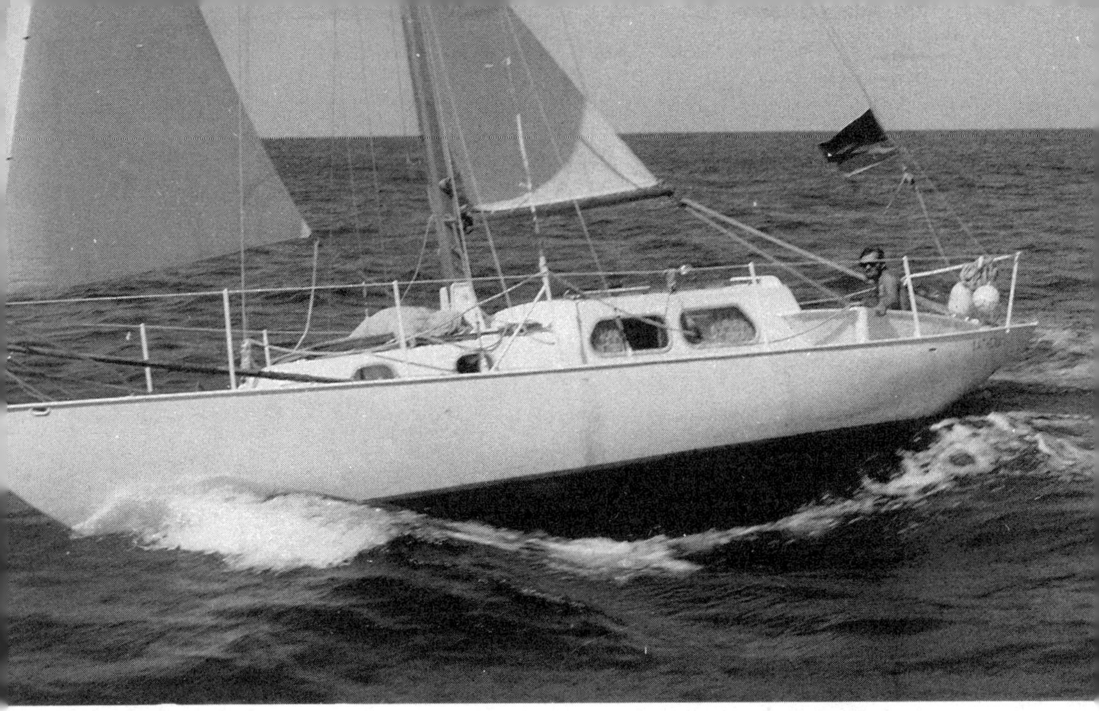

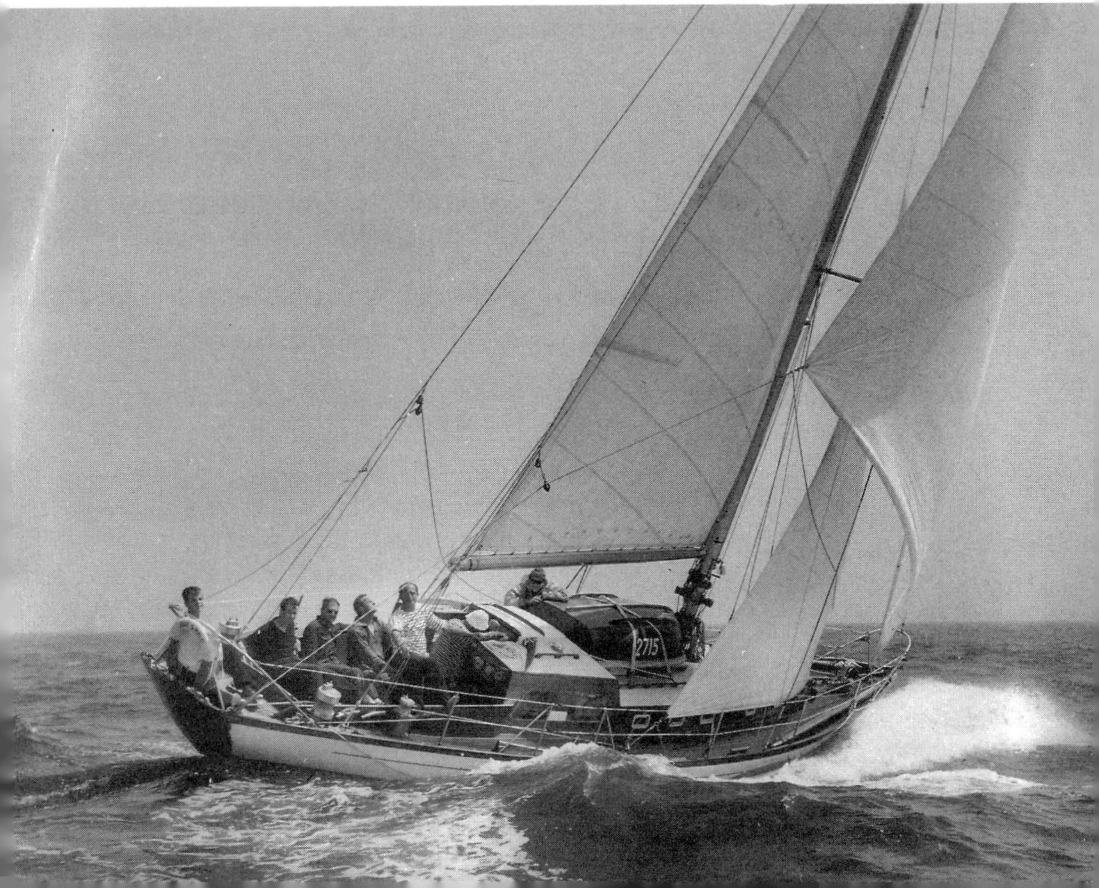
2715

Der dritte große Törn – auf den Hinterpfaden der Südsee – zu dritt: Astrid, unser Sohn Kym und ich an Bord der »Kathena faa«.

meilen und beendeten den Törn im Juli 1979 in Südfrankreich. 144 Inseln lagen in unserem Kielwasser.

Alle drei großen Reisen wurden, den Umständen entsprechend, mit kleinen einfachen Booten und einem Minimum an Ausrüstung gemacht. Trotz allem habe ich diese Fahrten ohne ernstliche Havarien durchgeführt. Schon gar nicht fremde Hilfe auf dem Meer benötigt.

Mit der Erfahrung dieser rund 104000 Seemeilen ging ich an

das Abenteuer eines Neubaus, der jetzigen »Kathena nui«. Kurz entschlossen bestellte ich in einer Werft Rumpf und Deck. Die deutschen Segler, die Langfahrten planen, haben, wie mir oft scheint, nicht genügend Biß. Viel zu oft wird überlegt und geplant. Der Individualismus kommt dadurch meistens zu kurz.

Mich reizte es dagegen ungemein, mit einem kleinen Boot, überschaubarem Aufwand und begrenzten Mitteln eine in jeder Hinsicht extreme Blauwasserfahrt zu machen. Ich wollte beweisen, daß man, ausgerüstet mit dem wirklich nur Notwendigsten, konzentriert auf das Wesentliche, absolut sichere und vom Erlebnis her gesteigerte Reisen machen kann. Es folgte diese – für mich – phantastische Nonstopfahrt rund um die Welt. Von Kiel nach Kiel in 271 Tagen. Allein durch die stürmischsten Seegebiete der Erde. 271 Tage in Bewegung – mich und mein Schiff vorantreibend, ohne Zuschauer, bei Sturm und Flaute. Ein einsamer Kampf mit den Wellen. 271 Tage Anspannung – konzentriert segeln, das Richtige tun, diese fressende Sehnsucht nach Menschen, die Angst nicht nur vor den Elementen, mehr noch vor der Zeit, die immer vor mir lag. Und sich dann, wenn von Gleichgültigkeit umnebelt, aufraffen und die notwendigen seemännischen Dinge tun – denn die See verzeiht keinen Fehler!

Echte Seemannschaft ist nicht ohne eine Spur von Wagemut und Risiko denkbar.

Für mich war dieses 271-Tage-Unternehmen eine faszinierende seglerische und menschliche Konfrontation mit der Natur. Ich habe diese Spur fotografiert, im Logbuch und Tagebuch festgehalten und anschließend beim Zusammenstellen zu dem Buch »Die magische Route« nochmals zum Erlebnis zurückgefunden.

3 Das Schiff – »Kathena nui«

»Das einzige richtige Schiff auf dieser Messe.« – »Das ist die Antwort auf Jongert-Yachten.« (Besucher auf der boot 86 zur »Kathena nui«)

Als ich 1965 mein erstes Boot für eine Einhand-Weltumseglung erwarb, hatte ich weder Kenntnisse vom Segeln noch Ahnung von Segelbooten. Trotzdem wählte ich richtig. Das Holzboot brachte mich sicher herum. Glück oder Geschick? Vermutlich beides. Zudem beging ich nicht den Fehler, mich beim Kauf des gebrauchten Segelbootes beraten zu lassen. Weder von einem Fachmann noch von sonst jemand. Denn genaugenommen gehört nicht viel dazu, ein paar Sachbücher und Reisebeschreibungen gegeneinander zu sortieren und die eigenen Gedanken und Ideen ein wenig zu ordnen – sie sind ja meist nicht die schlechtesten –, zumal wenn, wie gerade in der Ozeansegelei, mehrere Ansichten von jeder Sache bestehen.

Entscheidende Tips und Tricks, wie ein Boot für eine Langfahrt ausgerüstet wird, bekam ich dann in langen Gesprächen mit Seglern am Steg.

Ich blieb beim Kauf von gebrauchten Booten. »Kathena 2«, »Kathena iti«, »Kathena faa« waren äußerst gute Erwerbungen. Einige Änderungen, meistens in einigen Wochen mit wenig Geld ausgeführt, und schon ging es auf Weltreise. Ich habe primär stets nach Preis, Material und Verarbeitung des Rumpfes ausgesucht. Alle Boote konnten wir nach den mehrjährigen Fahrten gut verkaufen, was auch wichtig war, denn ich legte das Geld ja gleich wieder für den Kauf eines anderen Schiffes an.

Dieses Schiff bestätigte, daß man auch mit überschaubarem Aufwand ungewöhnliche Fahrten erfolgreich durchführen kann.

Für das Nonstop-Unternehmen jedoch kam ein Gebraucht-
boot nicht in Frage; dafür waren meine Ansprüche zu ungewöhnlich. Außerdem wollte ich eigene Ideen konsequent
verwirklichen. So kam ich zur »Kathena nui«, zu dem Schiff,
von dem in diesem Buch häufig die Rede sein wird.

Als ich mich damit beschäftigte, für die Nonstopreise ein
Schiff bauen zu lassen, plante ich zunächst eine 12 Meter
lange Slup aus Aluminium mit Mittelcockpit und Kutter geriggt. Erstens wollte ich mindestens diese Größe, weil mein
Respekt vor den stürmischen antarktischen Breiten riesengroß war. Zweitens wollte ich mit dem Schiff nach der Fahrt
Charter- und Ausbildungsfahrten machen, um damit unseren Lebensunterhalt zu verdienen.

Doch wie so manches im Leben scheiterte auch dieses Vorhaben am Geldmangel. Ich konnte die Mittel nicht auftrei-
ben, die ein 12-Meter-Boot erfordert hätte. So wurde mein
Traumschiff während der Planung Monat für Monat kleiner
und wie viele Neubauten ein Kompromiß. Am Ende reichte
es gerade zu Rumpf, Deck und Bleiballast eines Schiffes von
rund 10,5 Meter Länge, das ich bei Dübbel und Jesse auf
Norderney bauen ließ – hervorgegangen aus dem Riß eines
hier entwickelten Typs aus Aluminium, allerdings stark mo-
difiziert.

Auf dem gerade fertiggestellten Kiel mein Motto an die Werftleute. Schweißer Büdi fügte einige Tage später hinzu: »Aber auch keine Änderungen.«

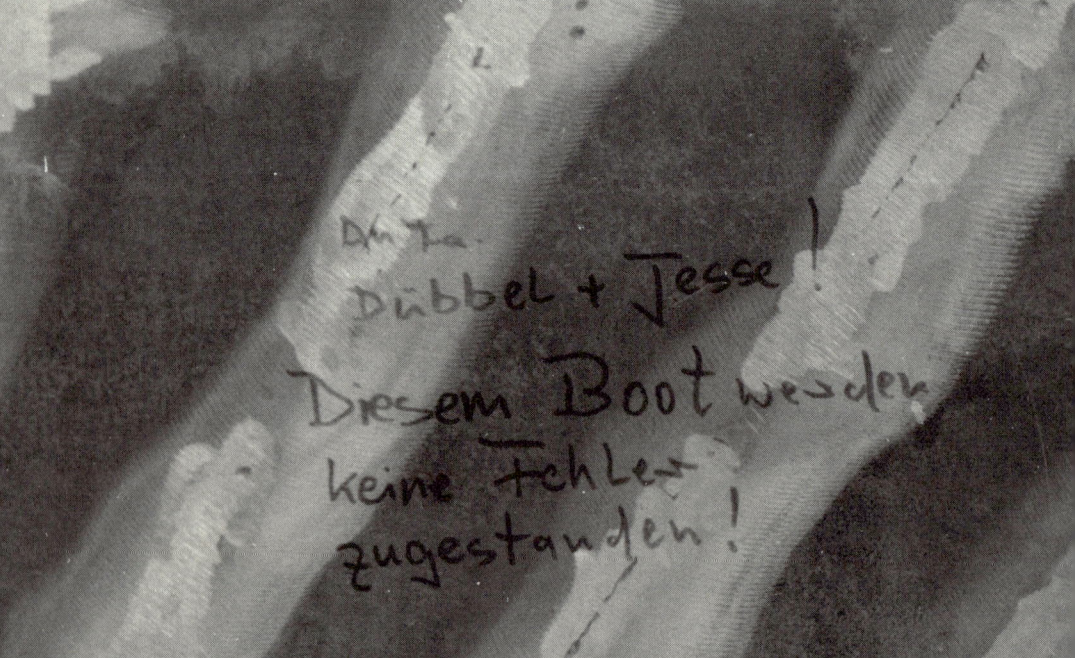

Obschon ich mich bis dahin nie mit Neubauten beschäftigte,
hatte ich genaue Vorstellungen:
– Geringe benetzte Oberfläche (Kurzkieler).
– Möglichst leicht zu handhaben; auch ohne Motor.
– Drei abgeschottete Kammern: Vorschiff, Kajüte und
  Achterschiff.
– Durchweg dickere Blechstärken.
– Sehr hohe Kursstabilität, wegen der mechanischen Selbst-
  steueranlage und Seilübertragung.
– Schiff und Rigg für schwerstes Wetter benutzbar.
– Feste metallene Klappluken und das Cockpit ohne Backs-
  kisten.
– Kuttertakelung.
– Schnelligkeit, damit mir die Zeit nicht zu lang wird.
– Außenhaut ohne Farbe.
– Und schön sein sollte das Schiff auch noch, das zwar spe-
  ziell für diese Reise gebaut wurde, aber nicht zu individu-
  ell sein sollte, damit wir es später eventuell verkaufen
  konnten.

Einmal investiert – immer profitiert: Erfahrungsgemäß zahlt sich Qualität aus. Gerade im verwirrenden Yachtgewerbe ist nur das Beste gut genug, denn mit einem Hundertmarkschein am Mast kann man nicht segeln, falls im Sturm die Segel zerreißen.

Nicht alle meine Vorstellungen konnte ich einbringen – z. B.
dem Schiff mehr Freibord geben, Spiegel begradigen, Stehhöhe verbessern. Dazu ließ sich der Konstrukteur nicht
bewegen. Aber es gibt nichts Spannenderes, als über Kon-
struktionszeichnungen und Plänen zu sitzen und sich aufgrund der Linien das Schiff vorzustellen, seine Bewegungen
in der See, die Kajüte...
Ich hatte wegen der Kosten nur ein Kasko bei der Norder-
neyer-Werft bestellt. Ein Kasko ist bekanntlich nur Rumpf
und Deck. Das war noch nicht einmal das halbe Schiff. Den
Rest machte ich allein, mit Hilfe meiner Frau Astrid und
Freunden. Der Rumpf bekam drei Innenanstriche, alle mit
Pinsel und Rolle aufgetragen. Das Deck wurde mit Farbe
und Sand rutschfest gemacht. Ich setzte Schotten, baute Kojen, Schränke, Bücherborde, Kochecke und Kartentisch, alles aus seewasserbeständigem Sperrholz, isolierte die Kajüte größtenteils mit Styropor, installierte eine Lichtanlage.
Und das alles in großer Eile. Denn der Rumpf war nicht
termingerecht fertig geworden, ich aber wollte unbedingt im
gleichen Jahr noch abfahren, denn ich meinte, danach
würde ich den Mut nicht mehr haben. Der gesamte Innen-

Mißtrauisch sein bei einem reizlosen Boot. Ein gut konstruiertes Schiff kann niemals häßlich sein.

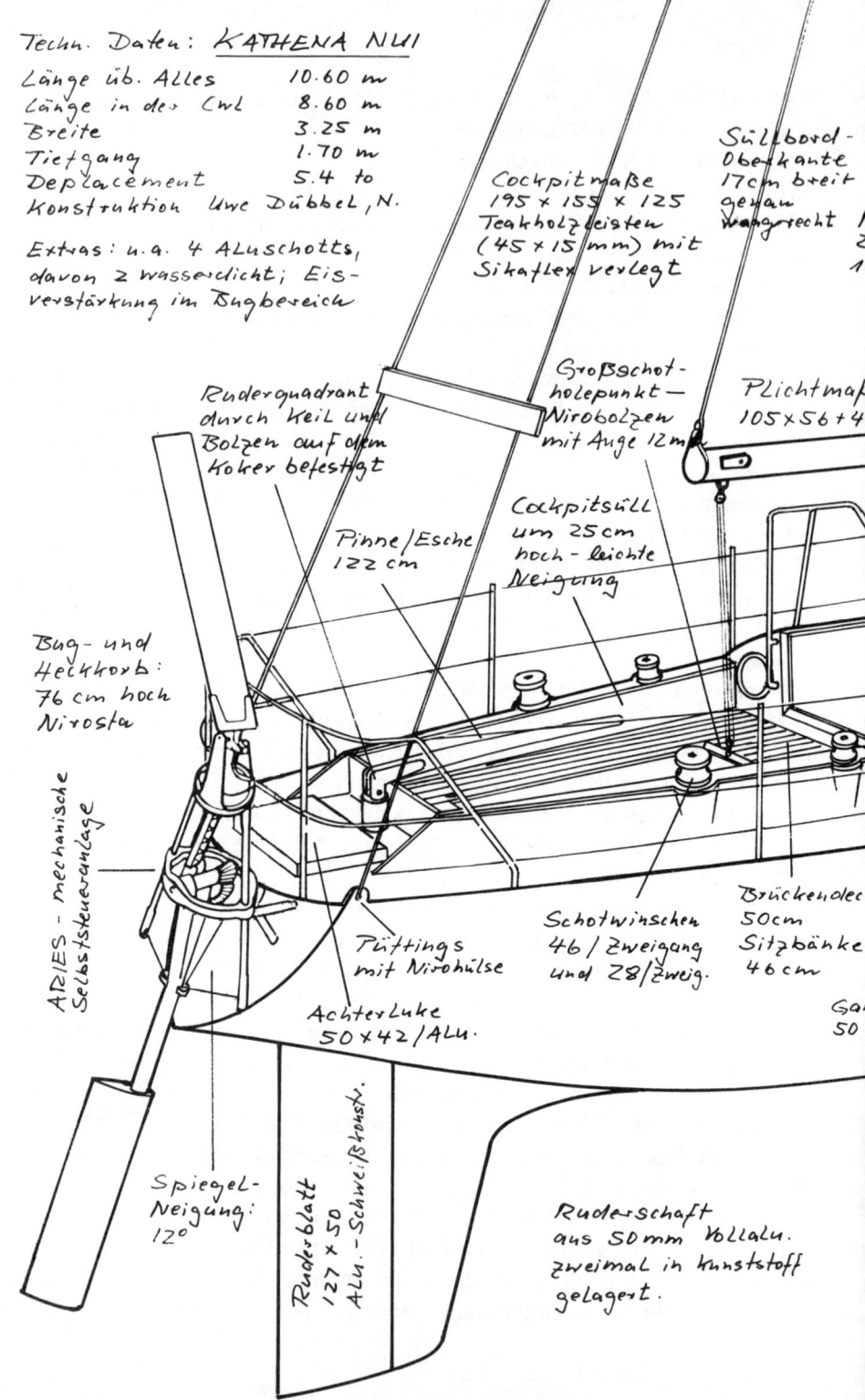

Techn. Daten: **KATHENA NUI**

Länge üb. Alles   10.60 m
Länge in der Cwl   8.60 m
Breite   3.25 m
Tiefgang   1.70 m
Deplacement   5.4 to
Konstruktion Uwe Dübbel, N.

Extras: u.a. 4 ALuschotts,
davon 2 wasserdicht; Eis-
verstärkung im Bugbereich

Cockpitmaße
195 x 155 x 125
Teakholzleisten
(45 x 15 mm) mit
Sikaflex verlegt

Süllbord-
Oberkante
17 cm breit
genau
waagrecht

Großschot-
holepunkt —
Nirobolzen
mit Auge 12 mm

Plichtmaß
105 x 56 + 4.

Ruderquadrant
durch Keil und
Bolzen auf dem
Koker befestigt

Pinne/Esche
122 cm

Cockpitsüll
um 25 cm
hoch - leichte
Neigung

Bug- und
Heckkorb:
76 cm hoch
Nirosta

ARIES - mechanische
Selbststeueranlage

Püttings
mit Nirohülse

Schotwinschen
46 / Zweigang
und 28 / Zweig.

Brückendeck
50 cm
Sitzbänke
46 cm

Achterluke
50 x 42 / ALu.

Spiegel-
Neigung:
12°

Ruderblatt
127 x 50
ALu. - Schweißkonstr.

Ruderschaft
aus 50 mm Vollalu.
zweimal in kunststoff
gelagert.

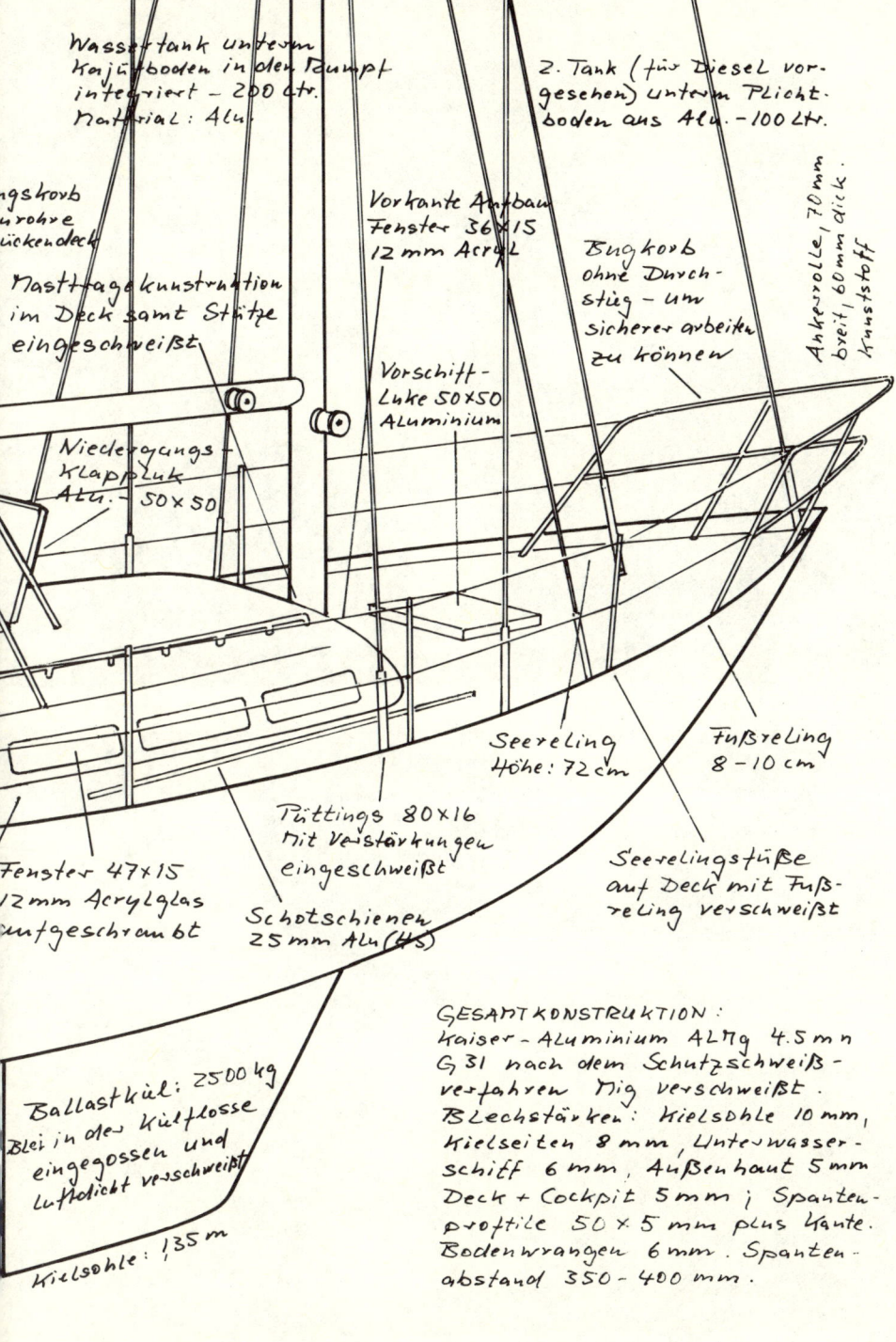

Wassertank unterm Kajütboden in den Rumpf integriert – 200 Ltr. Material: Alu.

2. Tank (für Diesel vorgesehen) unterm Plichtboden aus Alu. – 100 Ltr.

...ngskorb ...rohre ...rückendeck

Vorkante Aufbau Fenster 36×15 12 mm Acryl

Bugkorb ohne Durchstieg – um sicherer arbeiten zu können

Ankerrolle, 70 mm breit, 60 mm dick. Kunststoff

Mastträgekonstruktion im Deck samt Stütze eingeschweißt

Vorschiff-Luke 50×50 Aluminium

Niedergangs-Klappluk Alu. – 50×50

Seereling Höhe: 72 cm

Fußreling 8 – 10 cm

Fenster 47×15 12 mm Acrylglas aufgeschraubt

Püttings 80×16 mit Verstärkungen eingeschweißt

Schotschienen 25 mm Alu (HS)

Seerelingsfüße auf Deck mit Fußreling verschweißt

Ballastkiel: 2500 kg Blei in die Kielflosse eingegossen und luftdicht verschweißt

Kielsohle: 1,35 m

GESAMTKONSTRUKTION :
Kaiser-Aluminium ALMg 4.5 mn
G 31 nach dem Schutzschweiß-
verfahren Mig verschweißt.
Blechstärken: Kielsohle 10 mm,
Kielseiten 8 mm, Unterwasser-
schiff 6 mm, Außenhaut 5 mm
Deck + Cockpit 5 mm; Spanten-
profile 50×5 mm plus Kante.
Bodenwrangen 6 mm. Spanten-
abstand 350 – 400 mm.

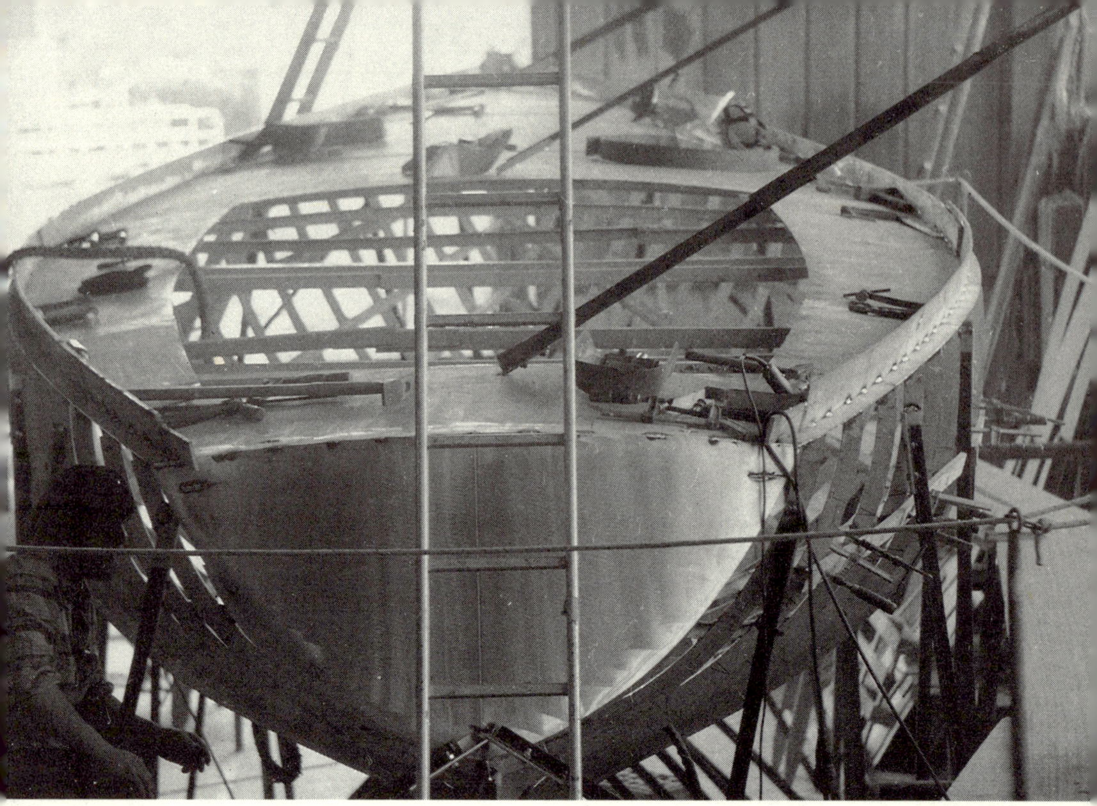

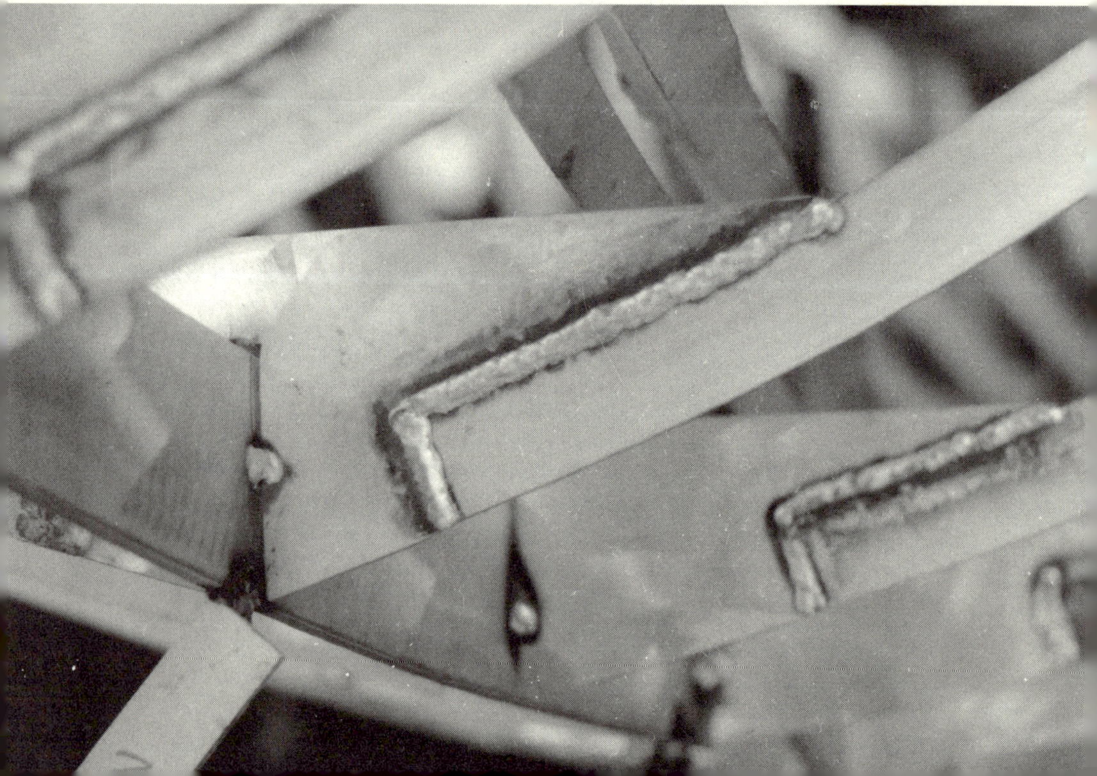

ausbau, also die Kajüte, wurde weiß-matt gestrichen. Das war das Einfachste: drei Farbanstriche, und die Kajüte sah ganz ordentlich aus. Eine Methode, die inzwischen hierzulande öfter zu sehen ist, etwas verfeinert. Insgesamt benötigte ich für alles kaum sieben Wochen, inklusive das Montieren von Beschlägen und Winden an Deck, das Schiff Probe zu segeln und für 300 Tage auszurüsten. Mit Zubehör, Ersatzteilen, Proviant und auch Kleidung.

Diese Zeitnot empfand ich als Nachteil. Ich hätte sehr gerne etwas langsamer gearbeitet und damit die Vorbereitungen mehr genossen.

Die Hetze war für mich auch zeitweise Anlaß zu einiger Besorgnis – halten die Beschläge, sind die Winden gut genug montiert, ist die Selbststeueranlage richtig fest? Daß »Kathena nui« die Fahrt und das Wetter, das wir angetroffen haben, ohne Schäden überstanden hat, spricht doch für die Sorgfalt unserer Arbeit.

Erfolg schmeckt um so besser, je weniger man dafür investiert hat. Ein Fisch, mit der bloßen Hand gefangen, schmeckt ja auch viel besser als ein harpunierter.

»Kathena nui« übertraf alle meine Erwartungen, und deshalb habe ich sie auch behalten. Jetzt steht sie vor meinem Fenster auf der Wiese. Gelegentlich suchen die grasenden Kälber bei den vielen Regenböen dieses Sommers Schutz unterm Rumpf.

Ich möchte fast behaupten, »Kathena nui« ist mein Traumboot – hätte ich das nicht früher über meine anderen Boote auch gesagt. Genauer: Mein Traum ist immer das Boot, das ich gerade besitze. Bei »Kathena nui« wünsche ich mir kaum Änderungen – nur diese: leichtere Segeltücher, einen Mastkorb, damit die Arbeit am Mast ungefährlicher wird; mehr Wölbung im Deck, um das Vorschiff bewohnbarer zu machen; Niedergangs- und Vorschiffluk eine Idee größer sowie einige Zentimeter mehr Stehhöhe in der Kajüte. Und: Käme ich noch mal zu Geld, wäre ein Teakdeck fällig. Es ist nicht nur leicht zu pflegen, schön fürs Auge, sondern gibt auch ein unheimliches Sicherheitsgefühl bei Nässe.

»Kathena nui« ist schon ein Boot von idealer Größe, leicht zu segeln, allein oder mit kleiner Crew, dazu bequem in der Handhabung auf See und im Hafen. Der Vorteil ist sicher, daß mein Schiff so einfach wie möglich, aber hundertprozentig praktikabel und zuverlässig hergestellt und ausgerüstet ist.

Rumpf und Deck wurden in der Werft von Dübbel und Jesse gebaut. Sie hatten eine 15jährige Erfahrung im Aluminium-Yachtbau und sind hierzulande führend.

4 Lust auf Segeln – Bildfolge zum Einstimmen

Wir wissen inzwischen alle: Weltumsegeln ist auch nicht mehr das, was es mal war. Der Massentourismus hat sich nicht nur in allen Ecken der Welt breitgemacht, auch für Segler gibt es heute kaum einen Flecken, der nicht dutzendmal von anderen Yachties besucht worden ist. Wohin wir auch Kurs legen, andere sind schon vor uns dagewesen. Viele werden sich fragen: Warum soll ich auch dahin?

Nun, weil eine Reise mit dem Boot zu einem Mittel der Selbstbehauptung werden kann. Bewußt Ozeansegeln heißt nämlich auch, alle Bilder zu vergessen, die man schon gesehen hat, alles Gehörte und Gelesene verdrängen, ihm nicht zu trauen und auf die Suche nach einer eigenen Seh- und Erlebniswelt zu gehen – kurz, gegen die vorhandenen Weltumseglertörns »anzusegeln« und die Dinge neu für sich zu entdecken. Ein solches Bemühen lohnt auch heute noch.

Vielleicht ist es das, was heutzutage immer mehr Menschen lange Fahrten planen läßt. Mit einem Segelboot Ozeane überqueren, einfach leben, unerreichbar. Ja, für immer mehr Menschen wird heute der Traum von Flucht und Ferne zum Motiv einer solchen Planung. Wobei »Ferne« für jeden etwas anderes bedeutet.

Auf den folgenden Seiten einige Bilder zum Einstimmen – von vier Weltreisen, unzähligen Törns.

So wechselhaft wie das Wetter, so unterschiedlich kann Fahrtensegeln sein. Hier segelt »Kathena nui« unter Genua bei blauem Himmel, auf der nächsten Doppelseite surft sie mit Sturmfock in einer Sturmsee.

271 Tage allein mit
Schiff und Meer.
»Kathena nui« und ich
in der Weite des
Südatlantiks. Eine
Aufnahme mit
Schallfernauslöser aus
dem geschleppten
Beiboot.

Wo Kokosnüsse, Bananen, Fische und Muscheln noch umsonst waren: Pulau Kentot – eine Insel in Malaysia. Der Ankerplatz von »Kathena faa« für viele Wochen.

Unterwegs erlebten
wir neben den Szenen
des Alltags immer
wieder die Kinder.
Diese Samoaner
während einer
Schulpause waren
besonders neugierig.
Nächste Doppelseite:
Auch Kym war
immerzu und überall
neugierig. Vor dem
Schlafengehen
nochmal schnell zum
Strand gerudert.

Am Ende unseres
Törns konnten wir
feststellen, daß die
Südsee wirklich von
besonderer Schönheit
ist. Sie bietet
Frangipaniblüten,
Papayafrüchte und
ausreichend totale
Einsamkeit.

Atolle sind die
Oasen des Meeres.
Das Atoll Funafuti
hat einen
ordentlichen Pass, um
in die Lagune zu
gelangen und
geschützte
Ankerplätze gegen den
vorherrschenden
Wind.

Auf dem Atoll Ninigo
werden noch mit viel
Aufwand segelnde
Auslegerkanus gebaut.
Nach den
Vorstellungen der
Salomon-Insulaner
leben Fahrtensegler im
Luxus: poliertes
Mahagoni, Teppich,
Klo, Waschbecken.
Nächste Doppelseite:
Nach der Südsee das
andere Extrem – allein
und mit neuem Schiff
auf der Kap-Route.

Der wandernde
Albatros. Schon
beeindruckend dieser
leistungsstarke Vogel,
wie er mit rund drei
Meter
Flügelspannweite
durch die Wellentäler
und über die Kämme
gleitet. Und je
stürmischer das
Wetter, je wohler fühlt
er sich scheinbar.

Heiligabend auf dem Meer. Irgendwo weit südlich von Australien packte ich meine Weihnachtspakete aus. Mit Hilfe einer Schraubzwinge befestigte ich eine Kerze am Kartentisch. Draußen dichte schwarze Wolken, die bis zum Horizont reichten. Ich hatte dann noch in der Nacht mehrere »Auftritte« an Deck.

In den schreienden Fünfzigern zwischen Macquarie und Kap Hoorn. Die Schaumstreifen und die Größe der weißen Felder signalisieren Windstärke 10 und mehr. Die Gewalt der brechenden Seen läßt sich kaum im Bild festhalten, zumal ich anderes zu tun und im Sinn hatte.

Bei einem der unzähligen Segelwechsel während der Nonstopfahrt. – Wenn die Genua Wasser schaufelt, ist es allerhöchste Zeit sie zu bergen, und kleinere Vorsegel zu setzen.

Die Fahrt ist zu Ende.
Was nun? Wir haben
uns auf dem Lande
niedergelassen. Ernten
Kartoffeln, segeln nur
noch in den Ferien,
und unser Boot haben
wir hinterm Haus auf
der Koppel abgestellt.

In der Lagune des
Likiep Atolls / Pazifik.
Solche tropische
Sonnenstimmung wird
es für uns – mit
eigenem Schiff und viel
Zeit – vermutlich nicht
wieder geben.

DAS TUCH, AUS DEM DIE SEGEL SIND

Gewiß. Hier und da gibt es große Probleme, einige Inselarchipele sind unerschwinglich teuer geworden, andere einsame Buchten verdorben. Und überall Kosten: Liegegebühren. Wasser. Kaution. In manche Yachthäfen kommt man
nicht rein, weil sie überfüllt sind. Doch: Das Außergewöhnliche am Fahrtensegeln und das Leben an Bord eines kleinen
Schiffes reißt eben immer wieder alle Bedenken nieder.
Für mich ist auch nach 20 Jahren Segeln die schönste und
komplexeste Betätigung. Denn Segeln ist mehr, als sich von
A nach B mit Hilfe des Windes zu bewegen. Es ist eine Kombination von Sport, Technik, Geist und Seele. Dazu das
Praktische: der Umgang mit Handwerkzeug, das Boot zu
manövrieren oder bei Seegang in den Mast zu entern. Beim
Hochseesegeln ist die Natur in nächster Nähe und stärkster
Eindringlichkeit zu erleben.
Damit ist noch längst nicht alles gesagt. Wer sich in die
Traumwelt begibt, sollte fähig sein, mit fremden Menschen
und Kulturen umzugehen. Man braucht den Instinkt des na-
turverbundenen Menschen. Jede Fahrt in riffverseuchte
Seegebiete, über Ozeane, ist ein Grenzerlebnis, das es zu
bestehen gilt. Vielleicht ist es zudem auch ein bißchen Gefühl von Glück, das Leben in einer besonderen Dimension,
das man empfinden möchte. Aber Glück stellt sich nicht ein,
wenn alles leicht und bequem war. Das Faszinierende an der
Fahrtensegelei ist immer noch: sich aus eigenem Erleben
Werte zu schaffen.

5 Meer und Abenteuer

»Weltumsegler sind noch am ehesten Abenteurer.« (Gabriele Wohmann)

Wie man das Meer sieht, ist und bleibt eine Ansichtssache. Auf manche Menschen wirkt es befreiend, auf andere wiederum feindlich. Das Charakteristische aber ist die ewige Unruhe, die vom Meer ausgeht. Wirft man einen Stein ins Meer, bilden sich ringförmige Wellen. Die See bewegt sich, wobei sich aber die bewegten Teile nur wenig vom Ort entfernen.

Diese Bewegung ist Symbol für Bedeutungen, die das Meer für den Menschen hat: Veränderung, Widrigkeiten, Hoffnungen – Abenteuer. Daher ist das Meer für viele Menschen nicht nur ein blauer Streifen Wasser zwischen Uferlinie und Horizont, nicht nur eine schier unermeßliche Menge salzigen Wassers, sondern weckt Träume, Bilder von Fischen und Vögeln, ein Gefühl von Weite und Freiheit. Unendliche Freiheit. Prickelnd spüren wir Brandung, Gischt, den Seewind. Unsere Augen entdecken ungewöhnliche Formen und Farben, die auch noch von Tag zu Tag wechseln. Man fühlt sich leicht in Harmonie mit dem Meer. Unbewußt kommt der Gedanke: Ein Boot müßte man haben. Ein Segelboot. Damit ferne Inseln ansteuern. Abenteuer mit Wind und Wellen bestehen.

Das Meer kann grausam sein, aber auch so zart und fein wie seine Vögel. Vielleicht ist es das Gegensätzliche, was das Meer so anziehend für mich macht.

Wen wundert es? Denn die Oberfläche unseres Planeten ist überwiegend mit Wasser bedeckt. Meer und Land sind im Verhältnis sieben zu drei aufgeteilt. Auf der Nordhalbkugel drei zu zwei, in der südlichen Hemisphäre vier zu eins. Man mag den Globus drehen, wie man will – in keiner Stellung zeigt die Hälfte mehr Land als Wasser. Auf der sogenannten

ozeanischen Halbkugel übertrifft die Wasser- die Land-
fläche sogar um das Zehnfache. Unser Planet hätte also eher
statt des Namens »Erde« den Namen »Aqua« – Wasser –
verdient. Die Kontinente schwimmen im Wasser wie Inseln.
Aber der lateinische Ausdruck »Terra« – Erde – wurde zu
einer Zeit geprägt, als man im wesentlichen nur das Mittelmeer sowie die angrenzenden Teile des Atlantiks und Indischen Ozeans kannte. Da das mittelländische Meer rings
von Land umgeben ist und Fahrten in benachbarte Meeres-
teile wiederum ausgedehnte Küsten mit offenbar großen angrenzenden Landgebieten erkennen ließen, hielt man die
Benennung unseres Planeten durchaus für zutreffend.
Man ahnte nichts von der gewaltigen Größe der Ozeane,
traute sich auch lange nicht zu, sie überhaupt kennenzuler-

Eine Insel steigt aus dem Meer. Wird größer. Eine Bucht ist zu erkennen. Häuser. Menschen. Ein Ziel ist erreicht – die Strapazen der Überfahrt schnell vergessen.

nen. Das Meer erschien den frühen seefahrenden Entdeckkern bedrohlich, unberechenbar, gefährlich. Mit Recht, denn es gab hohe Verluste unter ihnen. Von fünf Schiffen beispielsweise, die 1519 mit 270 Mann an Bord zur ersten Weltumseglung ausliefen, kehrte 1522 nur eins mit 18 Mann zurück: die »Victoria« des Initiators Ferdinand Magellan. Der Respekt vor der fremdartigen Natur des Wassers ist geblieben. Das Meer bedeutet wohl den meisten Menschen auch heutzutage noch Gefahr. Es ängstigt. Völlig gleichgültig, ob Erfahrungen vorliegen oder nicht – jede Segelfahrt übers Meer ist auch ein Wagnis. Ob das Schiff gut ausgerüstet ist oder nicht – die See kann zeitweise furchterregend sein. Nicht nur der Wind, der Sturm, sondern mehr noch die See, die er aufwirft.

Ich werde immer wieder nach den höchsten Wellen gefragt, die ich erlebt habe. Auf all meinen Fahrten konnte ich sie nur schätzen. Meine Schiffe waren zu klein, um Wellen wirklich messen zu können. Dabei muß man zwischen gemessenen und geschätzten Angaben streng unterscheiden. Verbürgt sind als Höchstwerte in den stürmischen Regionen zwischen Neuseeland, Kap Hoorn und Antarktis 25 Meter und im nordöstlichen Atlantik südwestlich von Irland 18 Meter Wellenhöhe. Für möglich hält man 35 Meter, jedoch ist dafür noch kein anerkannter Beweis erbracht worden, denn nur wenige Seeleute erleben und überleben jemals auch nur Kaventsmänner von 15 Metern.

Mit »Kathena nui« erlebte ich meine höchsten Seen zwischen Neuseeland und Kap Hoorn: etwa 12 Meter, womöglich 15, einen ganzen Monat lang hatte ich Wellen über 6 Meter. Die Mehrzahl aller Wellen überschreitet aber 3,5 Meter nicht.

Selbst die vom Orkan hochgepeitschten Wassermassen sind zum Glück im Wachstum begrenzt. Um eine bestimmte Wellenhöhe zu erreichen, benötigt der Wind eine Strecke, auf der er aus etwa gleicher Richtung auf die Wasseroberfläche hinwirken kann, sowie eine entsprechende Wirkzeit. Schließlich ergibt aber auch eine Vergrößerung beider Faktoren – Wirkstrecke und Wirkzeit – keine Erhöhung der Wellen mehr. Man spricht dann von »ausgereiftem« Seegang.

Wie schlimm aber ein solcher Seegang sein kann, hat die Crew des englischen Containerschiffes »Act 2« erlebt. Ich traf das Schiff am 6. März 1985 nach Passieren des Kap Hoorn. Mit meinem Handsprechfunk unterhielt ich mich auf Kanal 6 mit dem Kapitän. Er erzählte mir ziemlich engagiert von dem fürchterlichsten Sturm seiner dreißig Seefahrerjahre, den er drei Tage zuvor erlebt hatte: 75 Knoten Wind und 20 Meter hohe Seen. Vor allem die hohen Wellen hatten ihn erschreckt. Dieses starke Erleben faszinierte den Kapitän noch Tage danach, das konnte ich unschwer heraushören. Dabei konnte er mit seiner langjährigen Fahrzeit schon einiges verkraften.

Die extreme Form des Naturerlebnisses Meer suchen heute

Wer tiefer als drei Meter taucht, wird Schmerz in den Ohren spüren. Um einen Druckausgleich herzustellen, hält man sich die Nase zu und schneuzt sich. Man spürt ein Knacken im Ohr, und der Schmerz ist weg.

auf eigene Faust immer mehr Segler: Sie, die ja überwiegend zum Spaß, jedenfalls freiwillig unterwegs sind, fordern in ihrer Begeisterung die Natur heraus, wie immer sie beschaffen sein mag. Sie tun das, wovon andere nur zu träumen wagen.

Zum Abenteurer muß man geboren sein, zur Bereitschaft, einen Schritt ins Dunkle zu tun und dabei auf die hilfreiche Hand des Zufalls zu hoffen. Der Rausch des Augenblicks und das Bestehen der Gefahr entschädigen für vieles. Seine Kräfte und Instinkte einzusetzen – darin liegt der Reiz für den Meeresabenteurer. Man kann wenig tun, die Fehler von gestern wieder gutzumachen. Und keine Planung für morgen kann die Unberechenbarkeit von Meer und Schiff hinreichend berücksichtigen. Dieses Maß an Ungewißheit lockt, und diese Lockung steht für eine menschliche Ursehnsucht, den unersättlichen Hunger nach Neuem, Anderem, Ungewagtem.

Weltumsegeln ist für mich die radikalste Form von Abenteuerreisen. Gefordert ist die Bereitschaft, große Entbehrungen, Strapazen und auch Kosten auf sich zu nehmen. Aber Abenteuer ist auch eine Form des Spiels. Als ich die ersten Wochen allein auf dem Meer verbrachte, riß ich mir das Hemd an der Schulter auf und trug zerfetzte Hosen, fühlte mich als »Abenteurer«, spielte es, folgte einem langgeträumten Bild und schuf mir damit mein eigenes Gesetz. Meine erste Einhandfahrt mag damals vielen als überflüssig und zwecklos erschienen sein, genaugenommen konnte sie, weil es mir an seemännischen und nautischen Kenntnissen mangelte, als unverantwortlich und ordnungswidrig angesehen werden. Ich glaube aber, die meisten, die ein solches Urteil über gewagte Fahrten sprechen, möchten im geheimen gern genauso handeln.

Denn das ist meine Erfahrung nach dem Echo auf meine Bücher und Vortragsreisen: Unter der Decke unserer Gesellschaft brennt ein ungeheures Fieber nach außergewöhnlichen Segelerlebnisreisen. Dieses Fieber möchte ich ernst nehmen. Es kann der Anfang zu einem Abenteuer werden, für das ich einige Hilfen geben möchte. Wie gesagt: Zwei Drittel der Oberfläche bestehen aus Wasser. Also: Leinen los!

6 Sinn und Motiv eines Törns

»60 Prozent der Männer zieht es in ihren Träumen in die weite Welt hinaus: Sie würden mit dem besten Freund am liebsten eine Weltumseglung machen. Da steckt Abenteuerlust dahinter, aber auch der Wunsch, ein harter Mann zu sein.« *(Umfrage der Illustrierten* Quick *1987 zum Thema »Träume der Deutschen«)*

Es ist soweit. Die große Fahrt kann beginnen. Freunde und Familie stehen am Steg und warten, daß du endlich ablegst. Aber in dir krampft sich der Magen zusammen. Du mußt wieder und wieder auf die Toilette. Fummelst am Rigg, räumst auf in der Kajüte, nur um die Abfahrt zu verzögern. Richtest den Blick gen Himmel. Möge doch schlechtes Wetter aufziehen. Nur heute nicht ablegen, nur heute nicht... So lange habe ich mich vorbereitet. Jahrelang geplant für meine große Fahrt um die Erde, und jetzt...: Wo ist all mein Mut geblieben? Bin ich gut genug? Ist mein Schiff gut für den Ozean? Habe ich auch nichts Wichtiges vergessen?

Da geht einem allerhand durch den Kopf, wenn die Fahrt aufs Meer hinausgeht. Der große Augenblick ist plötzlich ganz klein. Mir erging es jedenfalls häufig so. Besonders schlimm war's, als ich zur Nonstopfahrt ablegte. Der Aufbruch war echt eine kleine Katastrophe. Zum erstenmal ließ ich Wertvolles zurück: Frau, Kind, Haus, Garten. Am liebsten hätte ich mich versteckt, so desinteressiert war ich, aber dummerweise (oder glücklicherweise) hatte ich meine Abfahrt den *Kieler Nachrichten* angekündigt, und so standen da viele Leute, die auf meinen Start warteten. Nach Stunden des Zögerns wurde ich dann mehr oder weniger angeschubst.

Sich selbst zu erleben, war der eigentliche Antrieb, als ich am 8. September 1984 in Kiel zur Nonstopfahrt ablegte. Die Mehrzahl der Langfahrtsegler zieht es hinaus, um die Fremde zu entdecken, und sich mit Segeln und Natur auseinanderzusetzen.

Ein Blick zurück zum Steg. Warum muß gerade ich es sein, der aufbricht, der rausfährt? Warum? Und dann noch zu solchem Unternehmen! Was liegt da an Meilen, an Seegebieten, an Zeit vor mir! An all den Kaps und Inseln vorbeizusegeln, wo ich eh nie wieder hinkomme... Worin liegt der Sinn?

Bei dieser meiner größten Reise, aber auch bei den anderen spielte die Abfahrt immer eine wichtige Rolle. Ist man erst mal weg vom Land, sind alle Bedenken, alle Probleme abgeschüttelt. Der Sog in die Weite des Meeres, die vor dem Bug liegt, suggeriert Neues, weist hinaus aus Ordnung, Sicherheit, Bürgerlichkeit.

Das Motiv meiner Reise war vielschichtig. Wer einen fulminanten Törn plant, fragt nicht lange nach Sinn und Motiv eines solchen Unternehmens. Ohnehin ist die Frage danach belanglos. Die Erde zu umsegeln, ohne einen Hafen anzusteuern, ohne unterwegs Proviant und Ausrüstung entgegenzunehmen, ist eine Bewährung, und das allein ist schon ein reizvolles Ziel.

Ich machte diese Fahrt für mich, das war Beweggrund genug. Für Geld und Ruhm kann man dieses Wagnis nicht auf sich nehmen, und schon gar nicht für Anerkennung. Das reicht nicht aus, um sich und das Boot neun Monate in Bewegung zu halten, konzentriert zu segeln, mit Einsamkeit und Angst, mit Sturm, Kälte, aber auch Glück und Euphorie allein fertig zu werden.

Obwohl die praktische Vorbereitung sehr zügig ging, habe ich jahrelang – zumindest im Kopf – an der Nonstopfahrt gearbeitet. Mich interessierte vor allem, ob ich es schaffen würde, die Geldmittel für ein neues Schiff zusammenzubekommen und damit das richtige – vermeintlich richtige – Schiff zu wählen. Mehr noch, es dann auszurüsten für die geplanten 300 Tage. Nichts Wesentliches zu vergessen, fürs Boot, für Körper und Geist. Auch an die vielen kleinen Dinge zu denken: Ersatzdüsen für den Petroleumkocher, ausreichend Trockenbatterien, Nähnadeln, Kerzen, erbaulichen Lesestoff, eine Wärmflasche. Diese totale Konzentration auf eine einzige große Sache faszinierte mich stark. Das war eine komplexe Aufgabe und schon ein Grund, die Fahrt zu machen.

Ehrgeiz war natürlich auch mit dabei. Ich wollte, daß mir als erstem Deutschen eine Nonstopfahrt rund um die Erde gelingt. Allerdings schied das Motiv Erstleistung schon nach einem Monat unterwegs aus. Es reichte bei weitem nicht, die Mammuttour durchzustehen. Das Meilendenken wurde schnell zweitrangig. Wichtiger erschien mir, wie ich mich in meiner selbstgewählten Umgebung fühlte, mich erlebte in der Natur – zwischen Augenblick und Ewigkeit.

Zudem meine ich, zum Leben gehört das Risiko. Risiko macht das Leben spannender, kribbelnder, gibt ihm Bestand – ich erfahre es intensiver, wenn ich es einsetze, weil dann alle Kräfte für mein Leben mobilisiert werden.

Und dann war da noch die Neugierde. Die Neugierde, wie es weitergeht, obschon man nicht mehr weiter mag, die Fahrt abbrechen möchte, aber dann doch nicht absackt, eben weil die Spannung auf das, was einen noch erwartet: Stürme,

Reis- und Fischesser Walter König beim Haifang auf seiner »Zarathustra« – einem umgebauten Rettungsboot. Sein Motiv: Segeln, Abenteuer und Arbeit (in den Häfen, um die Bordkasse aufzufüllen).

monströse Seen und die lange Zeit, die noch vor einem liegt, sehr groß ist.

All das aber wäre nicht genug, wäre da nicht die Hauptsache: die Lust aufs Segeln.

Die Motive meiner anderen Reisen hatten mehr mit Erfahrungshunger zu tun: »Ich will was erleben.« Ich wollte Abenteuer: Erfahrungen und Erlebnisse, die man nicht als Ware kaufen kann. Und Leistung. Ruhelos, voller Ungeduld machte ich mich schon als Siebzehnjähriger auf, die Welt zu sehen und zu erkunden. Ich gab mein Zuhause in Mecklenburg auf und flüchtete samt Rennrad in die Bundesrepublik. Ich tat es nicht, weil im Westen die Löhne höher waren und ich mehr für mein Geld bekam. Das interessierte nur nebenbei. Ich wollte abenteuerliche Fahrten machen, das war der einzige Grund meiner Flucht.

Nicht die Meilen und nicht die Schwierigkeiten eines Törns setzen allein die Maßstäbe für das Können eines Seglers. Das aus eigenen Kräften erreichte Ziel, das Erlebte während der Fahrt richtig umzusetzen, machen den Seetörn aus.

Es dauerte dann auch nur ein Jahr, und ich war unterwegs auf meiner ersten Radtour – über Nordafrika, den Orient nach Indien. Von dort aus per Frachter und als Tramp nach und durch Japan. Nach knapp zwei Jahren war ich wieder zurück in Schleswig-Holstein, voll mit Erlebnissen und Eindrücken – und neuen Plänen. Diesmal per Segelboot allein um die Erde. Damit wollte ich nicht nur sportlich reisen, sondern meiner alten Vorstellung gerecht werden – etwas leisten. Eine Einhand-Weltumsegelung erschien mir dafür genau richtig; sie erfordert handwerkliches Können, Kopfarbeit, sportlichen Kampf, Mut und Leistung. Und nicht Leistung allein, sondern »Erst-Leistung«. Das waren meine jugendlichen Aspekte. Und: Es denen da »Drüben« mal zu zeigen. Es zu etwas Ungewöhnlichem gebracht zu haben.

Das war mein endgültiger Ausbruch aus der Ordnung. Aber ich hatte auch nicht viel aufzugeben, und deshalb war ich schnell dabei.

Die berufliche Bindung ist bei vielen Menschen, die sich mit den Wunschvorstellungen einer Langfahrt beschäftigen, ein echtes Hindernis: Entweder verliert man nach einem mehrjährigen Törn den Anschluß an die Berufsaktualität oder kommt überhaupt nicht mehr in den Beruf rein. Manchmal blockiert auch die Familie das Unternehmen. Außerdem: Man hat einfach zuviel Besitz – Haus, Hausrat. Wohin damit? Verkaufen? All das Geld in das Boot stecken? Was ma-

Der Drang, mit dem Boot unendlich lange Zeit in der Inselwelt der Südsee zu segeln, blieb unabänderliche Tatsache. Also gaben wir unser Zuhause auf und führten en famille die »Kathena faa«-Reise durch.

chen wir mit den Versicherungen? Weiterlaufen lassen? Wer soll das bezahlen? Viele Fragen, die manchen Träumer an den Rand des Wahnsinns bringen können. Denn klar ist, wer es nicht bald packt und seine Reisevorhaben immer wieder verschiebt, der kommt in den seltensten Fällen los.

Der ideale Absprung in die Langfahrtszene ist, wenn man außer seinen Fähigkeiten, einem Boot und etwas Erspartem sonst nichts hat. Die Berufsausbildung kann gerade abgeschlossen sein, vielleicht ist man frisch verheiratet. Da klingt der Ausbruch, die Ausfahrt wie Musik. Ich meine, diese jugendliche Unbekümmertheit ist unterwegs unbezahlbar. Man empfindet stärker, ist gesundheitlich nicht anfällig, unkritischer gegenüber Beamten, Einheimischen, Lebensmitteln. Hat Hunger nach Neuem, nach Ungewöhnlichem. Man genießt dies Unterwegssein als erweitertes Lebens-

gefühl. Sein eingeschränktes Leben zu verlassen, um zu
sein, was man geträumt hat, zu tun, was man will, nur der
Natur unterworfen, ist ein seltsam befriedigendes Gefühl.
Ein reizvoller Aspekt kann auch das Gemeinschaftserlebnis
sein. Zu zweit oder mit mehreren in einem Boot steigert sich
das Erlebnis auch bei Schwierigkeiten und Gefahren. Denn
jeder ist auf die Hilfe des anderen angewiesen, ist für die
Sicherheit des Bootes verantwortlich – wenn die Fahrt ein
glückliches Ende haben soll.
Für jeden Ozeanwanderer gibt es ein eigenes, mehr oder

weniger »vernünftiges« Motiv. Der erste, der die Welt in einem kleinen Segelboot allein umsegelte (von 1895–1898), Joshua Slocum, unternahm den Törn, »um wieder jung zu werden«, und »ich wollte allen mal zeigen, was ein rechtes Segelboot vermag«. Der Hamburger Kapitän Kircheiß, der in den 20er Jahren den Rundtörn mit dem Fischkutter »Hamburg« und einer Crew von 4 Mann gemacht hat, wollte »sportlich nicht irgendeinem was nachahmen«, deshalb entschloß er sich, »alle Ozeane im Winter zu überqueren. Das hatte bis jetzt mit einem solchen Fahrzeug noch keiner ge-

Einheimische in den Bergen von – damals – Portugiesisch Timor. Ich besuchte sie 1971 während eines Landausflugs. Ein Jahr danach begann ein grausamer Guerillakrieg auf der Insel, bei dem 100 000 Menschen umkamen.

macht.« »Meine Reise«, begründete er, »sollte gleichzeitig
eine Sport- und Propagandafahrt für das Deutschtum sein.«
Gedanken, die man heute kaum noch nachvollziehen kann.
Wesentlich einfacher gingen dann auch seine Hamburger
Nachfolger, das Ehepaar Koch, 1965 an das Unternehmen:
»Unser Plan war, die Erde zu umsegeln.« Oder Beate
Kammler, die nicht sonderlich begeistert war von der heimatlichen Aussicht auf die Berliner Hinterhöfe und den Ruf
ihres Freundes zum Aufbruch »Komm, wir segeln um die
Welt« 1970 spontan annahm.
Der Franzose Bernard Moitessier fuhr 1968/69 im Rahmen
einer Regatta von Einhandseglern für einen Geldpreis um
die Welt. Auf der Rückreise, in Führung, änderte er plötz-
lich seine Pläne. »Du bist doch wirklich zu dumm, ein bißchen Mühe kannst du dir doch geben, um den Preis der ›Sun-
day-Times‹ einzukassieren«, schreibt er dazu in seinem
Buch. Niemand weiß genau, warum er auf die Prämie verzichtete und mit Kurs Südsee abgedreht ist. Flucht vor der
Familie? Vor der Zivilisation? Hatte er, der nie eingestiegen
war, plötzlich davor Angst?
Gesponsert segelte dagegen der Amerikaner Robin Lee
Graham 1966–1970 um die Erde. Das Magazin *National
Geographic* wollte den Achtzehnjährigen zum jüngsten Einhand-Weltumsegler machen. Nur: Schon nach kurzer Zeit
hatte der Junge keine Lust mehr, allein übers Meer zu kreu-
zen. Der Widerwille trieb die komischsten Blüten. Im Pazifik lernte er ein Mädchen kennen und verliebte sich, dadurch verpaßte er die günstigen Passatwinde. Das Vorhaben
abzubrechen erlaubte ihm der Sponsor nicht. So hangelte
der Junge sich mißmutig von Insel zu Insel. Die Freundin
flog stets nach, was in Kapstadt schließlich zur Heirat führte.
Als Graham meinte, sein Boot sei zu klein und nicht sicher
genug, schiffte das Magazin gar ein neues, größeres Boot
heran. Nach fünf Jahren beendete er in Kalifornien den
Törn – allein.
Der Brite Sir Francis Chichester machte von vornherein
klar, daß ihn das Projekt Weltumseglung nur deshalb interessierte, weil er den Rekord suchte. 1966 beim Start: »Ich
will die schnellste Weltumseglung bewerkstelligen, die je
einem kleinen Boot geglückt ist.« Dafür mußte er ums Kap

Hoorn, vor dem er durch entsprechende Literatur einen gehörigen Respekt hatte. »Ich lasse mir nicht gern Angst einjagen, aber noch mehr verabscheue ich es, mich durch Angst von etwas abhalten zu lassen. Und so bekam das Hoorn für mich eine schreckliche Faszination: als eine der größten Herausforderungen, die es in dieser Welt noch gibt.«

Der Troß der Epigonen macht es sich einfacher. Da ist von Selbstbestätigung (Gebhardt), Erfüllung eines Traumes (Bufe), Abenteuer (Hausner) oder gar Zufall (Steinig) die Rede.

Alle diese Motive reichen im Grunde nicht aus, die selbstgewählten Belastungen mit den erheblichen Entbehrungen und Strapazen, die so ein jahrelanger Segeltörn mit sich bringt, zu begründen. In Wirklichkeit reist man, weil die Phantasie dazu reizt, aus Neugier, Selbsterfahrungslust, aus Unruhe. Segeln über den Ozean, durch die Inselwelt der Südsee oder um den Südzipfel des amerikanischen Kontinents wird zum eigentlichen Leben selbst. Reise als Reiz, als Versprechen, als Erwartung und Spannung. Einfach: Reisen aus innerer Notwendigkeit.

Schon Homer ließ Odysseus im 18. Jahrhundert vor Christus seinen Irrfahrten aus innerer Notwendigkeit folgen – ihn umhertreiben als einsamen Außenseiter mit der großen Sehnsucht nach Ungewöhnlichem, nach Gefahr, nach Kampf im Bauch.

7 Die Kosten einer Fahrt

»Bemitleidenswert sind jene, die am Tag an die fünf Dosen Bier verkonsumieren, was noch nicht einmal den gesamten Flüssigkeitsbedarf in heißen Gegenden abdeckt.« (Bobby Schenk, bayerischer Weltumsegler)

Eines der größten Vergnügen beim Fahrtensegeln – es ist billig! Hat man die Yacht einmal bezahlt und solide ausgerüstet, gibt es keinen anderen Lebensstil, der so kostengünstig ist. Ich kenne Weltumsegler, die deshalb ihre geplante Fahrtzeit noch verlängerten.

Ich gehöre noch zu den »Glücklichen«, die in den 60er Jahren unterwegs waren. Also zu einer Zeit, als man an der gesamten spanischen Küste nicht eine Pesete Liegegebühren bezahlen mußte. Überhaupt hatte ich während meiner zweijährigen Fahrt um die Welt damals nur in Panama und Tahiti Hafenabgaben zu entrichten. Nur so war es mir möglich, diese Reise, angetreten mit einer ziemlich mageren Bordkasse, finanziell problemlos zu beenden. Nur wenige Male mußte ich unterwegs Geld dazuverdienen. Aber nicht unbedingt, um Lebensmittel für die Weiterfahrt zu besorgen, sondern mehr, um das Leben in den jeweiligen Häfen zu genießen. Da ich nun schon mal in der Ferne war, wollte ich Ausflüge machen, an Land essen, trinken und mir auch ein Mädchen leisten. Denn ich segelte stets mit der Einstellung: Da kommst du nie wieder hin.

Meine Fähigkeit, an Bord vieles selbst zu machen, half außerdem mit, die Kosten niedrig zu halten. Reichte mein eigenes Geschick für eine Reparatur nicht aus, half mir oft ein Segler vom anderen Boot. Damals kannte noch jeder

Papa, ein Dorf an der Nordküste Savaiis/Samoa. Nahrung im Überfluß gibt es hier ebenso wenig wie auf anderen Inseln. Der Illusion, ich lebe von den Produkten der Eingeborenen, sollte man sich nicht hingeben.

jeden am Steg. Die Gesamtkosten dieser ersten Weltumsegelung betrugen dann auch nur 21 000 Mark, einschließlich Anschaffung und Ausrüstung der »Kathena«. Für meine persönlichen Bedürfnisse plus Unterhalt des Bootes benötigte ich 200 Mark im Monat. Aber, wie schon erwähnt, es war 1966, die Einheimischen waren aufgeschlossen, man galt als Besonderheit, die Tageszeitung berichtete. So fanden sich immer Neugierige ein, die behilflich waren oder zum Essen einluden.

Die zweite Fahrt mit meiner Frau Astrid haben wir mit einer ähnlich schmalen Kasse begonnen. Es war eigentlich für junge Leute, die drei Jahre segeln und was erleben wollen, zu wenig, aber wir hatten einige Wochen zuvor geheiratet und wußten: Sind erst Möbel und Wohnung angeschafft, wird es nie was mit einer langen Segelfahrt. Unterwegs hatten wir dann enormes Glück. In Alicante (Spanien), Tahiti, Neuseeland, Australien fand ich ohne Mühe gutbezahlte Arbeit (2–3 Dollar die Stunde). Ich habe Dächer gezimmert, als Maler auf der Großbaustelle Weipa in Australien gearbeitet, in Neuseeland wochenlang Butter in Kühlschiffe getragen. Wir konnten die Weltumsegelung ohne Schwierigkeiten auf der geplanten Route durchführen. Der Kostendurchschnitt für uns beide betrug auf dieser Reise 310 Mark monatlich. Kaum zu glauben, wenn ich daran denke, daß Ausflüge, Proviant, Kleidung, Porto, reichhaltiges Foto- und Filmmaterial darin enthalten waren. Und Astrid, die gerne Bier trinkt, habe ich auch nicht verkommen lassen.

Während unserer Südseefahrt (1976–79) zu dritt, diesmal mit unserem Sohn Kym, verbrauchten wir monatlich im Schnitt 625 Mark. Auch darin sind wieder alle angefallenen Kosten enthalten – an Land wie auf See. Wenig! Manchmal haben wir uns gefragt: Wie machen wir das bloß? Wir hatten das Glück, die Fahrt mit einem fallenden Dollar zu machen, so daß wir am Ende viel weniger brauchten als einkalkuliert.

Wir haben dabei weder uns noch unser Boot vergammeln lassen. Sind häufig ausgegangen zum Essen – wenn auch vorwiegend in einfachen Restaurants. Genaugenommen haben wir uns mehr gegönnt als später zu Hause.

Wie bei fast allen Dingen in der Fahrtensegelei ist auch beim

Geldausgeben eine Menge zu lernen. Viele Segler verlassen
ihre Heimathäfen überladen mit Zubehör, Ersatzteilen,
Kleidung und etlichem Schrott, den man nie in Gebrauch
sehen wird. Dieser Platz und das schon vorher ausgegebene
Geld könnten viel besser dazu genutzt werden, die Kreuzfahrt zu verlängern. Bei Neuanschaffungen galt an Bord aller »Kathenas« immer unser Motto: im Zweifelsfall –
nein!
Die Kosten schlüsseln sich folgendermaßen auf: ein Drittel
Lebensmittel, ein Drittel Verschiedenes und ein Drittel Unterhalt des Schiffes, inklusive Treibstoff und Liegegebühren. Was würde das Leben zu Hause ausmachen – mit all den
Festkosten wie Auto, Miete, Strom, Telefon... –, der Gedanke ließ uns so manches Mal mit Jubelgeschrei in die
Lagune jumpen.

Auch während der »Kathena«-Fahrt durch die Südsee habe
ich in verschiedenen Häfen gegen Entgelt Arbeit angepackt,
uns mit Vercharterung, der Fertigung von Bilderrahmen
und dergleichen mehr ein Zubrot verdient. Als Bezahlung
haben wir schon Naturalien wie Eier, Obst und Gemüse erhalten. Solche Verdienstmöglichkeiten sind inzwischen geringer geworden. Viele Inselgruppen sind unabhängig geworden und beschäftigen zuerst ihre Einheimischen. In
Australien und Neuseeland ist »arbeitslos« mittlerweile kein
Fremdwort mehr. Ohne Zweifel, es ist schwieriger geworden, Geld zu verdienen. Die gewünschten Berufe sind sehr
unterschiedlich: Elektriker mit elektronischen Kenntnissen,
Zimmerleute, die auch Dachstühle bauen können, Mechaniker, die mit Dieselmotoren und Kühltruhen umgehen
können. Auch Zahnärzte sind immer gefragt. Arbeit ist
eigentlich überall, aber man muß auch das Glück haben, daß
zufällig – wie in Majuro – ein Küstenkapitän gesucht wird
oder Taucher benötigt werden wie in Suva. Der Lübecker
Burghard Pieske, ein sehr geschickter Seenomade, arbeitete
als Taucher und Hühnertransporteur, räumte Wracks aus
und überführte andere Yachten. Wieder andere verdienen
ihr Geld mit Muscheltauchen und, indem sie zahlende Gäste
mitnehmen – ihr Boot verchartern. Letzteres ist allerdings
ein ganz windiges Geschäft, auf das sich viele stürzen. Ich
kenne eine ganze Reihe Segler, die ihr Schiff bei der An-

Für den Notfall: Immer soviel Bargeld (möglichst Dollar) an Bord haben, daß es für den Heimflug reicht.

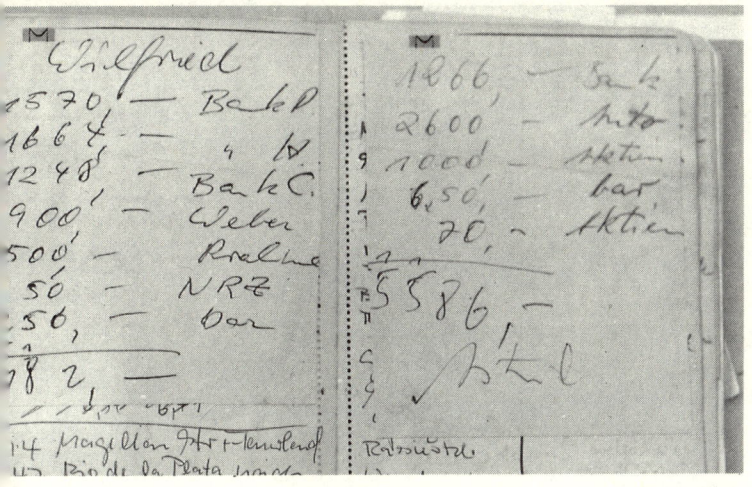

Einen Tag nach unserer Abfahrt notierte Astrid unsere Ersparnisse für die Weltumseglung – noch getrennt, schließlich waren wir frisch verheiratet.

schaffung gleich als Charterschiff sahen, ihr ganzes Geld darin investierten und nachher maßlos enttäuscht wurden. Oft wäre es vernünftiger, diese Mehrkosten auf die Bank zu bringen als nach Kunden auf dem total überfüllten Chartermarkt zu hecheln. Und wenn es tatsächlich gelingt, beispielsweise in Zusammenarbeit mit einem Hotel Gäste für Tagesausflüge zu finden, braucht man immer noch die Genehmigung des betreffenden Landes – ein weiteres Risiko.

Unsere Reisekosten sind nicht übertragbar. Jeder hat einen anderen Lebensstil. Ein größeres Boot kostet schon von vornherein ein Mehr an Unterhalt. Wir mit unseren gebraucht erworbenen Schiffen hatten nie große Ausgaben für ungewöhnliche Reparaturen. Uns ist kein Mast gebrochen, uns sind keine Segel davongeflogen. Auch haben wir nie irgendwelche Ersatzteile einfliegen lassen müssen. Es hat bei uns in dieser Hinsicht auf wunderbare Weise alles geklappt. Voraussetzung dafür war wohl auch, daß wir ein Auge auf die anfälligen Dinge hatten und Schäden im Anfangsstadium behoben haben: Elektrische und mechanische Geräte wurden mindestens einmal wöchentlich gebraucht, geschmiert, sauber- und trockengehalten. So brauchten wir keine Hilfe von außen, und Materialbeschaffung unterwegs wurde so gering wie möglich gehalten.

Ein Kostenfaktor sind Seekarten und Seehandbücher, denn

Britta und Erich Neidhardt an Bord ihrer selbstgebauten »Elefant«. Das Flensburger Ehepaar kalkulierte 1982 etwa 1000 Mark pro Monat – ein Bujet, zu schmal für Bier und Extras, weil vor allem unerwartete Schäden Kosten verursachten.

inzwischen sind sie sündhaft teuer geworden. Gelegentlich haben wir mit anderen Yachten getauscht, dann mit Pergamentpapier, Lineal und Bleistift Detailkarten kopiert – entweder auf anderen Segelbooten oder bei Fischern, im Notfall mußten in den Häfen Handelsschiffe herhalten. Mit etwas Übung sind diese Zeichnungen sehr schnell hergestellt, und ich habe mich immer darauf verlassen können. Solche Pergamentkarten sind leicht im Gewicht und gut zu verstauen.

Zu den Wartungskosten: Eine Crew, die mit einem älteren, hölzernen Segelschiff auf Weltreise ist, wird selbstverständlich ein Vielfaches mehr an Wartungskosten haben als wir. Vor allem in den tropischen Gewässern einzuhaltende Slipaufenthalte – das trifft auch für Stahlrümpfe zu – gehen mächtig ins Geld. Nur sehr selten besteht – wie in Neuseeland – die Möglichkeit, sein Schiff trockenfallen zu lassen, in einer Tide zu säubern und frische Antifouling aufzutragen. Im Indo-Pazifikraum ist der Tidenhub überwiegend – wie im Mittelmeer – zu gering.

Bei manchen Seglern ist der monatliche Aufwand sehr viel höher als bei uns. Das Hamburger Ehepaar Heide und Günter Voigt benötigte auf der vierjährigen Weltumseglung (1980–1984) 1500 Mark pro Monat. Ihr Schiff »Pusteblume« war neu, 12 m lang und aus Glasfiber. Allerdings gibt es auch Seewanderer, die mit viel weniger als wir auskommen. Da gibt es dann täglich Porridge oder Fisch und Reis. Wie ich es mit dem ersten spanischen Weltumsegler Julio Vilar erlebte, der täglich Pfannekuchen mit Ei aß.

Die Preise für Lebensmittel sind auf den meisten Inseln der Südsee, in Südamerika und Australien unwesentlich höher als hierzulande. Es gibt aber auch ganz teure Gegenden: Polynesien, einige Karibik-Inseln, der Mittelmeerraum. Da aber Stauraum für Nahrungsmittel reichlich vorhanden sein sollte, kann man sich immer da verproviantieren, wo es günstig ist. Wir haben es in Panama getan, auf den Fidschi-Inseln, den Marshall-Inseln, in Singapur, Malaysia, auch in Neuseeland läßt sich noch gut einkaufen.

Daß wir auf unserem Südseetörn so kostengünstig kreuzten, lag zum großen Teil daran, daß wir sehr lange – einen Monat und mehr – vor unbewohnten oder mit einem winzigen Dorf versehenen Laguneninseln ankerten. Da waren die Ausgaben gleich Null. Wir lebten von den Vorräten und von dem an Land eingetauschten Gemüse, Obst, Fleisch.

Der größte Fall im Portemonnaie setzte immer ein am ersten Tag in einer Stadt nach Monaten in der Wildnis oder auf See.

Heide und Günter Voigt von der neuen Weltumseglerära: Modernes, bestens ausgerüstetes Schiff. Sichere Bordkasse (gut 1500 Mark monatlich), die sich auch füllte, während sie segelten.

Da waren schnell 100 Dollar weg für Essen, Drinks, Porto.

Aber dann gab's wieder ein paar von diesen Superplätzen, wo man sich selbst an Land bedienen konnte: Bananen, Kokosnüsse, Papayas, Wurzeln, Fisch.

Mit Schreiben und Fotografieren kann man manchmal einiges verdienen. Gewöhnlich aber ist der Markt mit Reiseberichten und -bildern gesättigt. Redaktionen und Verlage ersticken an Manuskripten. Nur – wer etwas völlig Neues bringt, hat noch eine Möglichkeit, publiziert zu werden. In der Regel ist es unheimlich schwer, zu segeln und nebenher lohnenswerte Honorare zu kassieren. Ich habe diesen Aspekt auf meinen Fahrten mit Absicht ausgeklammert. Diese Berichte müssen geschrieben, verschickt und mit den entsprechenden Fotos versehen werden. Das zerreißt einem eine Reise. Besser, es hinterher zu versuchen, um dadurch einen Teil der Kosten für die Fahrt auf dem Meer zurückzugewinnen.

Häufig scheitert eine Langfahrt schon von vornherein am beruflichen Aspekt – also an der Sorge, hinterher überhaupt wieder Arbeit zu bekommen. Ich habe das Problem über Jahre verfolgt und kann dem nicht zustimmen: Weltumsegler, die zurückkommen, haben bisher immer und recht zügig in ihren Beruf zurückgefunden.

Zu den jungen Weltumseglern gesellen sich neuerdings immer mehr ältere: Viele Rentner machen sich auf, die Welt unter Segeln zu erkunden. Die haben es gut! Sie können sich die Mühe der Geldbeschaffung ersparen. Sie sind die Sorglosesten unter den Weltenbummlern, ihr Nachteil – das Alter. Sie müssen sehr viel vorsichtiger sein, was ihre Gesundheit angeht. Daher bereue ich nicht, in jungen Jahren unterwegs gewesen zu sein – mit geringen Mitteln, mit kleinen Booten und dementsprechend wenig Komfort, aber einer unbändigen Leidenschaft.

Noch etwas zur Geldüberweisung. Wie bekommt man möglichst schnell Geld vom deutschen Bankkonto beispielsweise nach Suva oder Papeete? Nichts leichter als das. Da gibt es zunächst die Telex-Möglichkeit, problemlos und schnell. Die Überweisung dauert dabei drei Tage maximal. Oder die andere, die sparsame Überweisung per Luftpostbrief – ein Beispiel: Ich bin in ca. drei Wochen in Majuro und wünsche 2000 US $. Ich teile dem deutschen Geldinstitut meine Postanschrift dort mit, postlagernd, und bekomme dann dorthin Bescheid von meiner Bank, bei welcher einheimischen Bank ich das Geld abholen kann.

Es gibt wirklich viele Fahrtensegler, die mit geringen Mitteln und kleinen Booten unterwegs sind. Aber Vorsicht, wenn's zu knapp ist. Gibraltar, der Hafen von Las Palmas oder spätestens die Karibik sind schon für manch mittellosen Weltumsegler zur Endstation geworden. Im Pazifik wird's erst richtig teuer. Ich meine hier nicht die Lebensmittel, sondern die nicht einkalkulierten Ausgaben. So ist z. B. der Besuch Polynesiens mit einer Aufenthaltsgenehmigung verbunden. Die bekommt man aber nur, wenn man ein Rückflugticket in sein Heimatland vorweisen kann oder aber als Bürgschaft pro Person 1200 $ auf einem Staatskonto hinterlegt. Einige Inselländer verlangen Leuchtturmabgaben, andere hohe Einreisegebühren – etwa Galapagos, Indonesien und die Malediven.

Nimm die Hälfte der Kleidung mit, die du zu brauchen glaubst, und doppelt soviel Geld, wie du ausgeben willst!

Einfach alles hinschmeißen, das letzte Geld zusammenkratzen und ein Segelboot kaufen und damit um die Erde...
Von wegen! So einfach geht das auch wieder nicht!

Nach meinen Erfahrungen kann eine Zwei-Personen-Crew mit einem gutausgerüsteten, soliden neun Meter langen Segler auch heutzutage mit 1000 Mark monatlich auskommen. Vorausgesetzt, es wird kein »Marina-Törn«.

Man mag sich daran stoßen, daß Fahrtensegeln immer teurer wird. Doch man berücksichtige: Was würde das alles zu Hause kosten? Und außerdem – man segelt.

8 Über-legungen zum Entwurf

»Sie wollen doch ein Schiff mit schönen Linien – häßliche deutsche Weltumseglerboote gibt es nämlich genug.« (Uwe Dübbel, Konstrukteur der »Kathena nui«)

Meine Vorstellung für das neue Boot, mit dem ich nonstop und einhand um die Erde segeln wollte: klein, wendig, aber äußerst seetüchtig. Ein Schiff, das einer Kollision mit Eis, Treibgut oder Walen standhält. Auch ein Schiff, das absolut dicht ist, wenn es auf dem Kopf steht und dem die Fenster und Luken nicht eingeschlagen werden. Und auch ein Schiff, das, wenn es schon koppheister geht, dabei nicht das Rigg verliert.

Zu allem auch noch leicht, aber nicht zu leicht, damit es beherrschbar bleibt, besonders beim Laufen vor der See. Kurzum: Ich plante mit dem Boot eine Nonstop-Weltumrundung und wollte, um mir den Weg abzukürzen, sehr weit südlich die antarktischen Gewässer durchqueren. Durch die sogenannten hohen Breiten, die Brüllenden Vierziger, die Schreienden Fünfziger. Nicht nur der Wind ist dort furchterregend, sondern viel mehr noch die See, die sich da aufbaut, durch kein Land gehindert. Hier entstehen die schlimmsten Wellen, Kaventsmänner, die kleine Boote, wenn sie sie unglücklich treffen, einfach schlucken. Und für dieses Seegebiet wollte ich ein Segelschiff haben. Ein Schiff, das dem extremen Seegang widersteht.

Jetzt sollte man meinen, ein schweres, ein überdimensioniertes Stahlboot wäre das richtige, um sich der See zu widersetzen. Aber meine Erfahrung und die genaue Lektüre

Den gemäßigten Kurzkieler in leichter Bauweise halte ich für das geeigneteste Fahrtenschiff. Es furcht nicht wie ein Verdrängertyp durch die See, sondern »klettert« rüber und segelt deshalb trockener und gleichzeitig sicherer.

anderer Reiseberichte sprachen für ein leichtes, gutverarbeitetes Boot, das trockener durch schwere Seen stampft. Der Mittelkieler »Kathena faa« gab den ersten Anstoß zur Idee: Kurzkiel und leicht. Auf meinen Booten zuvor zog die Reling schnell durchs Wasser. Das Deck war naß, das Cockpit mit Seen gefüllt.

Am meisten beeindruckten mich aber mehrere Törns mit einer Baltic 51. Wie leicht sich dieser große Kurzkieler steuerte, überhaupt manövrieren ließ! Wie wenig Wasser er übernahm, über die Wellen kletterte! Im Sturm bewegte sich das Boot phantastisch. Nie verlor ich die Kontrolle am Ruder, selbst bei durcheianderlaufenden Seen und extrem steil laufenden. Und bei raumen Kursen liefen wir den Wellen förmlich weg. Am meisten bewunderte ich den Ruderdruck; nie hatte ich das Gefühl, quer zu den Wellen zu kommen, weggedrückt zu werden. Es war im Vergleich zu einem Verdrängertyp ein Kinderspiel, das Boot sicher durch den Sturm zu segeln. Diese Erlebnisse festigten den Wunsch, einen leichten Kurzkieler zu besitzen.

Mit meinen Vorstellungen ging ich zu Konstrukteuren und Werftinhabern. Mein Vorhaben hat keiner dieser Leute so richtig verstanden – sie wollten wohl auch nicht. Nicht, daß

Daß sich Langkieler nicht besser an Land handhaben lassen, bewies »Kathena 2«. Das Boot sackte immer stark nach vorn weg wie hier beim Trockenfallen in Balboa / Panama.

es an geographischen Kenntnissen haperte; schlimmer fand ich das Desinteresse, bei der Ausarbeitung meinen Wünschen entgegenzukommen. Womöglich lag das zum Teil daran, daß ich nur ein Kasko samt Ballast bestellen wollte. Und nicht unbedingt zu einer Yacht tendierte, sondern mehr zu einem Arbeitssegelboot.

Ich hatte mir in den Kopf gesetzt, daß es ein deutsches Schiff sein sollte, ein in Deutschland hergestelltes. Sozusagen eine kleine »Made in Germany«. Also das gesamte Zubehör sowie die Ausrüstung sollten soweit wie möglich Produkte deutscher Hersteller sein. Bei der Zusammenstellung dieser Dinge mußte ich dann aber feststellen, daß die Ausrüster hierzulande noch unbeweglicher sind als anderswo. Als ich auf Messeständen anläßlich der beiden großen Bootsausstellungen in Hamburg und Düsseldorf als Selbstbauer vorsprach, verlor sich das Interesse der meisten Aussteller schlagartig. Mit einem Selbstbauer wollten sie offensichtlich keine Geschäfte machen. Noch dazu mit einem, der mit selbstgestricktem Pullover und Rucksack zu sehr auf Habenichts getrimmt war.

Bezüglich der Rumpfform hatte ich lange Zeit unklare Vorstellungen: Langkieler, Mittelkieler, Kielschwerter habe ich besessen und bin damit alle zigtausend Meilen mehr oder weniger erfolgreich über die Ozeane gesegelt. Gerade in den letzten zwanzig Jahren hat es bemerkenswerte Änderungen in den Yachtkonstruktionen gegeben. Von ihnen interessierte mich vor allem der Kurzkieler, genauer, der gemäßigte Kurzkieler. Und das, obgleich oder weil er in Fachzeitschriften von Experten als nicht übermäßig seesicher eingestuft wurde, als zu unbequem für Fahrtensegler und zu anfällig. Aber da der Reiz des Neuen mich lockt, entschied ich mich ziemlich spontan, als mir so ein Riß in die Hände kam, für einen Kurzkieler mit durchgehender Ruderhacke.

Der Bootsbauer Uwe Dübbel hatte ihn mir dann gezeichnet, eine hochgetakelte Slup von 10,5 Meter Länge und 3,2 Meter Breite. Beim Ausarbeiten der Zeichnung achtete ich besonders auf die selbstaufrichtenden Eigenschaften: Die Breite des Rumpfes wurde gegenüber dem Normalriß entschieden verschmälert und der Ballast tief gelegt (1,80 Me-

Beim Bootskauf nicht überstürzt handeln: Sich ein Boot anschaffen ist ungefähr wie heiraten – es ist leichter hinein als hinaus. Die falsche Wahl kann viel Trübsal verursachen.

Langkieler haben eine wesentlich größere Neigung, eine einmal eingeschlagene Richtung beizubehalten.

Nächste Doppelseite: Linienriß von »Kathena nui« mit freundlicher Genehmigung des Konstrukteurs.

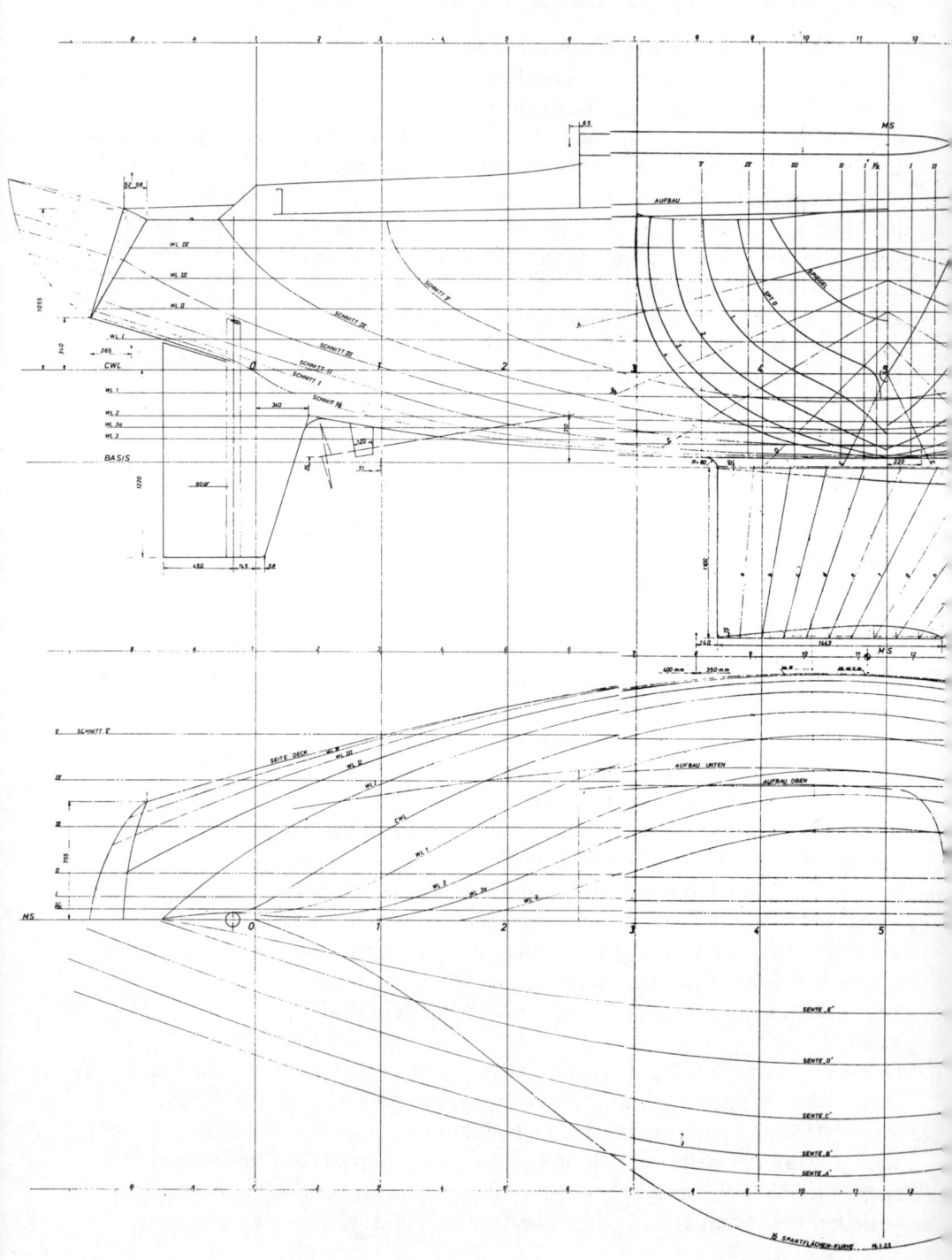

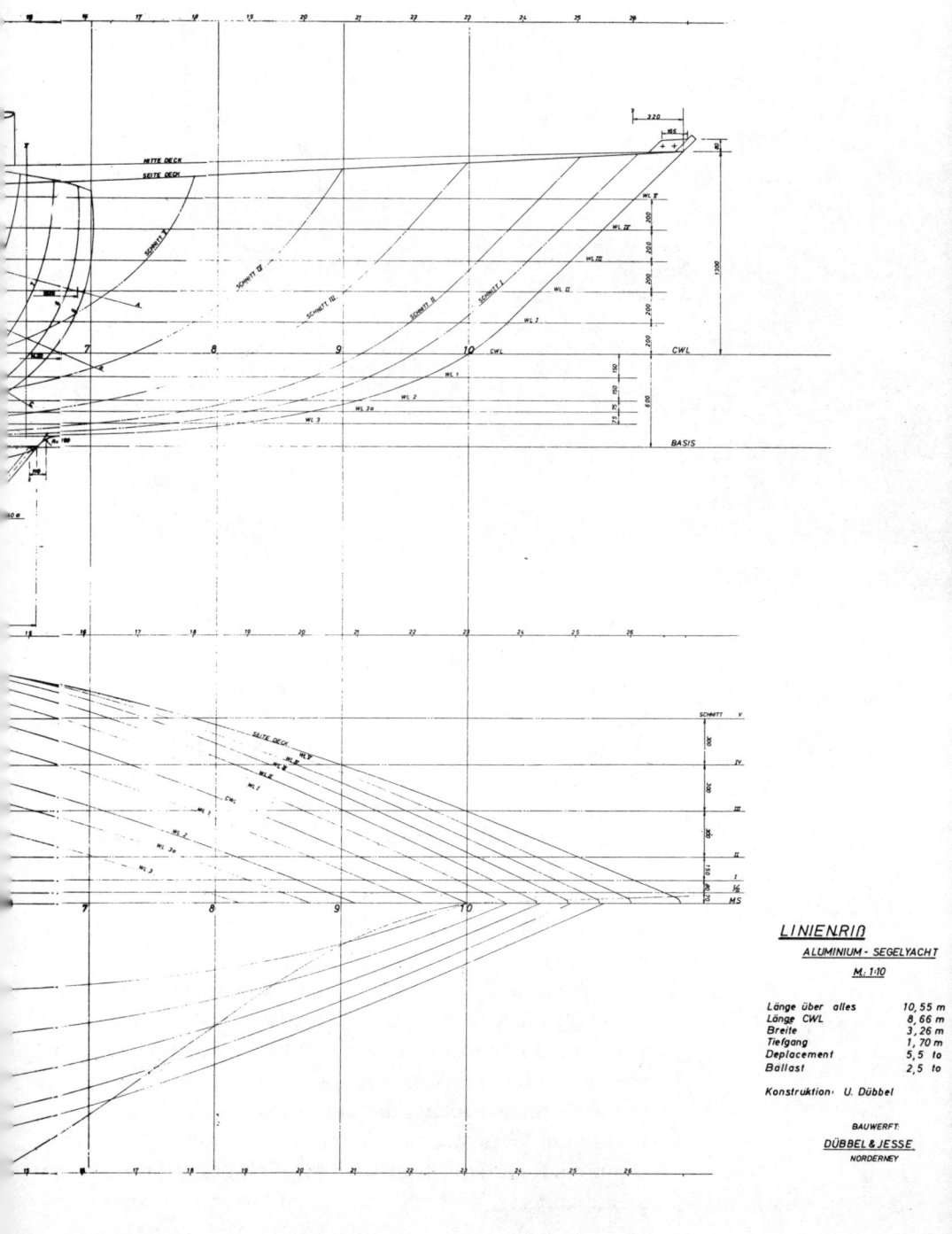

LINIENRIß

ALUMINIUM - SEGELYACHT

M: 1·10

Länge über alles	10,55 m
Länge CWL	8,66 m
Breite	3,26 m
Tiefgang	1,70 m
Deplacement	5,5 to
Ballast	2,5 to

Konstruktion· U. Dübbel

BAUWERFT:

DÜBBEL & JESSE
NORDERNEY

Stapellauf in Norderney. Die Frage, habe ich mit dieser Rumpfform richtig gewählt, beschäftigte mich sehr. – Erste Erfahrungen mit getrenntem Lateralplan sammelte ich mit »Kathena faa«.

ter), so daß »Kathena nui« einen tiefgehenden Schwerpunkt für die nötige Stabilität in den Hohen Breiten hatte. Denn auf meinem Kurs mußte ich mit Durchkenterungen rechnen. Damit mein Boot nicht kieloben verharrte, wurde der Freibord nicht höher gezogen – obschon mir das ganz lieb gewesen wäre angesichts des Übergewichts einer Ausrüstung für 300 Tage. Trotzdem wurde ein ordentlicher Kajütaufbau eingeplant. Ein Glattdecker mag zwar seetüchtig wirken, weil er den Seen keinen Aufbau als Widerstand bietet, ist es aber in Wirklichkeit nicht. Glattdecker neigen nämlich dazu, beim Durchkentern kieloben liegenzubleiben. Besonders mit übergroßer Breite sind sie gleichzeitig kenterungsgefährdet.

Weiter wurde der Bug voller und das Heck schmaler gezeichnet, wie ursprünglich bei dem Dübbel-Originalriß vorgesehen. Damit wollte ich die Selbststeuereigenschaften im rauhen Wetter erhöhen. Vor allem beim Herunterfahren von achterlichen Seen. Für mich als Alleinsegler war das der wichtigste Gesichtspunkt überhaupt – die Selbststeuereigenschaften. Der Konstrukteur Dübbel ging auch auf meine anderen Wünsche ein: Bug fülliger und tiefer gezo-

gen, um bei Am-Wind-Kursen nicht mit aller Gewalt in die anlaufende See zu knallen; das Heck begradigt, um von brechenden Wellen nicht niedergedrückt zu werden; eine Handbreit hohe Süllkante rundum, um an Deck sicherer arbeiten zu können, und eine kleine Plicht.

Rumpf und Deck ließ ich gleich auf seiner Werft Dübbel + Jesse in Norderney bauen. Die Werft ist ja bekanntlich nicht billig in ihrer Arbeit, aber ein billiges Boot wird oftmals noch teurer, das wußte ich. Ich wollte vor allem ein deutsches Produkt haben, deshalb kam ich zu dieser »Kathena nui« – und zu Dübbel. Tatsächlich ist er einer der wenigen Konstrukteure bei uns, der gefällige Linien zeichnet – und wie sich später herausstellte, kann ich ihm und seinen Schiffbauern bezüglich der Verarbeitung auch nach 30 000 Meilen Komplimente machen.

Ich hatte mich für einen Kurzkieler entschieden, weil ich davon ausging, daß er bei raumen Kursen besser und schneller aufs Ruder reagiert, vor allem bei schweren Stürmen mit hohem Seegang. »Kathena nui« war dann auch nach meiner Erfahrung beim Ausweichmanöver vor gefährlichen Seen traditionellen, träge manövrierenden Booten gegenüber klar im Vorteil. Für Leute also, die mit einer mechanischen Selbststeueranlage fahren, und das tun ja fast alle heute, scheint mir der Kurzkieler die bessere Wahl zu sein.

Ich gebe hier nur ein Beispiel für die Steuerungsfähigkeit von »Kathena nui«: » 6 Knoten, 7, 5,5, 5, 7. – 40 Grad, 50, 70, 60, 40, schon wieder 70. Oh, Oh. An diesem verdammten Tag noch so viel Wind zu kriegen! Es ist jetzt 15.30 Uhr, und die See total weiß. Ich stehe am Niedergang und beobachte das Meer. Schlecht kann ich mich vom Anblick der Selbststeueranlage lösen. Wie sie arbeitet. Wie sie das Boot beherrscht! Selten weicht der Kurs um mehr als 20 Grad pro Seite ab. Der Wind kommt drei bis vier Strich achterlich. Und wenn es mal bei einem Quertreiber mehr ist – im Nu ist »Kathena« wieder auf Kurs. Dieser Trimm und diese Fähigkeit, auch von Brechern nicht aus dem Kurs geworfen zu werden, imponieren mir. Und ich stehe hier in der Kajüte geschützt, zwar in Ölzeug, und kann alles durchs Bullauge beobachten. Darauf war ich neugierig beim Kurzkieler, auf die Kursstabilität, aber das haben wir bestens hingekriegt.

> Ein guter Trimm ist, wenn sich das Boot mit dem bekannten »zwei Fingern« steuern läßt. Selbst größere moderne Regattayachten kann man ohne Radsteuerung beherrschen.

Wirklich gut . . .« (Tonbandaufzeichnungen vom 151. Tag im Südpazifik)

Ferner war für mich wichtig – da ich mein Boot ohne Motor fahren wollte –, daß es auf engstem Raum und – noch entscheidender – bei geringstem Wind manövrierfähig blieb. Und das schafft ein Langkieler nicht. Er ist schon durch seine Bauweise, Linienführung und Gewicht behäbiger. Besonders den schwergebauten Langkielern sind gerade in den Hohen Breiten Schäden entstanden, die auf das Trägheitsmoment zurückzuführen sind.

Positiv hat meine Entscheidung auch beeinflußt, daß die geringe Lateralfläche bei modernen Kurzkielern die Seetüchtigkeit erhöht. Das Unterwasserschiff bietet ganz einfach nicht so viel Widerstand, und das kurzkielige Boot zieht in den Stürmen (oder Sturmböen) schneller an, nimmt dabei der See einen großen Teil der Wucht. Es war für mich als Alleinsegler entscheidend, ich wiederhole, daß »Kathena nui« bei hoher Geschwindigkeit manövrierfähig blieb, dem Druck des Ruders Folge leistete. Und das kann ein Boot nur, wenn es leichter gebaut ist, dazu flache Heckformen hat und das Heck auch im Surf anhebt. Die »Kathena nui« hat dann auch Surfpartien mit 12 und 15 Knoten problemlos ausgesteuert.

Wenn ich jetzt nach beendeter Reise alles in Betracht ziehe, auch die Tatsache, daß ein Kurzkieler aufgrund seiner heftigen Bewegungen im Seegang sehr ermüdend ist und viel mehr körperliche Kondition als ein Langkieler erfordert, so bin ich doch der Ansicht, daß er der traditionell schwergebauten Fahrtenyacht überlegen ist. Mein Schiff hat sich jedenfalls während der gesamten Nonstopfahrt hervorragend bewährt. Speziell während der 110 Tage südlich des 40. Breitengrades. Als ich herausfand, was ich meinem Boot alles zumuten konnte, fühlte ich mich sehr wohl an Bord – auch bei stürmischem Wetter. Und das Gefühl der Sicherheit steigert natürlich auch die Freude am Segeln. Der Gedanke, bei Sturm Bruch zu machen, kam mir nach der Hälfte der Fahrt kaum noch. Ich segelte mich regelrecht in einen Rausch hinein. Es war die Zeit, wo ich ins Logbuch eintrug: »Ich weiß jetzt, was Segeln ist, was es bedeuten kann.«

Wer sich ein Segelschiff anschaffen will, sollte möglichst erst einmal ein ähnliches chartern. So kann er sich leicht ein eigenes Urteil bilden.

Wer nur selten Zeit und Gelegenheit zum Segeln hat, ist besser beraten, vom Erwerb eines Schiffes abzusehen – und zu chartern.

9 Der Bootsbau-Werkstoff

»Es kann gut sein, daß Aluminium das Rumpfmaterial der Zukunft ist, denn es ist leicht, steif und kann durch Schweißen zusammengefügt werden. Jedes Jahr bringt neue Verbesserungen in der Bearbeitung. Und mit den ständigen Preissteigerungen bei Kunststoffen und Harz wird Aluminium interessanter.« (Hal Roth, amerikanischer Weltumsegler)

Die mir am häufigsten gestellte Frage: Welches Bootsbaumaterial eignet sich am besten für eine Weltumsegelung? Nach zwei Holzbooten und einer Stahlyacht erschien mir Glasfiber als *der* Werkstoff. Kein Holzwurm, keine Korrosion kann dem Unterwasserschiff schaden, auch wenn man es jahrelang mangels Geld oder Slipmöglichkeiten nicht aus dem Wasser holt. Außerdem sind Deck und Aufbauten leicht zu pflegen: Zwei- bis dreimal jährlich sorgfältiges polieren schützt und säubert die Gelcoatschicht zugleich. Wir konnten die so eingesparte Zeit unterwegs Land und Leuten widmen und waren nicht Sklave unseres Bootes, wie ich es bei Holz und Stahl war, die mich in den Häfen stets an Bord werkeln ließen. Mein Holzboot war am Ende der Fahrt trotz aufmerksamer Instandhaltung an einigen Stellen rott. Daß ich keine ernsten Probleme hatte, ist der hohen Materialfestigkeit zu verdanken. Am Stahlboot »Kathena 2« war es der Rost – innen und außen –, der uns auf Trab hielt. Mein viertes Boot »Kathena faa« war dann schließlich ein Glasfiberbau, und wir waren mit dem Material ganz zufrieden.

Nun gibt es aber gerade bei Glasfiber die größten Unterschiede in der Qualität. Daher treffen meine Bemerkungen

Der Spantenbau von »Kathena nui«. So ein Einzelbau ist viel Handarbeit und daher kostenträchtig. Die Abstände zwischen den Spanten betragen um 350 mm. Der Kiel ist ebenfalls aus Alu und mit Stegen an die 6 mm dicken Bodenwrangen geschweißt.

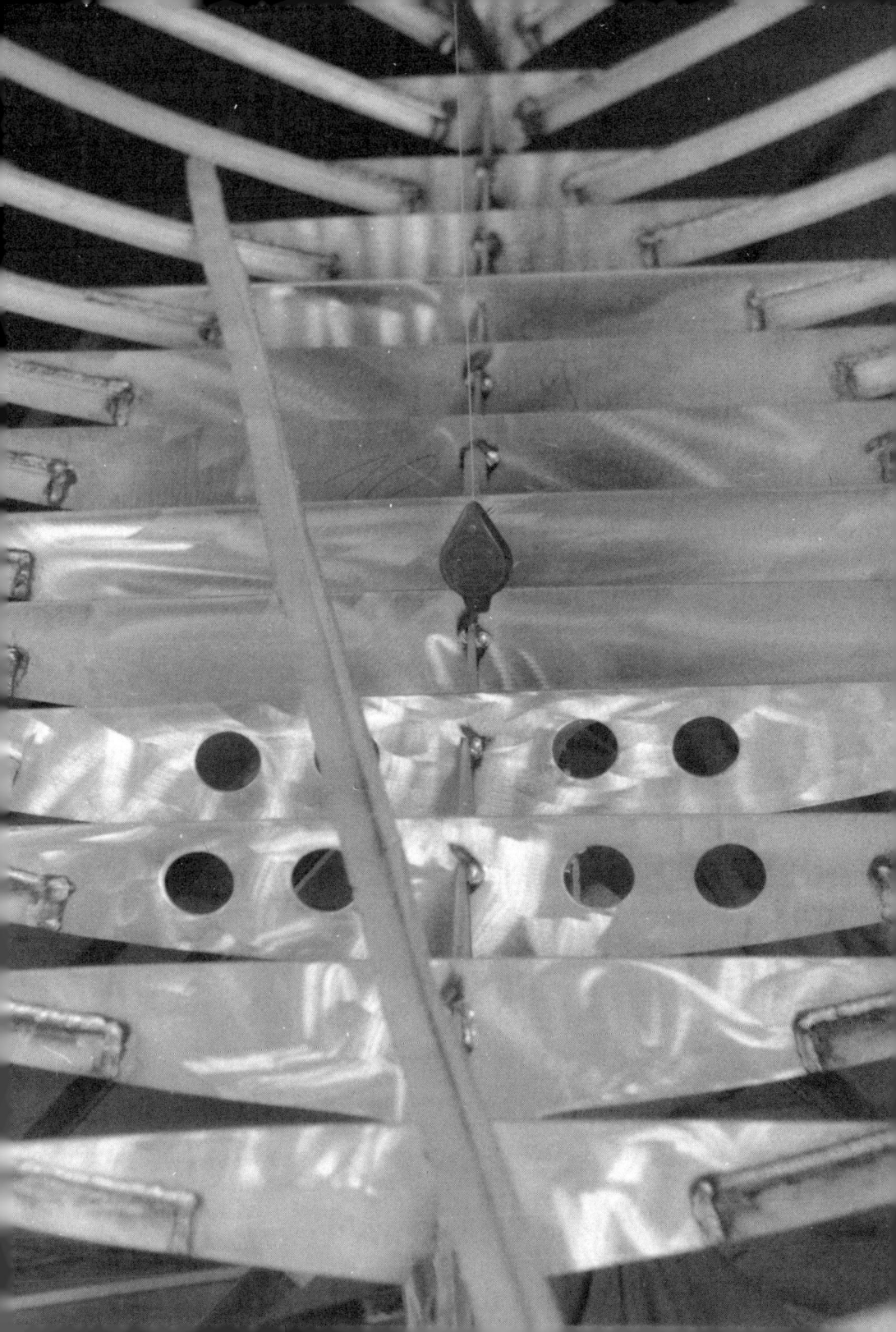

natürlich nicht auf glasfaserverstärkte Kunststoffrümpfe zu, die mit der »Häckselkanone« hergestellt wurden, sondern auf solide, im Handauflegeverfahren und in temperierten Hallen laminierte Rümpfe. Ein Bootsrumpf soll schließlich auch nach zehn Jahren harten Segelns noch intakt und stark sein, und daher sollte bei der Laminierung der Schale sehr konservativ vorgegangen werden: Recht großzügig dimensioniert überdauert dann die Konstruktion wohl viele Jahre. Solche Rümpfe sind auch meistens mit einem Lloyds-Zertifikat versehen.

Es scheint aber, daß nach der ersten Kunststoffphase diese alte Bauweise (mit Rolle und Pinsel die Matten eintupfen) bei Serienbootsrümpfen nicht mehr so aktuell ist. Der Kampf auf dem GFK-Markt ist hart geworden. Firmen, die überstehen wollen, müssen kämpfen, und das geht oft – leider – nur über den Preis. Das Dilemma ist, daß diese aufs Minimum konstruierten Rumpfstärken für Wochenend und Urlaub durchaus o.k. sind, nur die auf Langfahrt gehenden Yachten benötigen Materialien, die mehr aushalten, weil deren Belastung in einem Jahr größer ist als begreiflicherweise hier in fünf Jahren.

Es ist wichtig zu berücksichtigen, daß bei einer offensichtlich erfolgreichen Leichtgewichtskonstruktion das Glaslaminat durch dauernde Belastung ermüdet: Es kommt zu Brüchen im Harzmatrix (Gelcoat) und zu einem Ablösen des Harzes von den Fasern. Tropisches Klima fördert dieses Versagen. So werden die Boote »weich«, wie man so sagt. Segelt man das Boot hart weiter, kommt es zu fortlaufenden Rissen der einzelnen Glasfasern. Zusammenfassend möchte ich sagen: Glasfaserverstärkte Kunststoffe müssen für Langfahrten überdimensioniert werden.

Fiberglas ist zur Zeit bei weitem das populärste Material in der Fahrtenseglerszene. Es ist relativ preisgünstig, leicht zu warten und am Ende einer langjährigen Fahrt häufig ohne großen Wertverlust zu verkaufen.

Obwohl ich jedoch mit der GFK-»Kathena« eine in jeder Beziehung zufriedenstellende Reise machte, war ich nach dem Verkauf sicher: Mein nächstes Boot muß aus Aluminium sein. Warum gerade Aluminium? Nicht, weil ich zuviel Geld habe, sondern weil das Material ungemein fest und

Wenn man einen Neubau plant, sollte man sich den Luxus eines unabhängigen Beraters leisten. Auch bei Booten normaler Größe lohnen sich Aufwand und Kosten für eine Bauaufsicht – zumindest für das Kasko.

Ich wollte die Außenhaut ohne Farbe fahren, also Alu blank. Das bedeutete für die Bootsbauer zusätzlich viel Hammerarbeit, um den Rumpf beulenfrei abzuliefern. Mit einer Flex wurden die letzten Unebenheiten glatt geschliffen.

doch verhältnismäßig leicht ist; Leichtigkeit aber ist für mich gleichbedeutend mit Sicherheit. Zudem sind bei Aluminium die Möglichkeiten größer, das Material voll auszuschöpfen, wenn man schon auf Gewichtsverringerung achtet. Zusätzliche Verstärkungen in den empfindlichen Bereichen – Ruderskeg, Vorschiff, Rüsteisenverbindung, Wasserlinie – tragen unwesentlich zum Gesamtgewicht bei, und durch diese Überdimensionierungen büßt das Material bei Dauerbelastungen kaum an Festigkeit ein. Jedenfalls ist die Ermüdungskurve so flach, daß sie kaum erwähnenswert ist. Aluminium ist eben ein Werkstoff, der als isotropes Material –

gleiche Festigkeit und Steifheit in allen Richtungen – erhebliche Vorteile beim Bootsbau hat.

Ich wollte die Außenhaut ohne Spachtel und Farbe fahren. Seewasserbeständiges Aluminium schützt sich nämlich selbst. Es oxydiert nicht bei feuchtem Wetter, salziger See, es ist immer mit einer feinen Oxydschicht überzogen, die jeder weiteren Oxydation vorbeugt. Also in jeder Hinsicht ein idealer Bootsbauwerkstoff. Da ich vom Naturell her bequem bin, kommt mir diese Pflegeleichtigkeit entgegen.

Ohnehin: Der Alumehrpreis lohnt immer, wenn man einen Neubau in Metall plant und das Schiff danach lange behalten möchte. Bootsinteressierte sollten Verständnis dafür haben, daß sie mehr zahlen müssen, wenn sie sichere, langlebige Rümpfe mit dem geringsten Gewicht wünschen. Aluminium, ein fachmännischer Entwurf, eine gute Bauausführung haben eben entsprechende Kosten zur Folge. Beschneidet man diese Kosten, geht das immer zu Lasten der Lebensdauer eines Bootes. Der Bau eines hundertprozentig sicheren und langlebigen Rumpfes wurde für mich bei »Kathena nui« zum erklärten Ziel. Das Boot ist jetzt zwei Jahre im Gebrauch, hat inzwischen zweimal die magische Route befahren – einmal 30000 Meilen um alle berüchtigten Kaps, das andere Mal zur Besichtigung auf einem Tieflader durch 91 deutsche Städte – und nichts ist daran auszusetzen. Sicher, die gut 300000 Besucher haben einige Farbe an Deck abgetrampelt, aber das ist auch schon alles. Grundsätzlich ist Aluminium billiger in der Unterhaltung als jedes andere Material. Voraussetzung ist zweifellos, daß dieses Material einwandfrei verarbeitet wird, also in einer sehr komplexen Struktur, sehr fachmännisch ausgenutzt. Ist Elektrolyse an Bord von Stahlbauten schon unangenehm, bei Alu ist sie schlimm und kann leicht zum Ende führen.

Die leichte Bauweise eines Aluminiumrumpfes ermöglicht zudem Gewichts- und Kosteneinsparungen bei Rigg, Segelfläche, Farbe, Beschlägen etc. Alles kann leichter und kleiner dimensioniert werden. Ein anderer Pluspunkt ist die einfachere Handhabung, und die besseren Kreuzeigenschaften bieten nochmals Sicherheit.

Vergleichbare Boote in Stahl sind grundsätzlich langsamer. Dadurch läßt es sich zwar an Bord bei holpriger See ruhiger

leben, aber in der Regel sind sie zu schwer. Ich spreche hier
von Booten um die elf Meter, bei denen ich auch oft beobachten konnte, daß sie 20 cm und mehr über der Konstruk-
tionswasserlinie schwimmen. Das Deck wird dann schon bei
leichten Stürmen naß und macht alle Arbeiten bei solchem
Wetter schwieriger und gefährlicher. Bei richtigem Sturm
gar sind Deck und Cockpit ständig von Gischt und Wellen
eingedeckt.

Der Vorteil, daß Stahlkaskos halb soviel kosten wie vergleichbare Konstruktionen in Aluminium und auch günstiger sind als Glasfiber, hebt sich auf, weil Rumpf mit Deck
etwa ein Viertel eines voll ausgerüsteten Bootes kosten.
Was man also dabei einspart, verliert man bei der Takelage,
den Segeln, Bleiballast, Beschlägen, Motor und Zubehör.

Die Reparaturmöglichkeiten für Stahlboote sind unterwegs
selbstverständlich größer. In jedem winzigen Hafen gibt es
eine Gelegenheit, Schweißarbeiten ausführen zu lassen, was
bei Aluminium schon schwieriger ist. Andererseits sind aber
auch im Werkstoff Aluminium Schäden selbst zu beheben:
Mit Nieten und Sikaflex, einem Einkomponentenkleber,
läßt sich allerhand bewerkstelligen.

Dem Argument, bei Strandung bestehe bei Metallbooten
die größere Chance einer Bergung, muß ich widersprechen.
Eine auf Grund gelaufene Yacht ist immer in einer kritischen Situation. Es sind auch schon GFK-Boote gut dabei
weggekommen. Und in der Südsee rosten viele Stahlyach-
ten auf den Riffen vor sich hin. Den Gestrandeten ist die
Bergung oftmals zu kostspielig, oder es besteht keine Aussicht, die Boote freizuschleppen.

Abschließend möchte ich noch anmerken, daß »Kathena
nui« recht konservativ in den Verbänden verschweißt
wurde, also die Konstruktion der Schale sehr großzügig ausgelegt war. Das läßt mich hoffen, daß sie noch viele Jahre
überdauern wird.

10 Größe und Eignung

*»Es sei fast leugenhaft tu vertellen (fast lügnerisch zu erzäh-
len), daß man in einem so kleinen Boot eine so große Reise
zurücklegen könne.« (Kapitän Stolzenburg vom Deutschen
Seglerverband in einem ersten Kommentar nach meiner Solofahrt 1968)*

Das wichtigste ist das Geld, das man für den Bau eines
neuen oder den Kauf eines Gebrauchtbootes ausgeben
will. Denn mit einem Boot, das über die eigenen Verhältnisse geht, hat der Besitzer die wenigste Freude. Man
wird immer an die Kosten denken, an Liegegebühren,
Unterhalt und sich auf einer langen Reise schwertun,
Landausflüge zu unternehmen oder in andere Freuden zu
investieren.

Ein teures Boot ist auch nicht immer das bessere, sondern
im normalen Fall das größere. Es bietet z. B. mehr Platz an
Bord für Proviant, Ausrüstungsgegenstände, Wasser,
Brennstoff – und vor allem mehr Lebensraum. Nur, braucht
man das alles um den Preis von nochmals mehreren Jahren
Extraarbeit und ständigem Sparen? Ist der Aufwand für die
ein, zwei Meter mehr Schiffslänge nicht zu groß?

Zu billige Yachten werden im Endeffekt noch teurer, das
habe ich ja schon mal hervorgehoben. Man hat zuwenig
Freude an ihnen. Durch schlechte Verarbeitung häufen sich
schnell die Defekte, bei rauhem Wetter ist das Boot undicht,
und in den Häfen muß man ständig reparieren. All das kann
einem den Spaß an einem längeren Törn nehmen. Doch wie
groß ist die Idealgröße einer Yacht für Langfahrt?

Ein ordentliches Boot für Einhandsegler, die Meere überqueren wollen, fängt bei sieben Metern an. Meine erste

*Auch für das neue
Schiff kalkulierte ich
eine bestimmte
Summe Geld, die dann
– leider – nicht
ausreichte.*

KATHENA & ICH

in Alu. Okt '83. 1.
richtige Kalkulation
nach der Bootsmesse!

Muß:

Alu

Kutter

Natur

2 Hundekojen

Brückendeck

Linien

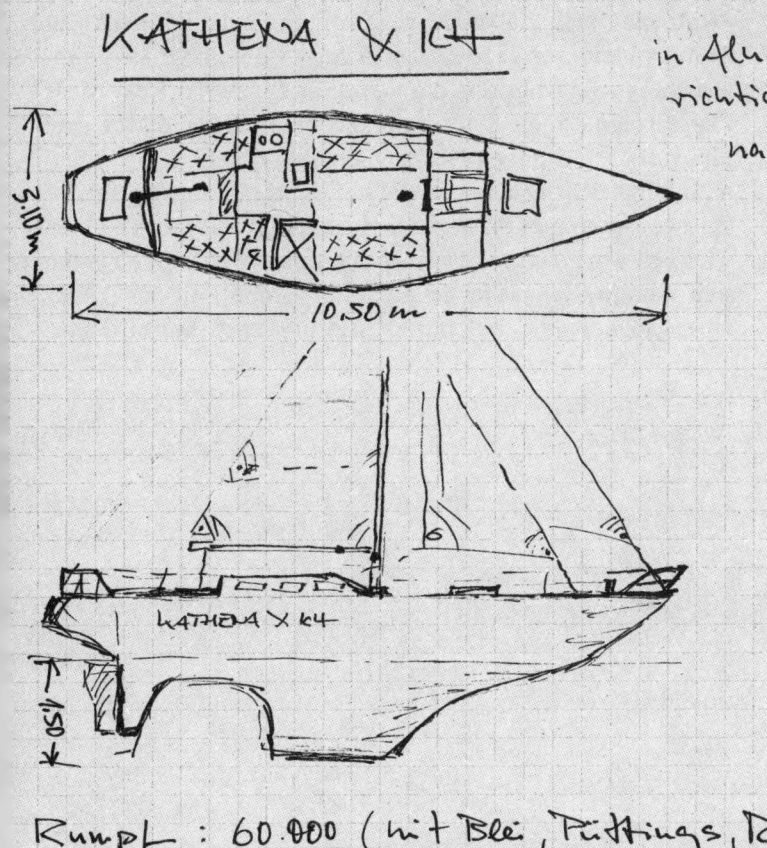

3.10 m

10.50 m

1.50 m

KATHENA & ICH

Rumpf : 60.000 (mit Blei, Püttings, Reling, Ruder, Tanks (2), wasserdichte Schotten, Klappluken.)

Rigg + Segel : 10.000

Winden (8 Stück) Blöcke, Schätzel, Klampen, Leinen, Schoten
Anker, Instel, Fenster, Haltegriffe : **10.000**

Schrauben. Holz. Farbe. Beschläge : **3.000**

Elektrik, Lampen (Position), Batterie : **1.000**

Werkzeug, Kocher, Polster, Ersatzteile : **3.000**

Seekarten, Bücher, Papier **1.000**

Sonstiges : **3.000** (Essen/Trinken, Medikamente, etc.)

»Kathena« war 7,50 m lang. Zwar sind schon Reisen mit weitaus kleineren Booten gemacht worden, aber sie gehören eher in die Rubriken des »Guiness-Buchs der Rekorde«. Diese waghalsigen Unternehmen – zum Beispiel mit drei und vier Meter langen Nußschalen über den Ozean – haben meiner Ansicht nach nicht viel mit Fahrtensegeln zu tun.

Zu zweit sollten es für einen mehrjährigen Törn durch überwiegend warme Gewässer um die neun Meter Bootslänge sein – mindestens. Das ist auch die Größe, mit der früher eine ganze Reihe bekannter Weltumseglerehepaare ihre

Bootskauf: Die Überlegung der finanziellen Seite sollte unbedingt am Anfang stehen. Bei einem Neukauf sind die Folgekosten für Sicherheit, Ersatzteile, Beiboot, zusätzliche Segel, Versicherung etc. mit 25 % auf den Kaufpreis anzusetzen.

Fahrten machten: Koch, Schenk, Müller, Astrid und ich und der alte Fahrensmann Hiscock gar mehrfach.

Mit Frau und Kind habe ich über drei Jahre Südseesegeln auf einer zehn Meter langen Slup betrieben. Die war vom Platzangebot her vollkommen ausreichend. Wir konnten Proviant für vier Monate stauen und kamen auch auf See räumlich sehr gut zurecht. Dies allerdings nur mit sehr viel Ordnung, besonders wenn die Backskisten und Fächer mit Proviant übervoll waren. Da hatte wahrhaftig jedes Ding seinen Platz. Die Vorstellung, die Enge auf einem Weltum-

»Ultima ratio«, der Trimaran der Einhandseglerin Ingborg von Heister. Das 10,50 m lange leichte Dreirumpfboot war meist überladen.

Sieben Meter Länge und Kunststoff reichen schon für eine Langfahrt. Der erste spanische Weltumsegler Julio Vilar hat es mit seiner »Mistral« bewiesen.

seglerschiff müsse furchtbar sein, ist irreführend. Es wird ja nicht nur die Kajüte bewohnt, sondern auch Deck und Cockpit. Vor Anker liegend, kommen Strand und Bucht hinzu. Wer kann schon morgens aus seinem Schlafzimmer gleich ins Meer jumpen? Gibt es Ärger und Streit, tut ein Ausflug zum Riff oder ins Dorf gut, um sich abzureagieren. Und wenn es nicht anders geht, muß die Meinungsverschiedenheit ausgetragen werden wie zu Hause. Ein größeres Boot wäre da nicht von Vorteil. Auch nicht ein Schiff mit Heckkajüte, wie häufig angenommen.

Allerdings sind zehn Meter für eine dreiköpfige Familie auch wirklich notwendig. Denn gerade Kinder brauchen viel Stauraum für die Dinge, mit denen sie spielen und die sie zusätzlich von jedem Landgang mit an Bord schleppen.

Die Aufgabe, für das vorhandene Geld das geeignete Boot zu finden, ist immer aufregend. Ich ging folgendermaßen vor: Für ein vollausgerüstetes Boot kalkulierte ich eine bestimmte Summe Geld. Und die wollte ich auf keinen Fall überschreiten, auch wenn mir ein noch so ideales Schiff angeboten würde. So mußte ich mich meistens mit einem Meter weniger Schiffslänge zufriedengeben. Aber nur so konnte ich meine vielen Reisen ausführen.

Beim Neubau der »Kathena nui« war es genauso. Ich hatte 80 000 Mark zur Verfügung, und die reichten dann auch – zugegeben – annähernd. Ich bekam dafür allerdings nicht meine Wunschgröße – das Boot wurde über die Jahre immer ein Stück kürzer. Gelandet bin ich beim Minimum für diese Route. Mit einem Boot, das noch kleiner gewesen wäre, hätte ich eine solche Fahrt nicht gemacht.

Selbstverständlich ging ich bei so knappen Mitteln Kompromisse ein. Die Einrichtung war spartanisch gehalten und vieles mehr. Ein Motor fehlte. Andererseits bin ich sicher: Hätte ich noch ein, zwei Jahre gespart und gewartet mit meinem Vorhaben, aus der Nonstopfahrt wäre nichts gewor-

Segeln mit Partner: konsequent Aufgaben teilen. Bei uns war das beispielsweise so geregelt: Meine Frau war überwiegend zuständig für alles, wenn wir vor Anker oder im Hafen lagen, während ich auf See entschied und ausführte.

Bernard Moitessiers legendäre »Joshua«. Das zwölf Meter lange schwergebaute Stahlschiff war für einige Jahre der Inbegriff des optimalen Fahrtenseglers.

»Kathena faa«, eine zehn Meter lange und 2,80 Meter breite Slup, mit der wir jahrelang zu dritt segelten, ohne Enge zu spüren, oder Stauprobleme zu haben.

Katastrophal, was man manchmal im Hafen sieht: Bevor man in Bucht / Hafen anlegt, sorgfältig Anker oder Festmacher / Fender / Leinen und Wurfleine bereitlegen.

den. Ich hätte den Mut verloren. Ohnehin bin ich dafür, daß man Reisen, die geplant sind, möglichst bald ausführt. Schon viele sind über ihren zu perfekt vorbereiteten und vielleicht zu aufwendigen Projekten krank geworden und gestorben.

Für ein kleines Boot spricht natürlich schon einmal der günstige Baupreis, die einfachere Ausrüstung und die kürzere Bauzeit, egal, ob in der Werft oder als Eigenbau. Kleinere und mittlere Segelboote sind auch auf dem Gebrauchtbootmarkt zahlreicher. Man kann wählen und eventuell günstig kaufen. Auch später unterwegs sind alle laufenden Kosten niedriger. Dennoch, bei einem zu kleinen Boot sind die Unannehmlichkeiten größer, und der Nutzeffekt ist kleiner. Man ist an gewisse Reiserouten und Klimagebiete gebunden, muß große Fahrten noch mehr auf Wetter und Jahreszeit abstimmen, wird auf ein Aktionsgebiet festgelegt, in dem sich schon sämtliche Typen von Yachties tummeln.

Ein kleines Boot ist beweglicher. Und handlicher ist es allemal. Mal eben Verholen mit einem Vier- bis Sechs-Tonnen-Schiff – das ist schnell getan. Ein Boot dieser Größe erfordert keine Ankerwinde. Und es ist auch frauenfreundlicher durch sein Gewicht und seinen Segelplan. Das gesamte Segelgeschirr ist eben leicht zu handhaben. Wegen des geringen Tiefgangs kann man Buchten und Häfen ansteuern, die den großen verschlossen bleiben. Man segelt sportlicher, erlebt mehr überraschende Augenblicke.

Mit der großen Yacht erfreut sich die Crew eines komfortableren Segellebens: Bootscamping mit Dusche und Tiefkühltruhe. Generell ist mehr Ausrüstung vorhanden, man lebt aufwendiger. Aber die Crew ist auch häufig mit der Instandhaltung der Geräte, die das Bootsleben erleichtern sollen, beschäftigt. Oft sind sie defekt mit der Folge: Ersatzteile müssen eingeflogen werden.

Für Anfänger sind verschiedene kleine Fahrten sinnvoller als gleich ein großer Törn.

Nicht selten ist das beste Boot dasjenige, das man bereits hat. Denn ein Boot, das sich in Nordsee und Ostsee bewährt hat, reicht ebenso für die Passatrouten.

Weil es für jedes Ding ein Für und Wider gibt, würde ich folgendermaßen wägen: Wenn »Boating« Freude machen soll, dann immer für eine Langfahrt ein Boot in einfacher, übersichtlicher Ausführung wählen, ob neu oder gebraucht. Von einem Boot mit vielen Armaturen, mit verwinkelten Einrichtungen an Deck wie in der Kajüte ist abzuraten. Eine Reise wird um so komplizierter, je mehr Zeit wir dem Boot widmen müssen.

Sicher: Mit einer aufwendig ausgerüsteten Segelyacht hat man mehr Möglichkeiten (man kommt leichter durch enge Gewässer, Sturm, Nebel, Kanäle), jedoch mit einem unkomplizierten Boot mehr Gelegenheiten (schnell mal eben verholen – Buchten und Häfen wechseln – und der Kontakt mit Einheimischen ist spontaner).

Der schwächste Punkt eines seegehenden Segelbootes ist meist der Mensch. Bei mehrköpfiger Crew daher unbedingt auf die Auswahl der Mitsegler Wert legen.

Mit Größe ist man gut gerüstet, manchmal zu gut und damit zugleich auch häufig belastet. Wer wie meine Schwiegermutter (Atlantikseglerin) mit Motorrad, Plattenspieler, Geflügelschere, Fondue-Topf und anderem Schnickschnack an Bord reist, wird immer ein zu kleines Schiff haben.

Es besteht kein Grund, sich mit einem einfachen, kleinen, aber grundsoliden Boot unsicher zu fühlen. Das muß ich betonen, weil viele Leute aus Sicherheitsgründen eine hochseetüchtige Fahrtenyacht für eine mehrjährige Reise anschaffen, die besser aussieht, als sie nachher damit umgehen können.

11 Die Takelage

»Takelage: Das gesamte Geschirr, das zum Ausnutzen der Windenergie an den Segeln notwendig ist. Dazu gehören Masten und Spieren, das stehende und laufende Gut mit dem gesamten Tauwerk und Blockwerk, alle Taljen und sämtliche Beschläge.« (Schult-Seglerlexikon)

Es gibt keine schlüssige Antwort auf die Frage: »Welches ist das ideale Rigg für mich?« – selbst wenn jemand erklärt, für welche Arbeit das Boot vorgesehen ist. Viele Riggarten sind für die gleiche Segelei in Gebrauch und umgekehrt, das gleiche Rigg für verschieden konstruierte Yachten. Ebenso hängt es von der Crew ab – Anzahl, Alter, Physis, Erfahrung. Ob Ketsch, hochgetakelte Slup, Kutterslup, Schoner, Yawl, alle segeln mehr oder weniger erfolgreich über die sieben Meere. Jedes dieser Riggs hat Vor- und Nachteile, jedoch sollte man die Frage nach dem idealen Rigg nicht überbewerten. Voraussetzung ist eigentlich nur, daß Wanten und Stagen entsprechend dimensioniert sind und im Zweifelsfall immer ein oder zwei Millimeter dicker. Falls dann Rüsteisen und Mastbeschläge angemessen ausgelegt sind, kann in der Regel nichts passieren, und es ist schon ein gutes Gefühl, in einer Sturmbö nicht gleich ums Rigg zittern zu müssen.

Bei weitem das beste Fahrtenseglerrigg, vorausgesetzt, die Bootsgröße erlaubt es, ist die Kuttertakelung. Richtig getrimmt hat ein Kutter die Möglichkeiten einer Ketsch ohne die Mehrkosten, die Kompliziertheit oder die aerodynamischen Probleme. Ein Großsegel von guter Fläche mit Stagfock, mit Klüver oder mit beiden Vorsegeln zusammen macht eine starke, leicht zu handhabende Takelung. Zusätzlich: Ein Kutter sollte so gut konstruiert sein, daß er unter

Der Segelriß von »Kathena nui«. Die Kuttertaklung mit Bindereffs in Großsegel und Focks ersparte mir Arbeit und Kosten.

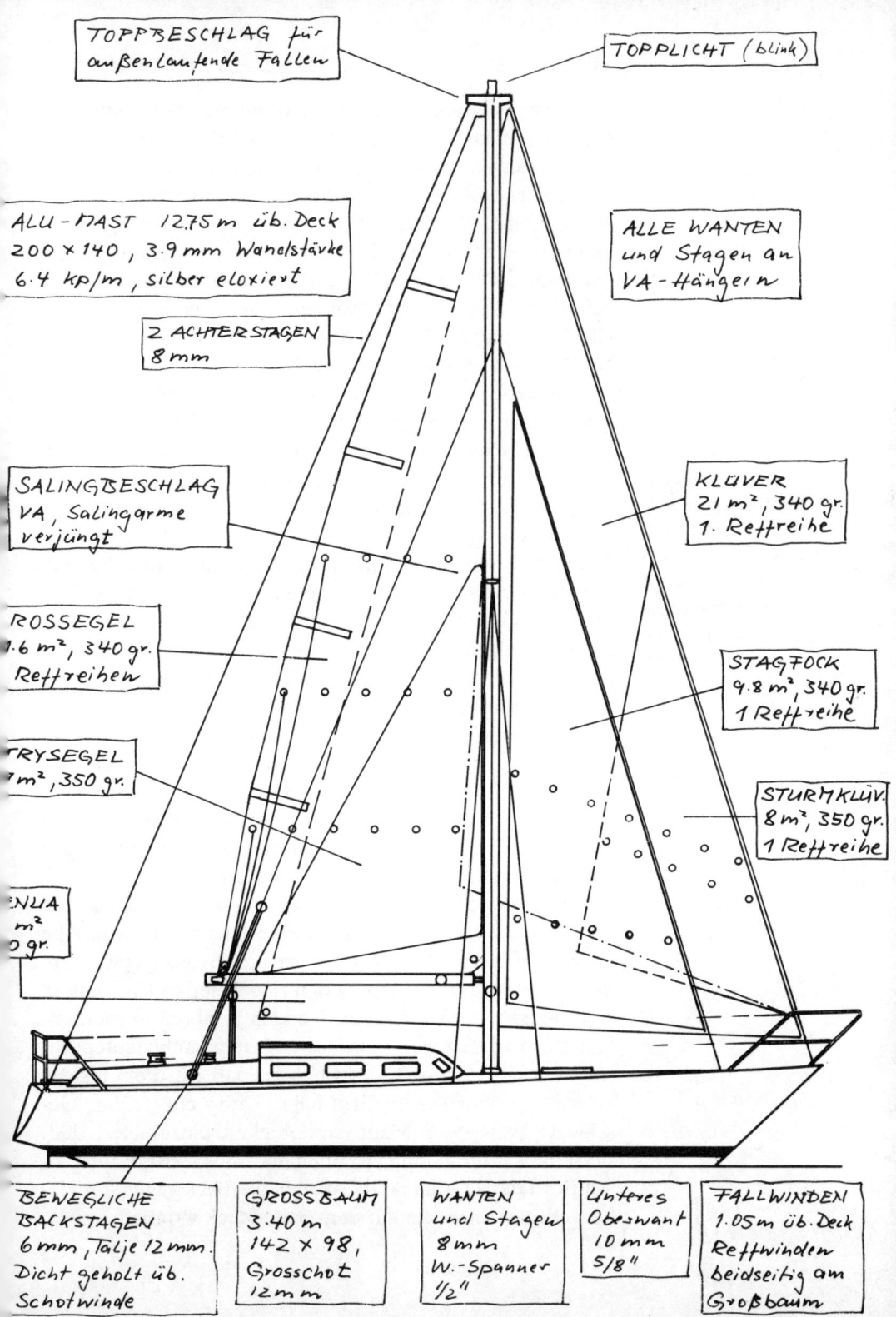

TOPPBESCHLAG für
außenlaufende Fallen

TOPPLICHT (blink)

ALU-MAST 12.75m üb. Deck
200 x 140 , 3.9mm Wandstärke
6.4 kp/m, silber eloxiert

ALLE WANTEN
und Stagen an
VA-Hängern

2 ACHTERSTAGEN
8mm

SALINGBESCHLAG
VA, Salingarme
verjüngt

KLÜVER
21 m², 340 gr.
1. Reffreihe

ROSSEGEL
1.6 m², 340 gr.
Reffreihen

STAGFOCK
9.8 m², 340 gr.
1 Reffreihe

TRYSEGEL
7 m², 350 gr.

STURMKLÜV.
8 m², 350 gr.
1 Reffreihe

ENUA
m²
0 gr.

BEWEGLICHE
BACKSTAGEN
6mm, Talje 12mm.
Dicht geholt üb.
Schotwinde

GROSSBAUM
3.40 m
142 x 98,
Grosschot
12mm

WANTEN
und Stagen
8mm
W.-Spanner
1/2"

Unteres
Oberwant
10 mm
5/8"

FALLWINDEN
1.05m üb. Deck
Reffwinden
beidseitig am
Großbaum

Stagfock allein am Wind segelt. Wenn man sich dann noch ein Trysegel anschafft und die Vorsegel mit Reffreihen ausstattet, kann man mit einem Minimum an Segelanzahl fast alle Wetter bestehen, ohne Vorsegel auszuwechseln.

Zwei meiner früheren Boote waren kuttergeriggt. Ich meine, das ist für eine kleine Crew auf Langfahrt das zu empfehlende Rigg. Das Kutterrigg erlaubt einem, das zu segelnde Boot größer zu wählen, ohne sich roller-furling (Rollvorsegel) anzuschaffen.

Nehmen wir »Kathena nui« als Beispiel: Die gut ausgewogene Segelfläche von insgesamt 52 Quadratmetern (Großsegel, Stagfock, Klüver) ließ sich phantastisch handhaben. Daneben begeisterte ich mich an den Reffreihen, die ich in alle Focks und Klüver einnähen ließ. Das Großsegel hatte sogar drei Reffreihen, die ich mit dem Reffsmeerrepp über Umlenkrolle (befestigt an der Nock des Baumes) und Winde (auch am Baum montiert) dichtholte. Anschließend benzelte ich das Tuch ein. Um ein Reff ins Groß zu binden, brauchte ich selten mehr als drei Minuten. Auch verzichtete ich auf Umlenkungen von Fallen und Reffleinen ins Cockpit. Für mich ist die Arbeit am Mast mit weniger Kraft verbunden, zusätzlich schneller und damit sicherer.

> **Mastschiene mit Spülmittel schmieren. Das ist sauber und wirkungsvoll. In Böen und überhaupt erleichtert es die Arbeit mit dem Großsegel sehr.**

Frischte der Wind auf, band ich die erste Reffreihe ins Groß. Es folgte bei mehr Wind eine Reffreihe im Klüver. Weiter ging es: zweite Reihe Groß, Klüver weg, dritte Reihe Groß, Stagfockreff – und letztlich – da mußte es stürmen – das Groß weg und Try gesetzt. Bei stürmischsten Bedingungen dann das Try und die Sturmfock mit Reff.

Einen Kutter fährt man mit beweglichen Backstagen, und da das innere Vorstag etwa bei zwei Drittel der Masthöhe angreift, muß eine Verstagung nach achtern gerigt werden. Diese beweglichen Drähte finden eine Reihe von Seeseglern störend, sehen sie gar, wenn Wenden gefahren werden, als Handicap an. Ich meine, dieser – für mich unbedeutende – Nachteil wird dadurch aufgehoben, daß ich die Vorsegel besser und schneller im Griff habe. Und weiter: Ohne Geschwindigkeit oder Manövrierfähigkeit einzubüßen, läßt sich eine Kuttertakelung in Böen und auch sonst reffen.

An Bord der »Kathena iti« wurden die Backstagen mit Hebeln dichtgesetzt, die auf dem Seitendeck montiert waren, während die lose Backstage automatisch, durch einen Gummistropp befestigt, am Unterwant festgehalten wurde.

Ein anderer Vorteil der Kuttertakelung: Da der Mast in einer Eindrittel-Zweidrittel-Position an Deck aufgestellt ist, also weiter achterlich als bei Ketsch- und Slupriggs, kann er nicht so leicht stauchen oder brechen, das gesamte Rigg wird weniger beansprucht.

Das populärste Rigg, rein quantitativ, ist die hochgetakelte Slup. Sie ist günstig – man spart im Vergleich zum Kutter Stagen und Beschläge – und segelt schneller als alle anderen

Vor der Abfahrt zurrte ich ein Stück Wasserschlauch als Bucht um das Ende der Saling. Das aufgefierte Großsegel kann dann nicht hinter der Saling festhaken und sie bei einer Patenthalse abreißen.

Jahrzehntelang erschien vielen Fahrtenseglern die Ketsch als das ideale Rigg. Auch die Gebrüder Kaczirek wählten es auf ihrem selbst gebauten Stahlboot »Törner«, mit dem sie mehrfach den Atlantik überquerten.

Riggs. Aber ihre Segel sind meistens unhandlicher. Frischt es auf, muß das große Vorsegel geborgen und dann ein kleineres gesetzt werden.

Sucht man ein gebrauchtes Segelboot, wird man mehr Slups vorfinden als jeden anderen Typ. Eine Slup kann ohne weiteres, vorausgesetzt, der Mast steht nicht ungewöhnlich weit vorn, zum Kutter umgerigt werden. Und Kuttertakelung gibt bei Schwerwettersegeln geradezu ein Hochgefühl. Dazu eine Tonbandaufzeichnung von mir: 29. November – 83. Tag – Kap der Guten Hoffnung:

»Sturm. Es stürmt. Ich hab alles runtergerefft, war über eine Stunde an Deck. Erst die See beobachtet, und dann – ich war gerade am Mast – kam eine See von achtern. Unwahrscheinlich! Am liebsten wäre ich ein Stück hochgeklettert.

»Hetairos« – ein wunderhübscher Hochseesegler, ein Push-Button-Schiff und ein Beispiel, daß man heutzutage so einen 20-Meter-Segler problemlos zu zweit segeln kann. Focks, Groß, Besan werden nämlich per Knopfdruck ein- und ausgerollt.

Wußte nicht, wohin im Moment, so erschrocken. Also, es kam angeschossen, unglaublich hoch. Ist eben der Strom hier. Ach ja, die brach sich genau unterm Heck, und das Boot schoß davon – wie 'ne Rakete. Alles weiß, aber auch alles! – Schon jetzt, hier am Kap, meine ich, daß ich mit der Kuttertakelung richtig gewählt habe. Ich bin beeindruckt von den unterschiedlichen Reffmöglichkeiten, und weil die Sturmfock nicht am Vorstag, sondern am Kutterstag steht, taucht die Bugspitze nie in die See.«

An Bord der »Kathena nui« schor ich dann die Backstagen so weit nach achtern und setzte beide durch, daß der Groß-baum mit dem Try untendurch schwingen konnte. Die Festigkeit des Mastes wurde so noch gesteigert für den Fall einer Patenthalse.

Ich kann nichts zu einer Yawl sagen. Habe nie eine gesegelt. Sie sieht ästhetisch aus. Der Besanmast eignet sich hervorragend als Plattform für ein Radar, und bei bewegter See kann man sich bestens an der Verstagung festhalten.

Das Vergnügen, einen Schoner zu segeln, hatte ich gleichfalls nicht. Es ist ein sehr teures Rigg mit einer Menge »briefmarkengroßer Segel«. Sieht alles schön aus, nur lohnt es sich nicht, ein Boot unter 20 Meter Länge so zu takeln.

Eine Ketsch, die ich vor 20 Jahren einen ganzen Sommer über im Mittelmeer segelte, erwies sich als nicht leistungsfähig. Die Segeleigenschaften am Wind waren mäßig, es gab viele Segelmanöver und im Hafen ein Mehr an Wartungsarbeiten. Für mich wäre diese Takelung nur für große Yachten oder aus ästhetischen Gründen (als Fotomotiv) von Interesse.

Masten und Bäume sind heutzutage fast ausschließlich aus Aluminium. Es ist das ideale Material dafür: leicht, stark, wartungsfrei, bei etwas Vorsicht kann es den Eigner überleben. Alumasten verringern das Gesamtgewicht des Bootes.

Las Palmas 1969: Wie zu erkennen, die verbreitetste Takelung ist die Slup. – »Kathena 2« war ebenfalls als Slup geriggt.

Natürlich verleiten sie auch dazu, sein Schiff zu übertakeln. Ein übertakeltes Schiff legt sich leicht auf die Seite, stampft mehr, die Segel müssen im böigen Wetter vorzeitig gekürzt werden.

Immer wieder werde ich gefragt, warum ich keinen Fockroller auf meiner »Kathena nui« hatte. Für einen Alleinsegler doch eine enorme Erleichterung! Die Frage stellte ich mir bei der Ausrüstung überhaupt nicht: Erstens wäre so ein aufgerolltes Tuch am Vorstag zuviel Widerstand, falls das Boot in den Sturmseen mit dem Mast durchs Wasser zieht, zweitens war es zu teuer, denn ich baute und rüstete »Kathena nui« mit dem letzten Pfennig aus. Drittens erschienen mir die Anlagen für die Hohen Breiten nicht zuverlässig. Nichts ist schlimmer als ein schlagendes Vorsegel im Sturm, das man nicht runterkriegt – ein Alptraum!

Inzwischen bin ich Fockrollern nicht mehr abgeneigt. Dieses Roll- und Ziehsystem hat sich weiterentwickelt. Aber die wirklich brauchbaren sind kostspielig: Reckmann-Furling-System ist eines, das selbst auf dem harten US-Markt bekannt und gekauft wird.

Für den Segler, der seine Segel liebt, sind die Fockroller allerdings immer noch höchst suspekt. Teilweise aufgerollt, stehen die Tücher nicht, sondern hängen gebeutelt. Man kann keine Höhe fahren, schlimmer: Leichte Tuchstärken verziehen sich derart, daß die Segel ein für allemal minderwertig sind. Schaut man sich Werbefotos von Anlagen an, wird man feststellen, daß das Wetter leicht und der Wind raum einkommt. Fragt man nach entsprechenden Hart-am-Wind-Fotos mit weißer See, bekommt man nur ein Achselzucken. Das Problem ist: Wenn der Wind zunimmt, will ich nicht nur ein kleineres Segel, sondern auch eine flachere Segelstellung. Ist das Segel zu voll, läuft das Boot keine Höhe, liegt mehr über, die Geschwindigkeit läßt nach, und die Abdrift ist hoch. Man muß das teilweise eingerollte Segel gebrauchen, wie es steht. Deshalb mein Rat: Gebrauche die Rollfock voll oder gar nicht.

Manche Fahrtensegler fahren doppelte Vorstagen. Ich habe das nie getan, würde es aus Gründen der Sicherheit auch nie tun. Lieber ein stärkeres Vorstag wählen. Und doppelte Vorstagen, um Passatsegel zu fahren, sind inzwischen out.

Eine lose Dirk kann bei aufgefiertem Großsegel an der Saling vertörnen und diese bei einer raschen Halse abreißen. Ein Stück Gummistropp, der die Lose der Dirk auffängt, verhindert das.

Ich habe während meiner ersten Reise für die Passatbesege-
lung zwei zusätzliche Stagen montiert, die zwischen Vorstag
und Mast an Deck griffen. Die Absicht war, »Kathena« auf
Kurs zu halten, ohne an der Pinne zu sitzen. – Später, auf
den Vorm-Wind-Strecken, segelten wir mit ausgebaumter
Fock oder Genua auf der einen, Groß auf der anderen Seite.
Kursgehalten hat die Selbststeueranlage. So wird es heute
üblicherweise gehalten.

Beim Bau und bei der Ausrüstung meines letzten Bootes
mußte ich die Erfahrung machen, daß es heutzutage nicht so
ohne weiteres möglich ist, einen Mast mit außenlaufenden
Fallen zu bekommen. Ich wollte jedoch auch in der Takelage alles direkt und einfach, eben hundertprozentig zweckmäßig. Hinzu kommt, daß ich bei außenlaufenden Fallen
die Möglichkeit habe, auf See mit Bordmitteln Schäden zu
beheben.

Für die Fallen verwendete ich vorgerecktes Liros-Halyard-
Tauwerk von 12 Millimeter Stärke. Was für eine gute Erfahrung! Nach den ersten 2000 Seemeilen brauchte ich die
Vorsegel nie mehr nachzuspannen. Das Fall hatte sich total
ausgereckt, auch wenn der Wind aufs Vorsegel drückte. Für
Schiffe mit Masten über 15 Metern sind Tauwerkfallen allerdings nicht unbedingt zu empfehlen, da wären Drahtvorläu-
fer wirksamer. Und noch etwas: Um die Taufallen dich-
zusetzen, sind leistungsfähige Winschen am Mast, auf jeden
Fall notwendig.

12 Segel sind mehr

»Für uns Fahrtensegler ist ein gutes Segel ein Segel, das sehr lange hält – einerlei, wo es gebraucht wird.« (Bernard Moitessier, französischer Einhand-Weltumsegler)

Segel dienen dem Antrieb, sie sind der Motor eines Segelschiffes. Fachlich mag das zutreffen, jedoch für mich wie für viele andere Menschen sind Segel mehr. Ausdruck von Ferne, Unabhängigkeit. Die Tücher, bunte zumal, beflügeln die Phantasie. Segelt ein einsames Boot entlang der Küste, kann sich kaum ein Mensch entziehen, es zu beobachten. Segelt es gar unter Bergen von Segeltuch, wird es zur Faszination. Wie zum Beispiel die großen Rahsegler. Menschen strömen in Häfen und Buchten zusammen, um diese alten Schiffe zu sehen. Begegne ich einem Schiff unter Segel, schieße ich ganze Filme durch meine Kamera. Auf meinem eigenen Schiff kann ich stundenlang rücklings auf dem Vordeck liegen und in die ziehenden Segel schauen – ohne dabei zu ermüden. Zeit, Raum und alles drumherum sind vergessen. Nur ich und das Boot, angetrieben von den in den Himmel ragenden Schwingen.

Segel sind mehr.

Genuasegeln mit aufgefierten Schoten: Eine Segelstellung, mit der ich meine besten Etmale erzielte. Und wenn sich die Sonnenstrahlen im Rigg brachen, war es die schönste.

Noch während meiner ersten Segelbegeisterung bestanden die Segel aus Baumwolle. Heute werden sie aus widerstandsfähigen synthetischen Fasern gefertigt: Polyestersegel ist der richtige Ausdruck. Dieses Tuch wird je nach Größe und Stärke in unterschiedlicher Festigkeit gewebt. Leichtwettersegel sind elastischer, schwerer Stoff ist dehnungsärmer und fühlt sich daher starrer an.

Die Kunststoffsegel werden unter verschiedenen Markennamen angeboten: Dacron in USA, Terylene in England

Einmal täglich machte
ich Segelkontrolle. Ich
hatte nie ein Zuviel an
Segeln und mußte
daher sorgfältig damit
umgehen. Jeder kleine
Riß im Tuch wurde
unmittelbar geflickt.
Aus diesem Grund ist
mir auch nie ein Segel
total zerfetzt.

usw. In Deutschland heißt der Stoff Polyant. Und der recht spät gestartete deutsche Segeltuchproduzent ist inzwischen führend in Europa und beginnt, Übersee zu entdecken. Ich erwähne dies, weil in der deutschen Yachtbranche keine andere Firma einen solchen Exporterfolg erreicht hat. Und: Es ist die einzige deutsche Firma, die Amerika's Cup-Segler gefördert hat – Sieger Dennis Conner und die französische »French Kiss.«

Die Segeltücher sind teuer. Bei der unverwüstlichen Qualität der Kunststoffe aber auch wieder billig. Vor allem, wenn man den Herstellungsaufwand bedenkt: weben, ausgleichen, durchwalzen, chemisch behandeln, waschen, von Gleitmitteln befreien, färben, trocknen und mit einem Kunstharz einschmieren, um das Verformen zu verhindern. Lauter Arbeitsgänge, die einem spätestens auf See bei dem Kampf mit den Segeln einen hohen Respekt vor den Errungenschaften moderner Technologie abnötigen.

Segel aus Kunststoff-Fasern leiden weniger beim Gebrauch als durch die Tatsache, daß sie an Deck lose angeschlagen und so Salz und Sonne ausgesetzt sind, denn Sonnenstrahlen machen das Tuch in Verbindung mit den Salzkristallen brüchig. Kunststoffsegel deshalb immer – nach Gebrauch – abdecken oder einsacken.

Über die richtige Segelausstattung seines Schiffes hat schon mancher lange gegrübelt: Größe, Gewicht, Schnitt, Anzahl, Farbe – und: Wohin mit den vielen Segelsäcken. Beginne ich mal mit dem letzten und doch sehr wesentlichen Punkt: Wo bringe ich meine Segelsäcke an Bord unter? Auf See ist das meist kein Problem, einige Tücher werden benutzt, die restlichen werden unter Deck verstaut. Im Hafen und vor Anker liegend, kann man davon ausgehen, daß die Arbeitssegel – Groß und Fock – abgedeckt oder eingesackt an Deck bleiben, der Rest kommt in die Achterpiek und in die Backskisten. Auf kleinen Kreuzern ist das allerdings ein Problem, denn die Stauräume sind meistens nicht ausreichend. Ich habe daher oft beobachten können, wie im Hafen Sack für Sack durchs Luk gehievt wurde und sich an Deck stapelte. Meine Segelsäcke blieben unter Deck. Allerdings hatte ich auf meinen Weltumseglungen nie ein Zuviel an Segeln. Die Sturmsegel, relativ klein und gefaltet, beanspruchten wenig Platz und wurden auf meinen Booten in der Nähe des Niedergangs (Hundekoje) gestaut, um sie schnell und problemlos zur Hand zu haben, Genua und Fock 2 lagen in der Achterpiek.

Vorausgesetzt, der Stauraum für Segel ist begrenzt und meine Geldmittel sind es auch – wie mache ich das Beste

daraus? Zunächst: Die Anzahl der benötigten Segel hängt nicht so sehr von der Größe des Bootes ab als vielmehr von ihrer Nutzung. Je ehrgeiziger die Mannschaft ist, desto mehr Segel werden gebraucht. Verständlicherweise starten Regattasegler mit ganzen Lieferwagenladungen von Segeln. Beim letztjährigen America's Cup hatte die Siegeryacht 55 Großsegel zur Verfügung. Die mußten natürlich nicht an Deck verstaut werden, die lagen an Land.

Ich unternahm alle Reisen mit nur einem Satz Segel und kam damit nie ernstlich in Schwierigkeiten. Etwas Nähgeschick muß man allerdings mitbringen. Die meisten Crews, die auf Langfahrt gehen, haben ungefähr die gleiche Segelausrüstung. Ein zweites Großsegel im Sack als Reserve ist die Ausnahme.

Segel sind teuer: 60 bis 100 Mark zahlt man für einen verarbeiteten Quadratmeter. Die »Kathena nui«-»Garderobe« kann ein Beispiel abgeben: Ich wollte allein durch flaue, normale und stürmische Seegebiete segeln – hatte aber nur 6000 DM für die gesamten Tücher kalkuliert. Um damit auszukommen, wählte ich schwere Tuchstärken: Sie sind bei ständiger hoher Belastung dehnungsärmer und reißfester,

Seitdem es leistungsfähige Selbststeueranlagen gibt, sind Passatsegel out. Auf »Kathena« benutzte ich noch dieses System – an doppelten Vorstagen und Bäumen gefahren – auf jeder Passatstrecke.

Mit Bindereffs in den Focks und Sturmsegeln hat man viel mehr Möglichkeiten, sich den Winden und Stürmen anzupassen. Außerdem ist man völlig unabhängig von der Technik.

ich konnte sie bei zunehmendem Wind länger stehen lassen. Ferner ist der Verschleiß geringer. Zum anderen ließ ich in Focks und Klüver Bindereffreihen einnähen, das ersparte mir zwei weitere Extrasegel. Ich hatte also anstelle der mitgenommenen sechs Segel eigentlich acht.

Der Nachteil des schweren Gewebes: Bei leichten Winden arbeiteten die Segel nicht optimal, schlugen häufiger, waren bei Sturmböen schwer zu bändigen und ließen sich salzverkrustet nur wie Eisschollen in den Sack stopfen.

Segelmacher sind leicht von starken Tuchen zu überzeugen, wenn sie von Fahrtenseglern hören, daß der Kurs durch stürmische Ozeane führt. »Kathena nui« bekam denn auch 340-Gramm-Material. Mir ist kein Segel aus den Nähten geflogen – sicher auch ein Verdienst des verarbeitenden Segelmachers. Sollte ich jedoch nochmals ausrüsten, würde ich auf das »kugelsichere« Material verzichten. 300-Gramm-Tücher sind für ein Sechs-Tonnen-Boot völlig ausreichend. Nimmt man ein neuentwickeltes Tuch mit un-

terschiedlichen Garntypen, dürfen die Segel – für Langfahrt
– noch leichter sein. Die Handlichkeit dieser Segel ist für
den Segler eine Erleichterung – die Arbeit ist schneller getan.

Trotzdem, ich wiederhole mich: Ein kleines Boot kann man
ruhig mit einem etwas schwereren Großtuch ausrüsten. Das
Gewicht macht sich hier beim Hantieren kaum bemerkbar.
Das Segel wird dagegen länger halten, den guten Sitz nicht
verlieren, und mit einer zusätzlichen Reffreihe versehen, ist
es auch bei höheren Windstärken benutzbar – man kann also
ohne Try auskommen.

Meine »Kathena nui«-Segelausrüstung sah so aus: Groß,
Klüver, Stagfock, Sturmklüver, Trysegel und – Genua, mein
favorisiertes Segel auf allen Booten. Gut geschnitten und
getrimmt läßt sich fantastisch segeln damit. Für die Nonstopfahrt wählte ich ein 170-Gramm-Tuch. Da ich nur eine
Genua mitnehmen wollte, meinte der Segelmacher es gut.
Er verpaßte dem Segel einen Crash-Cut-Schnitt – am Un-
ter-, Vor- und Achterliek doppelte Lagen Tuch eingearbei-
tet. Dadurch wurde das Ding für mich ziemlich unhandlich.
Beim Bergen rutschte mir das Segel ins Meer, und die untere
Bahn füllte sich schnell mit Wasser. Das Segel bei rauschender Fahrt wieder an Deck zu hieven war etwa so, als wenn
man sein Wasserbett verrücken will.

Einige Probleme bringen Segellatten. »Kathena nui« hat davon auf ihrer letzten Fahrt 16 Stück verbraucht. Meist flogen
sie beim Reffen aus den Taschen, wenn das Tuch furchtbar
knallte, weil ich zu spät dran war. Diese Latten bestehen
heutzutage aus Kunststoff. Um sich der Form des Groß anzupassen, müssen sie flexibel sein. Nachdem meine Reservelat-
ten rausgeflogen waren, behalf ich mich mit Holzleisten. Die
Taschen der Latten, an den Enden verstärkt, sollten genau
der Länge der Latte entsprechen. Auf das vordere Ende der
Tasche sollte besonders geachtet werden, denn da scheuern
sich die Latten durch das Tuch. Ich habe während der 30 000-
Meilen-Fahrt nur an zwei Taschen genäht – und das erst gegen
Ende der Fahrt.

Das Segel sollte dort, wo die größten Belastungen auftreten,
verstärkt werden – an Kanten und Ecken: Hals, Kopf und
Schothorn. Speziell am Schothorn, wo sehr große Kräfte

Leinen-Klebeband von Tesa ist von großem Nutzen für alle möglichen Reparaturen: Segelrisse, Umwickeln von Wantenspannern, Lecks in Fenster und Schotten, exponierte Stellen an der Reling, Flicken von Ölzeug, Schamfilstellen, Markierungen anbringen, Knoten sichern.

Die Nähte der Segel, die an den Wanten und Stagen schamfilen, kann man heutzutage leicht mit selbstklebendem Segeltuch abdecken.

zerren, muß durch mehrere Tuchlagen (bei »Kathena nui« sieben bis zehn) das Gatchen verstärkt werden.

Segel werden heute im Nu mit Zickzackmaschinen genäht. Bei diesen Maschinennähten liegt der Faden nie sehr dicht an. Wenn das Segel scheuert, verschleißen die Fäden rasch. Durch gelegentliches Flattern und ständiges leichtes Vibrieren bei Am-Wind-Kursen nutzt sich das Garn in den Nadellöchern ab, und die Nähte öffnen sich dann meterweise im ungünstigsten Augenblick. Um dies zu verhindern, wurden bei »Kathena nui« alle Nähte dreifach ausgeführt und anschließend mit einem Kunstharz versiegelt. Diese Mehrkosten kann ich nur empfehlen.

Aufpassen, daß Segel nirgendwo unnötig reiben und scheuern, muß man trotzdem. Unvermeidlich ist das Schamfilen an den Wanten. Früher habe ich mit Tausendfüßlern (geflochtenem Tauwerk), die um die Wanten gewickelt waren, abgeholfen. Auf der letzten Fahrt habe ich es mir einfacher gemacht: Ich habe selbstklebendes Segeltuch auf die Nähte geklebt. Wantenspanner, Splinte, scharfe, kantige Beschläge wurden mit Leinentesaband umwickelt, Salingsenden mit einem als Bucht gebundenen Gummischlauch umhüllt. Dieser Schlauch hilft auch gleichzeitig verhindern,

Meine Segelnähkiste, ein luft- und wasserdichter Tupperbehälter. Neben Garn, Nadeln in verschiedenen Größen, Segelhandschuh sind auch Tuchreste zum Flicken drin.

daß das ausgefierte Großsegel bei einer Patenthalse die Saling abreißt.

Die Reparatur aufgescheuerter Nähte sollte jeder mit Segelmacherhandschuh, Faden und Nadel beherrschen. Es gehört dazu nur etwas Geschick und Übung. Mit Nadel und Handschuh umzugehen lernte ich in der Handelsschiffahrt. Ich fuhr auf Frachtern, wo die schweren getränkten Persenninge zum Abdecken der Luken dauernd genäht werden mußten. Weiter lernte ich auf meiner ersten Fahrt, wo ich zum Teil noch mit einer Baumwollbesegelung fuhr. Zeitweise war ich da mehr Segelmacher als Segler. 20 Meter doppelt genähte Naht an einem Tag waren keine Seltenheit. Das kann zur Quälerei werden, wenn es kalt und naß an Bord ist und das Tuch zu dick, daß eine Kombizange zu Hilfe genommen werden muß, um die Nadel durchzukriegen. Dabei schafft man natürlich nicht allzu viele Meter, und durch nachlassende Aufmerksamkeit und heftige Bootsbewegungen rutscht die Nadel gelegentlich unter die Haut. Abends ist dann der Daumen vom Ziehen der Nadel entzündet und beginnt zu eitern.

In den ersten Stürmen mit »Kathena nui« am Kap der Guten Hoffnung stellte ich fest, daß die Originalsturmfock (gerefft 4,5 qm) noch zu groß war, um abzulaufen. Folglich setzte ich mich auf den Kajütboden und schnitt eine neue winzige, kaum zwei Quadratmeter große Fock zurecht. Stich für Stich nähte ich sie, und tatsächlich: Selbst die handgenähten Gatchen hielten später der Beanspruchung stand. Die Qualität des Schnittes bei diesem Schwerwettersegel war von untergeordneter Bedeutung – ich wollte damit nur raume oder achterliche Kurse laufen. Zum Glück hatte ich eine Unmenge Tuchrollen eingepackt und ausreichend Garn und Nadeln, denn ab und an bricht auch eine. Ich benutzte Nadelgrößen Nummer 17 und 18. Mit großen Nadeln näht es sich schneller und weniger anstrengend.

Wichtig erschien mir, daß Fock und Klüver hochgeschnitten waren. So konnte ich in engen Gewässern Seezeichen und Dampfer rechtzeitiger ausmachen. Einmal – bei der Ansteuerung Macquaries – retteten mir diese hochgeschnittenen Vorsegel das Leben. Ohne den freien Blick hätte ich einen Felsen, 200 Meter voraus, nicht rechtzeitig gesehen.

Genuasegel für Fahrtenyachten sollten keine »Deckfeger« sein, sondern ein eben über die Reling geschnittenes Unterliek haben.

13 Arbeits-platz: Deck und Cockpit

»Ein Schiff ist kein Sklave. Nie darfst du vergessen, daß du ihm den vollsten Anteil deiner Gedanken, deines Könnens und deiner Selbstliebe schuldig bist.« (Joseph Conrad)

Segeln ist Handarbeit, auch wenn man beim Segeln seltsamerweise nie von Arbeit spricht. Das Deck – der Arbeitsplatz des Seglers. Es wird im wesentlichen zum Ab- und Anlegen benutzt, zu Ankermanövern, zum Segelbedienen und Steuern des Bootes. Doch das Deck ist allzuoft von der Werft mit sperrigen Klampen, Wanten, Blöcken, Schienen, Winschen und Luken verbaut. Meine beiden Holzboote waren da keine Ausnahme. Und so mancher Eigner montiert noch weitere Hindernisse hinzu: Spieren, Kanister, Rettungsinsel, Beiboot, Fender, Zweitanker und dergleichen. Ich möchte behaupten, an Deck der meisten Fahrtenseglerboote kann man sich nur wie Rumpelstilzchen bewegen. Was soll da das große Sicherheitsdenken, wenn man sich gerade an Deck seine eigenen Verkehrswege verbarrikadiert?

Mit der »Kathena nui« wollte ich es deshalb besser machen. Mein Deck sollte frei von Hindernissen sein und möglichst keine Stolperstellen haben: Kurz und schmal der Aufbau, um bequem und sicher daran vorbeizuhuschen. Wanten so gesetzt, daß man ungebeugt zum Vordeck gehen kann. Mit viel Schwung ging ich an die Aufgabe, doch einiges blieb dann auch bei mir auf der Strecke, sei es aus Kon-

Die Arbeit im Cockpit von »Kathena nui« war äußerst zweckdienlich. Winden, Holepunkte, Klampen, Pinne waren so plaziert, daß ich die Tätigkeit immer in optimaler Stellung ausführen konnte.

Das Deck muß so ausgelegt sein, daß man auch bei Schräglage und hartem Seegang zügig und ungefährlich auf dem Vordeck arbeiten kann. Bei »Kathena nui« war das durch reichlich Haltegriffe und absolut rutschfestem Decksbelag möglich.

Selbstaufnahme bei den Falklands. Die Hauptarbeit im Cockpit – das Steuern – nahm mir die Windfahnensteuerung ab. Bei Sturm mußte ich an der Pinne ausharren, denn dann schaffte sie es nicht mehr, das Boot auf Kurs zu halten.

Die Pinne muß dick sein – damit die Finger, wenn man lange steuert, keinen Krampf bekommen.

struktionsgründen, der Kosten oder der Optik wegen. Als ich schließlich unterwegs war und mir in Ruhe meine Deckaufteilung betrachtete, erschien mir das Deck zu kahl. Das Vordeckdreieck störte mich. Bei schwerem Wetter stellte es ein Sicherheitsrisiko dar. Zwischen Bug und Mast hatte ich auf drei Metern als Halt nur die Seereling zur Verfügung. Schon bald schor ich ein Babystag aus Tau ein, um mich bei den Vorschiffarbeiten besser sichern zu können.

Auf dem freien Deck bei Seegang gefahrlos arbeiten zu können ist von ungeheurer Bedeutung. Hier helfen rutschfeste Decksbeläge und Schuhsohlen. Das beste, allerdings auch das teuerste Deck, ist immer noch das mit Teakholz belegte. Wir wählten Sand, um das Deck rutschfest zu machen. Ein gutes Ergebnis kann man damit jedoch nur erzielen, wenn man sorgfältig vorgeht. Der salzige Sand wurde mehrfach gewaschen und hundertprozentig trocken mit einem Teesieb auf die nasse Farbe gestreut. Nach dem Trocknen wurde der nichthaftende Sand abgefegt und alles mit einem Strich Farbe überpinselt. Eine zeitraubende und geduldige Arbeit. »Kathena nui« hat die Rutschfestigkeit Astrid und Eckernförder Strandsand zu verdanken. Das Ergebnis war so gut, daß ich mit Tennisschuhen oder Gummistiefeln nie Gefahr lief auszurutschen. Ein Nachteil: Der Sand war ungemein rauh, wie Sandpapier. Segel, die nicht eingesackt lagen, scheuerten sich im Nu durch. Man brauchte nur einmal auszurutschen, und schon war ein Loch in der Hose.

Durch Krängung einer Yacht bei Am-Wind-Kursen oder beim Laufen vor einer stürmischen See wird das Gleichgewichtsempfinden einer Crew sehr beansprucht, und da ist es wichtig, überall an Deck sicheren Halt zu finden. Aus diesem Grund wurden beim Bau meines Bootes die Außenbleche der Außenhaut höher gezogen, so daß mir an Deck rundum eine »Fußleiste« von etwa zehn Zentimeter Höhe blieb.

Das Cockpit ist das Herz des Bootes. Was für den Schauspieler die Bühne, sind für mich diese rund drei Quadratmeter. Hier kann ich agieren: mit Segel, Tauwerk, Winde und

Die Pinne ist bei weitem die einfachste und wartungsfreieste Konstruktion.

Ein Netz im Bugbereich erleichtert die Vordeckarbeit erheblich: Segel rutschen beim Bergen nicht gleich ins Meer, und es bietet außerdem Schutz.

Pinne; mein Essen einnehmen, mich schlafen legen, Wachen gehen und in der Sonne liegen. Berücksichtigt man all diese Tätigkeiten, ist es eine Kunst, das Cockpit optimal zu gestalten. Vielfältig sind auch die Anforderungen an die Crewmitglieder, die dort arbeiten und sich aufhalten, oftmals bei Lage, immer bei mehr oder weniger Bewegung. Größe und Form eines Cockpits müssen sich diesen Bedingungen anpassen, und die Praxis zeigt, daß, von Ausnahmen abgesehen, Cockpits in ihren Querschnitten sehr ähnlich sind. Die Größe einer Yacht ist dabei nicht unmittelbar von Einfluß.

Die Überlegungen für das »Kathena nui«-Cockpit gingen von einer Pinnensteuerung aus. Der Ruderkopf sollte an Deck liegen, um eine gewisse Distanz zwischen Spiegel und Pinne zu haben und mir Schutz vor stürmischen Brechern zu geben. Weitere Forderungen waren: keine Backskisten, keine Neigung der Sitzbänke, keine Grätings, ein breites Brückendeck, Schwalbennester, um die täglichen Dinge wie Winschkurbel, Bändsel, Sonnenbrille, Messer und andere tägliche Utensilien abzulegen. Die Plicht wurde verhältnismäßig klein gehalten, weil erstens die Sitzbänke so breit sein sollten, daß man bequem darauf liegen konnte, und ich zweitens ein Brückendeck von 50 cm Breite und nach achtern raus noch eine Querbank wünschte, damit die Achterpiek ordentlich Stauraum bot. All dies einbezogen, hatte ich am Ende eine Plicht, mit der ich mich in schwerstes Wetter wagen konnte. Zwei fünf Zentimeter dicke Abflußrohre ohne Krümmung lenzten die Plicht in cirka zwei Minuten.

Einen Tag und eine Nacht verwendete ich daran, die Cockpitbänke mit 15 mm Stabteak zu belegen, dessen Fugen mit Sikaflex vergossen wurden. Eine Arbeit, die mir damals sehr schwer fiel, deren Ergebnis mir aber heute noch Freude bereitet. Statt Backskisten hatte ich zwei Hundekojen. Also konnte es keine Undichtigkeiten geben. Ein glattes Cockpit: Gräting auf dem Plichtboden beweglich, die Rückenflächen leicht geneigt, keine Scharniere, und äußerst einfach sauberzuhalten. Summa summarum: ein absolut sicherer Arbeitsplatz. Mir hat es auch vom Auge her gefallen.

Die Ruderpinne aus Eschenholz war so montiert, daß sie beim Sitzen über den Knien freiging – und ich sie andperer-

Haltegriffe an Deck und in der Kajüte so dimensionieren, daß sie auch, wenn man Handschuhe trägt, tauglich sind.

seits im Stehen zwischen die Oberschenkel nehmen konnte, wenn ich beim Wenden die Schoten dichtholte oder andere Manöver fuhr. Eine Radsteuerung ist o.k., zwar teurer und anfälliger, man gewinnt jedoch mehr Raum im Cockpit. Nur: Wer länger mit der Pinne gesteuert hat, wird dieses Gefühl, das sich durch den direkten Ruderdruck überträgt, dieses Gefühl des Einklangs mit Boot, Wind und See vermissen.

Die Sitzbänke dürfen nicht zu tief angeordnet sein: Der Blick nach vorn muß ohne Verrenkungen des Kopfes gewährleistet sein. Wenn die Aufbauten also nicht zu hoch sind – kein Problem. Andererseits sitzt man bei einem zu hoch gelegenen Cockpit sehr exponiert. Die besondere Auslegung meines Cockpits, alles fest und solide, verbesserte die Standkraft, führte zur spürbaren Entlastung der körper-

Für meine Weltumseglung machte ich »Kathena« seesicherer, indem ich ein Brückendeck einzog und das Cockpit mit einer selbstlenzenden Plicht versah.

lichen Beanspruchungen. Ein Fahrtensegler sollte ein Cockpit so auslegen, daß er sich zum Schlafen voll ausstrecken kann und sich nicht wie ein halbgeöffnetes Taschenmesser anwinkeln muß, dabei findet der Körper kaum Entspannung. In den warmen Gegenden schläft man doch sehr oft im Cockpit, sei es aus Bequemlichkeit oder weil es zu heiß, zu stickig in der Kajüte ist, oder sei es, um Ankerwache zu gehen.

Vom Brückendeck aus führt bei einem ozeantauglichen Schiff der Niedergang in die Kajüte. Die Steckschotten sollten aus solidem Holz sein, von außen und innen verschließbar und unterteilt, um sich jedem Wetter damit anzupassen. Türen sind zu vermeiden, sie schließen selten dicht. Darüber ist meistens ein Schiebeluk mit »Garage« – eine feine Sache, bei »Kathena nui« war es ein Alu-Klappluk mit Gummidichtungen. Das sah nicht gerade yachtlike aus, war dafür aber absolut wasserdicht, handlich, praktisch.

Ein Spritzschutz (Kinderwagenverdeck) über dem Niedergang erhöht den Genuß am Segeln. Ich habe zwei Weltumseglungen ohne einen solchen Schutz gemacht, bevor ich die Vorzüge erkannte. Bei Am-Wind-Kursen findet nicht jede Gischt den Weg in die Kajüte. Bei Starkwind und Regen hilft ein Spritzschutz bei der Belüftung. Dem Segler bietet es Windschutz und letztlich gibt das gespannte Tuch Geborgenheit. Mein Tuch auf der »Kathena nui« wurde über den Niedergangsbügel gespannt. Ich hatte es mit der Hand aus blauem Canvastuch genäht. Es saß etwa so wie ein kleines Zelt – ohne Gestänge. Vorzuziehen ist ein Spritzschutz mit nach vorn wegklappbarem Alugestänge, wie man es heutzutage auf fast allen Kreuzern sieht. Es sitzt nicht nur besser, sondern ist auch, weil beweglich, effektiver. Ich würde dieses Verdeck nicht zu groß wählen, damit es bei seemännischen Arbeiten im Cockpit nicht stört.

Die Summe meiner Erfahrungen auf Hart-Am-Wind-Kurs: Brückendeck, Niedergangsbügel, Steckschotten, Spritzschutz, Teakbänke, kleine Fenster gaben dem Schiff Seetauglichkeit ohnegleichen.

Im Cockpit und am Mastfuß sollte stets ein scharfes feststehendes Messer montiert sein. Damit kann man in Gefahrenmomenten, ohne erst lange suchen zu müssen, Leinen kappen oder sich wehren.

14 Ein-richtung unter Deck

»Komplizierte und ausgetüftelte kleine technische Spielereien vermeidet man in der Kajüte lieber; sie funktionieren auf See sowieso nicht.« (Eric Hiscock, britischer Weltumsegler)

Eine Kajüte kann man von zwei Seiten betrachten. Von der anderen sieht sie immer der Besucher. Es lohnt sich nicht, über die Aufteilung und Einsichtung zu streiten, auch wenn der Mensch erfahren ist. Der eine strebt zu einem gediegenen, verwinkelten Innenausbau mit polierten Edelhölzern, der andere neigt zu einer soliden Vermöbelung mit klaren Linien und praktischen Einrichtungen. Grundsätzlich lassen sich keine festen Regeln für einen Idealriß der Inneneinrichtung aufstellen. Man wird immer mit Kompromissen leben müssen.

Als ich zu Astrid mit meiner Idee kam, »Kathena nui« einen Sperrholzausbau zu geben und diesen ganz in Weiß auszustreichen, war sie sofort hellauf begeistert. Auch die Grundaufteilung der Kajüte erschien ihr zweckmäßig: zwei gegenüberliegende Kojen mittschiffs. Nach achtern hin zwei Hundekojen, auch als Stauraum, da ich auf Backskisten im Cockpit gerne verzichtete. Am Niedergang kam backbord eine Kochecke in L-Form und gegenüber ein großer Kartentisch mit bequemem Sitz (auf der Hundekoje) in Segelrichtung. Der solide Kartentisch war für mich das Zentrum der Kajüte. Ich benutzte ihn zum Zeichnen, Lesen, Schreiben, Werken – und natürlich zum Navigieren. Auf eine Toilette legte ich für diese lange Fahrt keinen Wert. Ohnehin ist die Aussicht an Deck meistens schöner. Zudem brauchte ich unbedingt den sonst dafür vorgesehenen Raum an Backbord

Praktisch, nützlich, bequem: eine Kochecke in L-Form. In den Schubladen lagern Besteck und Kochgeräte, im Schwalbennest Bratpfanne und kleine Töpfe. Im Schrank überm Kocher die täglich gebrauchten Zutaten, Gewürze und dergleichen.

Selbstausbau von »Kathena nui«. Nicht nur die eigentliche Arbeit kostete Mühe und Zeit, mehr noch die richtigen Maße im Verhältnis zur Kajüte zu finden. Am problemlosesten war die Lackierung: drei weiße Farbanstriche in drei Tagen.

vor dem Mast, um meine Ausrüstung für die zehn Monate zu stauen. Gegenüber kam ein Schrank für Wetterkleidung zum Hängen und mit Fächern für Pullover, Wäsche, Gummistiefel, Schuhe.

Ich wollte das Schiff zwar zunächst allein benutzen, es aber auf keinen Fall verbauen. Schließlich war dieser Neubau für ein langes Besitzen geplant. Kurz: Die Aufteilung und der Ausbau sollten zwar für das Nonstop-Abenteuer passen, aber auch später ohne erhebliche Umbauten für Familientörns brauchbar sein. Es gibt nämlich in meinem Umkreis eine Reihe Beispiele, wo die Eigner mit Blick auf eine längere Reise ihre Schiffe zu individuell ausgebaut haben. Als dann später ihr Vorhaben aus irgendwelchen Gründen scheiterte, ließ sich das Boot nicht mehr verkaufen. Erst letzte Woche setzte bei uns ein Selbstbauer auf seinem 18 m Schonerneubau Segel, der nicht eine einzige richtige Seekoje im Mittelschiffsbereich hatte!

Der Verkaufstrick auf dem Yachtmarkt: viele Kojen. Besser wäre, bei der Kajüteinrichtung an mehr zugängliche Stauräume, eine größere Kochecke oder einen vorteilhafteren Kartentisch zu denken.

Nach meiner Erfahrung müssen alle Tätigkeiten in der Kajüte sorgfältig und mit großer Ausdauer ausgeführt werden, folglich sollten alle Dinge wohlüberlegt an der richtigen Stelle und entsprechend ausgerichtet sein: Kochecke, Kartentisch, Kojen, Schränke, Borde. Mir war von vornherein klar, daß ich nicht alle erforderlichen Maße in meiner kleinen Kajüte würde unterbringen können. Um das Beste daraus zu machen, hantierte ich wochenlang mit Skizzen, um die richtigen Abmessungen zu finden: Höhe der Kojenbänke (40 cm), Größe des Kartentischs (72 × 110 cm), Tiefe der Schapps über den Kojen (40 cm), Breite der Anrichte (42 cm). Das sind nur wenige Beispiele. Doch am Ende wurde ich – mit einigen Kompromissen – der Forderung nach praktischer Wohnlichkeit und Wärme (gemütlicher Ausstrahlung) gerecht.

Die Stehhöhe ist der wesentliche Wertmesser einer wohnlichen Kajüte. Meine lichte Deckshöhe beträgt nur 1,82 Meter. Leider – gewünscht hatte ich mir 1,84–1,88 Meter. Ich habe mich absichtlich nicht auf eine Zahl festgelegt, um es den Bootsbauern nicht zu schwer zu machen. Trotzdem ging's daneben. Der Flansch (3 cm) am Wassertank unter den Bodenbrettern wurde nicht berücksichtigt. Das ärgerte mich sehr. Verminderte Stehhöhe hatte ich ohnehin genug –

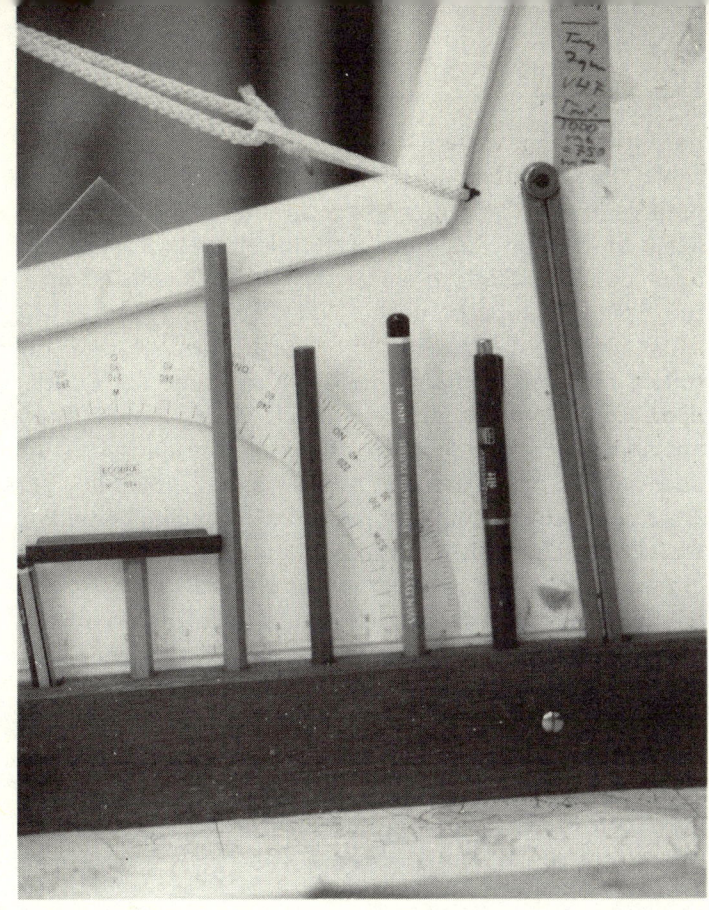

Feste und bestimmte Plätze für das Nav.-Handwerkzeug erleichtern die Arbeit am Kartentisch enorm. Bleistifte, Schreiber, Zirkel in seefesten Halterungen. Logbuch, Sextant, Uhr in speziellen Fächern.

von der Maststütze nach vorn hin um 1,50 Meter. Bei einem Schiff von der Größe der »Kathena nui« sollte es eigentlich kein Problem sein, die gewünschte Stehhöhe zu bekommen.

Einige schlaflose Nächte brachten mir während der Planung die Lukenöffnungen. Nicht zu groß sollten sie sein, damit sie bei hartem Wetter, das ich auf meinem Kurs zu erwarten hatte, handlich blieben, schnell und sicher zu schließen waren. Andererseits mußte ich, da dick eingepellt, in Woll- und Ölkleidung noch hindurchpassen. Und meine prallen Segelsäcke auch. Mir erschien eine 50 mal 50 Zentimeter Öffnung für Niedergang und Vorschiffluke ausreichend, was sie dann nicht war: Fünf Zentimeter mehr wären bequemer gewesen. Und wie breit macht man, bitte schön, einen Durchgang zum Vorschiff? Ich wählte 50 Zentimeter und lag wenigstens damit richtig. Ebenso mit der Anordnung der Vielzahl meiner Griffleisten, wozu ich auch griffige senkrechte Stützen zähle. Sie versteifen nicht nur das Kajütdach, sondern steigern gerade bei bewegter See Sicherheit und Bequemlichkeit. An meiner Stütze am Kartentisch hielt ich mich bei allen möglichen Tätigkeiten fest: beim Umkleiden, Navigieren, Spülen, Beobachten.

Mehr Sorge als die Lukenöffnungen oder Treppenstufen bereitete mir die Geometrie bei der Gestaltung der Kajüte, denn die sollte stimmen: Breite und Höhe der Kojen, Kopfabstand in den Hundekojen, Höhe des Kartentisches, um auch seitlich im Stehen daran zu arbeiten, Gestaltung der Bücherborde. Den Schlafkojen wollte ich meine besondere Beachtung schenken, denn von früheren Fahrten wußte ich, ein guter Schlaf auf See, gerade weil oftmals kurz, ist eine ungemein wichtige Sache. Ich baute vier Kojen ein, alle mindestens 196 cm lang und 72 cm breit. Eine Hundekoje, die an Steuerbord, war gar über 80 cm breit und hatte eine Kniefreiheit von 63 cm. Auf den Einbau einer Doppelkoje habe ich bewußt verzichtet, ich wollte ja alleine reisen, obschon ich auf meiner ersten »Kathena« die Koje sofort auf gut einen Meter verbreiterte. Auch bei Seegang habe ich immer gut geschlafen – diagonal. Eine Koje kann nie zu

Losen Proviant möglichst in hochwertigen Behältern (Tupper) stauen. Im Reis habe ich gleichzeitig Filmmaterial kühl und trocken aufbewahrt.

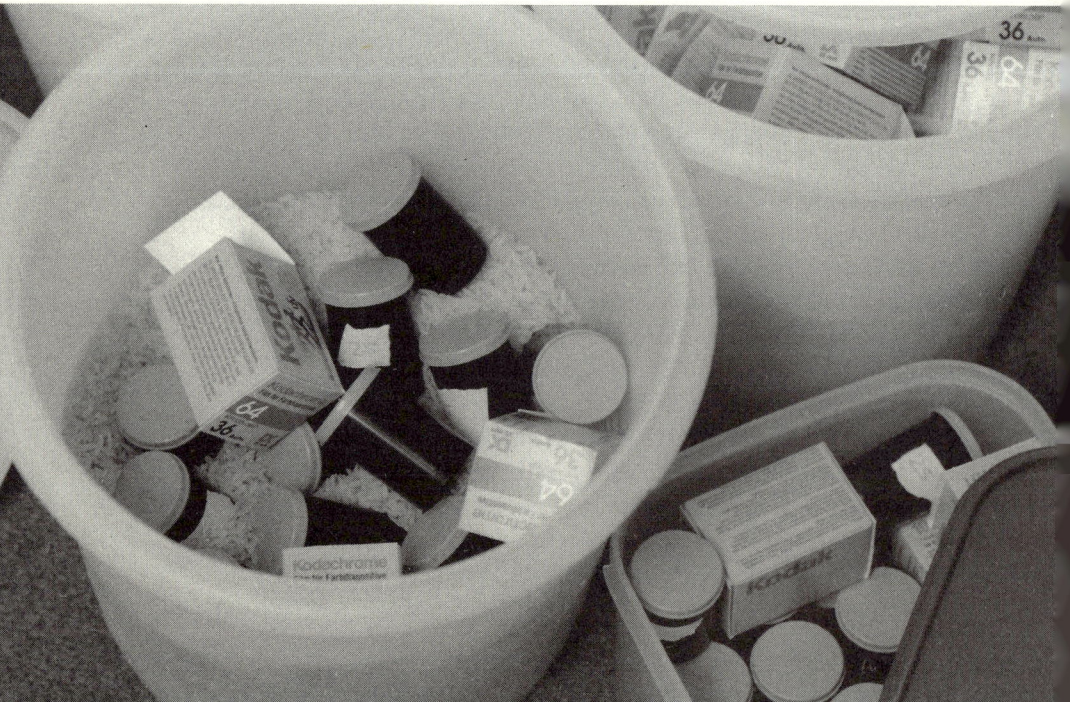

breit sein, bestimmt nicht, auch wenn in vielen Büchern das Gegenteil behauptet wird. Rollt das Boot tatsächlich heftig, ist schnell mit Kissen Abhilfe möglich. Wer an Polstern spart, wird es bald bereuen. Zwölf Zentimeter dicke Schaumstoffe von sehr guter Qualität sind dafür gerade richtig. Wer sein Boot länger bewohnt, wird merken, daß dünne Polster, von billiger Qualität, bald durchgelegen sind.

Zum Sanitären: Eine Toilette ist an sich notwendig. Vor allem bei rauhem Wetter und vor Anker. Eine solide Kunststoffpütz, wie an Bord von »Kathena nui«, ist nicht jedermanns Sache. Nun, die anderen »Kathenas« hatten alle gute Bordtoiletten, robuste englische Baby Blakes. Heute sollten Segelboote in viel besuchten Seegebieten (Mittelmeer, Ostsee etc.) Schmutztanks einbauen lassen. Das ist in den USA inzwischen Pflicht. Und wir haben bei unserem letzten Amerika-Törn gesehen, wie sauber zum Beispiel die Großen Seen sind, obwohl sie stark besucht sind. Ein Toilettenraum von 90 mal 90 cm reicht vollkommen, inklusive Handwaschbecken. Nicht die Lüftung und Fenster zum Öffnen vergessen!

Für Kinder an Bord eignet sich das Vorschiff hervorragend. Auf der »Kathena faa« war es Kyms Schlaf- und Spielplatz.

Die Versorgung brachte ich zum größten Teil im Wohnbereich der Kajüte unter. In Schrankräumen, Schubladen, Schwalbennestern wurden persönliche Ausrüstungen, Ersatzteile, Material für die Instandhaltung, Kleidung und Papierkram gestaut. Die Unterbringung all dieser Dinge ist für Leute wie mich kein Problem. Die für die Navigation benötigten nautischen Tafeln, Seehandbücher, Windmesser, Logbuch, Stoppuhr usw. kamen in geeignete Staufächer rund um den Kartentisch. Gleichfalls Taschenlampen, Bleistifte, Stechzirkel, Kursdreiecke, Sextant. All diese Gegenstände wurden rutschsicher in dafür gebaute »Halterungen« untergebracht. Seekarten kamen, einmal gefaltet, in ein 15 cm hohes Fach unter der Kartentischplatte.

Schlingerleisten an Kartentischen, Anrichten und Ablagen sollten mindestens 4 bis 5 Zentimeter hoch sein.

Notwendig ist geeigneter, gut übersichtlicher Raum für Proviant und Brennstoff. Soviel wie möglich kam in die Backskisten unter den Kojen. Nicht nur wegen des Schwerpunkts, sondern weil so selbst in den schwersten Stürmen, wenn »Kathena nui« glatt auf der Seite lag, keine Dose, kein schwerer Behälter durch die Kajüte katapultierte.

Der »lebenswichtigste« Arbeitsplatz in der Kajüte: die Kochecke. Einige Designer versuchen, die »Landküchen« an Bord zu bringen, lediglich verkleinert. Was rauskommt, ist eine »Puppenhauspantry«. Doch weder die Menschen und ihr Appetit werden kleiner, wenn sie an Bord gehen, noch werden's die Töpfe und Pfannen. Eine Spüle, in der man nicht den großen Teller abwaschen kann, ist unbefriedigend. Eine Kochecke muß optimal eingerichtet sein. Pott und Pann werden unterm Kocher gestaut, Geschirr, Besteck, Gewürze sowie die täglich benötigten Lebensmittel in einem Schrank neben oder über dem Kocher. Unter der Anrichte und der Spüle, die immer mit einer Süß- und Seewasserpumpe versehen sein sollte, lagerte ich den Tagesproviant. Alle Küchengeräte waren bei mir an Bord so verstaut, daß sie mit einer Hand greifbar waren: Messer, Streichhölzer, Küchenrolle.

Moskitonetze für die Luken mit dicken Tauen umranden; sie halten dann besser dicht.

Die täglich gebrauchten Gegenstände wurden in Halterungen oder mit Gummistropps gesichert. Beim Kochen bei stürmischem Wetter weiß man solche Einrichtungen erst zu schätzen. Wenn Gischt und Seen aufs Deck knallen und man trotzdem seine Suppe kochen kann, hat der Eigner seine Kochecke richtig plaziert und eingerichtet.

Daß die Pantrys in all meinen Booten nahe am Niedergang lagen, war von Vorteil; so konnte der Kochdunst meistens gleich abziehen. Drei meiner Boote hatten einen Petroleumkocher, dessen Brenner mit Spiritus vorzuwärmen war. Die kardanische Aufhängung des Kochers benutzte ich jedoch höchst selten. In dieser Schwingstellung kentert ein Topf leicht. Um dies zu verhindern, klemmte ich den Kocher mit einem Holzkeil in der vorherrschenden Lage fest.

Bevorzugter Brennstoff zum Kochen ist für Fahrtensegler Petroleum. Er ist überall erhältlich und zudem noch günstig. Wer den Umgang damit beherrscht, wird ihm immer den Vorzug vor Gas und Alkohol geben. Gas ist in einigen Ländern nur unter großem Aufwand erhältlich, außerdem auch oft mit unterschiedlichen Einfüllventilen. Alkoholbrenner sind eine brauchbare Angelegenheit für Wochenendsegler. Auf einem Langtörn jedoch sind sie ziemlich sinnlos: Alkohol ist teuer, nicht überall zu kaufen und macht im Brenner einen höllischen Lärm.

Der Fußboden der Kajüte sollte eben sein. Keine Stufen, wenn es geht, denn auf See legt man sich da schon mal hin zum Schlafen, den Segelsack als Kopfkissen. Ein schöner Teakholzboden ist allen anderen vorzuziehen. Ich erzielte gute Ergebnisse mit gummiertem Teppichkunstfaserboden. Rutschfest bei Seegang, leicht zu trocknen, geruchsfrei. Ich habe den Kajütboden bei Unwetter auch oft als Tisch benutzt: Es ist der ruhigste Punkt des Bootes.

Man kaufe kein Boot, das hauptsächlich über die Vorzüge der Kajüteinrichtung angeboten wird.

Ein Stimmungsbild von meiner Kajüte unterwegs: (Tonbandaufzeichnung) »99. Tag – 3 Uhr. Die See gurgelt an der Bordwand. Leicht schlägt ein Fall am Mast. Ich sitze auf dem Kajütboden, so zwischen den Kojen eingekeilt. Und wenn ich mich umschaue: An den Wänden die Weltkarte, Bilder, Etmalkalender, und an Kartentisch und Kochecke pendeln zwei Lampen im Rhythmus der Bootsbewegungen. Den Kompaß am Schott kann ich aus jeder Lage sehen – beim Lesen, Kochen und Navigieren. In den Borden über meinen beiden Kojen Bücher und Radio. Segelsäcke verstopfen die Hundekojen. Nicht zu glauben – meine paar Quadratmeter Lebensraum stimmen mich freundlich.«

15 Ausrüstung, Technik, Zubehör

»Technische Perfektion ist nicht erreicht, wenn man nichts mehr hinzufügen kann, sondern wenn man nichts mehr weglassen kann.« (Antoine de Saint-Exupéry, Schriftsteller und Flieger)

Für mich ist ein Schiff immer Werkzeug zur Entdeckung. Die technische Ausrüstung bleibt aus diesem Grund immer auf das Wesentliche oder vermeintlich Wesentliche beschränkt. Bietet nicht bewußte Einfachheit viel größere Sicherheit als komplizierte Technik, deren Versagen um so gefährlicher wird, je mehr sich jemand darauf verläßt? Dies denjenigen ins Logbuch, die mit Technik und Elektronik Rümpfe und Fahrten konzipieren.

Die Technik spielt nämlich im Vergleich zu den Erlebnissen, die man mit einer Fahrtenyacht sucht, eine untergeordnete Rolle. Anstatt kostbare Zeit in Reparaturen und Wartung von Generatoren, Funkanlagen und andere Geräte zu investieren, sollte man lieber das Segeln erleben oder an Land die Fremde entdecken.

So war an Bord der »Kathena nui« auch nur ein einziges elektronisches Gerät installiert: ein Echolot, das ich als Navigationshilfe schätzte. Ich konnte mein Augenmerk auf das wirklich Nötige richten: auf die seemännischen Arbeiten und konzentriertes Segeln, deshalb kam ich mit meiner Ausrüstung überhaupt nicht in die Bredouille – für so eine Extremfahrt ziemlich ungewöhnlich.

Sind die finanziellen Mittel begrenzt, würde ich die Ausrüstung nach folgenden Gesichtspunkten aussuchen:

Mit sechs gebrauchten Segeln, einem Benzin-Hilfsmotor, einer selbstgebauten Steueranlage und einem Minimum an technischer Ausrüstung um die Welt: »Kathena 2« in Plymouth / England.

1. Eignung: Ist es wirklich nützlich? Wie oft brauche ich es im Jahr? Kann ich es mit anderer Ausrüstung genauso schaffen?
2. Einfachheit: Gibt es Möglichkeiten, dieses Zubehör unterwegs reparieren zu lassen, oder könnte ich es notfalls selbst?
3. Qualität: Nur das Beste ist gerade gut genug. Angefangen beim Schraubenzieher über Ölzeug bis hin zum Ankergeschirr.

Nun ja, die Enscheidung in all diesen Punkten erfordert Erfahrung, gute alte Seemannschaft, und die ist nun mal nicht als serienmäßig hergestelltes Qualitätsprodukt zu kaufen, und nicht einmal als Sonderzubehör gegen geringen Aufpreis.

Es ist immer überlegenswert, auf das eine oder andere zu verzichten, insbesondere im elektronischen Bereich. Wir hatten nie ein Funkgerät, abgesehen vom Walkie-talkie der »Kathena nui«, oder andere elektronische Geräte und haben sie auch nie vermißt. Was nützen all die technischen Dinge, wenn sie in der Ferne ihren Geist aufgeben. Man segelt ja in der Regel jahrelang, und die Elektronik versteht sich überhaupt nicht mit Seewasser. Für mich ist nichts schlimmer, als kaputte Anlagen mitzuschleppen. Funkpeiler beispielsweise, die eh nie zuverlässig arbeiteten, elektrische Logs, elektrische Windmeßanlagen, elektrische Ankerwinden. Löse ich mich von der Zivilisation, fahre ich tausende Meilen übers Meer, um in hübschen Buchten täglich für einige Stunden einen Generator laufen zu lassen, damit ich ausreichend Power für meinen Komfort, für Sprechfunk, für kühles Bier habe? Weltumsegler Peter Kammler meint dazu: »Ich will nicht dauernd auf dem armen Kühlschrank rumhacken, aber können wir nicht vielleicht statt an Bier, an Rotwein Geschmack finden? Er braucht erstens keine Kühlung, und zweitens trägt er nicht auf – unterm Hemd.«

Ich meine, wenn ich mit dem Boot unterwegs bin, suche ich das andere Leben und richte mich nicht nach den Maßstäben von zu Hause, denn dann hätte ich auch dort bleiben können. In der Regel ist man ja nur begrenzte Zeit unterwegs.

Auf das »vermeintlich Wesentliche« möchte ich, soweit ich kann, eingehen:

Das Schiff nicht mit technischem Zubehör, vor allem Elektronik, vollstopfen, denn nicht darin liegt der Erfolg und schon gar nicht das Erlebnis einer Segelfahrt, sondern im Simplifizieren der Dinge. Grundsätzlich: Zubehör soll nicht leicht, sondern einfach zu handhaben sein.

Ein Anemometer, das drei Reisen mitmachte und mehr dem Spieltrieb diente. Bei Sturm stellt sich keiner damit frei an Deck, um die genaue Windstärke zu messen – sie interessierte ohnehin nicht.

Hilfsmotor

Motoren machen Lärm. Dieselmaschinen besonders. Trotzdem, viele Faktoren sprechen für die Wahl eines Dieselmotors: Zuverlässigkeit, Ersatzteilservice, Dieselverbrauch, wenig reparaturanfällig, und nicht zu vergessen des Schiffes Forderung nach Kraft. Je geschickter man im Umgang mit seinem Segelschiff ist, desto weniger Kraft ist erforderlich. Ein anderer unerläßlicher Faktor für die Auslegung der Mo-

torkraft sind die Segeleigenschaften des Bootes. Ein gutes
Segelschiff, das eine kleine Crew in engen Gewässern beherrscht, wird nicht dieselbe PS-Zahl verlangen wie ein
Dwarslöper, der sich nicht von einem geräumigen Ankerplatz freikreuzen kann.

Vorausgesetzt, man hat ein handliches Schiff, und danach
trachten wir, dann ist der Motor wirklich ein Hilfsmotor – als
Hilfe im Hafen oder für den Fall, daß der Wind zu leicht ist,
um noch segeln zu können. Um zu entscheiden, wieviel PS
erforderlich sind, müssen zwei Punkte beachtet werden: Die

Wirkung des Propellers und wie schnell will man motoren? Ohne in technische Einzelheiten zu gehen, es gibt eine Faustformel: 3 PS pro Tonne Verdrängung, d. h. für eine Durchschnittsgeschwindigkeit von 5–6 Knoten. Will man jedoch die Fahrtleistung auf 7 Knoten bringen, ist gleich ein Drittel mehr Motorkraft (PS) und Dieselverbrauch notwendig. Das bringt uns zu dem Ergebnis, daß eine Fahrtenyacht für lange Törns, wo kein Termin, also kein Ferienende oder ähnliches drängt, viel weniger Motorkraft benötigt als ihr Gegenstück, das Segelboot der Wochenendsegler.

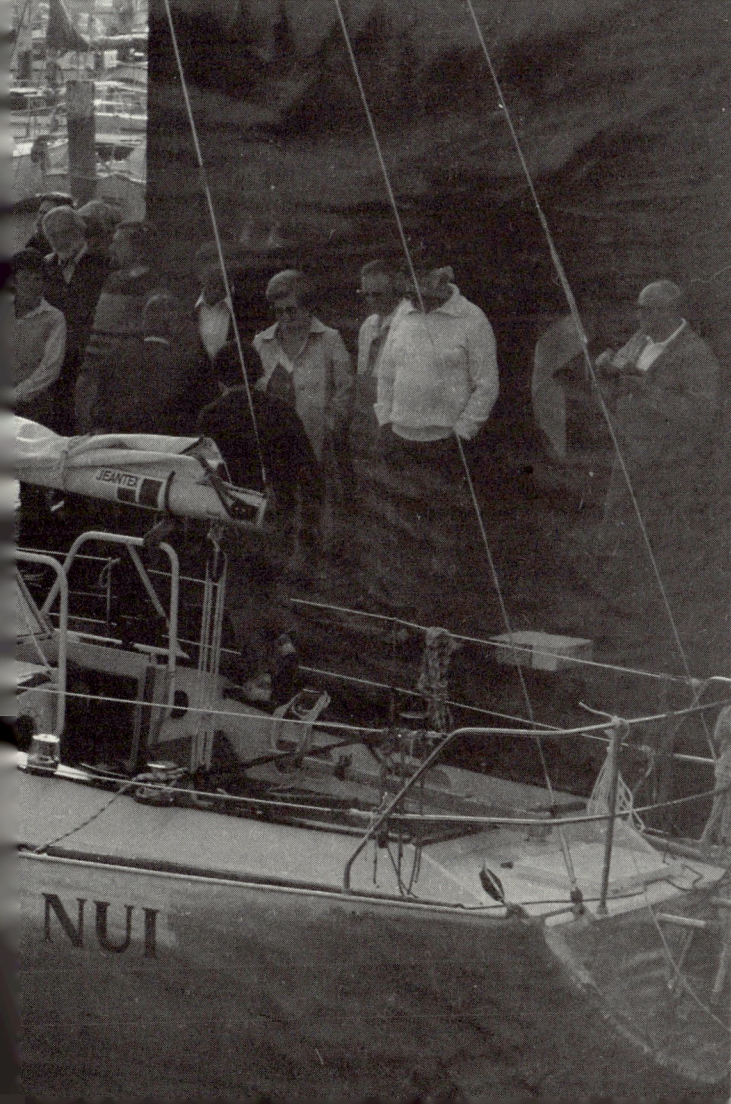

»Was hat er sich da bloß gebaut!« Neugierige am Steg in Kiel-Schilksee, die sich für Boot und Ausrüstung interessierten.

Trotzdem haben die meisten Yachten, die auf Weltreise gehen, heutzutage mehr PS als erforderlich. Nur, wer wirklich mehr Motorleistung installieren will, muß einen entsprechend großen Propeller in Kauf nehmen, sonst bleibt die erhoffte Motormehrleistung auf der Strecke.

Die Bremswirkung des Propellers beim Segeln ist größer als allgemein angenommen. Egal, was für eine Rumpfform, was für ein Rigg oder Segelschnitt: Ein drei- oder gar vierblättriger starrer Festpropeller wird die Fahrt enorm verringern – dies speziell bei Kursen hoch am Wind. Bei leichtem Wind kann das schnell ein Drittel der Fahrt ausmachen, bei mehr Wind überwindet man die Bremskraft nur, indem man mehr Segelfläche stehen läßt. Ein zweiblättriger Festpropeller ist denn auch der beste für eine Kreuzeryacht. Aber die Mühe, einen Kompromiß zu finden zwischen Größe, Neigung und Anzahl der Blätter, sollte sich jeder machen. Motorleistung und Dieselverbrauch sind es wert.

Zu beachten ist auch der Winkel des Schaftes und die Propellerposition. Eine Propellerschraube, die im Ausschnitt zwischen langem Kiel und dem daran angebrachten Ruderblatt montiert ist, wird sich in unruhigstem Wasser befinden und daher die geringste Leistung bringen. Bewiesen ist auch, daß ein Propeller hinter einem schmalen strömungsgünstigen Kurzkiel effektiver arbeitet als ein stromabwärts gerichteter dicht hinter einem Kiel, der eine stumpfe Abrißkante hat. Viele moderne Fahrtenkreuzer haben eine stumpfe Abrißkante, weil sie dadurch kostengünstiger zu bauen sind.

»Kathena faa« hatte einen mittelgroßen zweiflügeligen Festpropeller. Beim Segeln konnte ich ihn arretieren. Da sich auf der Welle eine Markierung befand, war es ein Leichtes, die Flügel in senkrechte Stellung zu bringen. Der Motor, ein Volvo MD 2, 15 PS, gab dem 6 Tonnen schweren Boot eine Marschfahrt von 5,5 Knoten bei einem Verbrauch von 1,25 Liter die Stunde. Die Tankkapazität von 50 Litern reichte stets aus; wir führten noch 20 Liter Reserve in einem Kanister mit. Der Dieselbrennstoff wurde durch ein Sieb in den Tank gefüllt. Nie kamen wir während der drei Jahre mit der Maschine in eine Zwangslage. Voraussetzung dafür war allerdings eine regelmäßige Wartung: Ölfilter und Motorenöl

Neu eingekaufte Ersatzteile sofort einbauen. Originalteile als Reserve mitnehmen. Auf diese Weise geht man sicher, daß bei einem Schaden noch paßgerechte Ersatzteile vorhanden sind.

Verschmutzter Treibstoff ist – beinahe – das einzige, was einen Dieselmotor stoppen kann.

wurden beispielsweise alle 30 Fahrstunden gewechselt. Nie haben wir einen Mechaniker gebraucht. Schon gar nicht Ersatzteile einfliegen lassen. Der Diesel arbeitete, ohne zu mucken. Für mich als ziemlich hilflosen Mechaniker ein kleines Wunder.

Sicher lag die Ursache darin, daß – bevor ich mit »Kathena faa« Neuseeland zur Südseefahrt verließ – ein deutscher Weltensegler – Spearpart Uwe – mir einen praktischen Grundkurs in Diesel-Motoren-Wartung einpaukte. Er gab mir nicht nur Tips, sondern ließ mich meinen Motor gründlich allein überholen, während er mich beobachtete und Anweisungen gab. Mit Uwe baute ich auch noch zwei Brennstoffzwischenfilter ein, so daß der Dieselkraftstoff durch drei Filter lief, bevor er verbrannte.

Damit mein Hilfsmotor nicht zum Hilfsfall würde, prägte mir der Freund ein: die Maschine unbedingt trockenhalten und fahren, fahren – denn Dieselmotoren stehen sich häufig kaputt – auch schon mal eine Stunde bei voller Leistung fahren, damit Motor und Auspuff vom Ruß befreit werden. Die Maschine nicht allzu lange bei Lage über 20 Grad benutzen, dadurch können schwerste Mängel in der Schmierung entstehen. Und: sauberhalten, nirgendwo darf Öl austreten. Uwes Motor in seiner kleinen »Bobbes« sah nach fünf Jahren Ozeansegeln wie neu aus. Er sagte zu mir: »Bevor ich meine Frau morgens küsse, kommt erst der Diesel dran.«

Schließlich ist ein Motor, der bestens zugänglich ist, einfach zu warten. Beim Einbau darauf achten.

Benzinmotoren haben an Bord einer Fahrtenyacht, weil zu gefährlich, keinen Platz. Ich habe allerdings mit Benzin hantiert – mit großen Problemen. War die Witterung zu heiß, war die Benzinleitung durch Blasenbildung verstopft; war es zu kalt oder zu feucht, wollte der Motor nicht starten. Und immer fraß er unheimlich Brennstoff.

Für »Kathena nui«, die ich bisher motorlos benutze, habe ich einen 18 PS Zweizylinder Diesel geplant. Der ist schön klein und kann im Notfall noch per Hand gestartet werden. Die Welle wird 25 mm dick sein, der Propeller zweiflügelig, die Neigung der Welle circa 15 Grad. Da der Propeller strömungsgünstig liegt, rechne ich mit 6 Knoten Marschgeschwindigkeit.

Motorpflege bedeutet nicht nur Ölwechsel, neue Filter, sauberen Brennstoff und alles hübsch geputzt: Auch Betriebsstunden unter Belastung sind notwendig, denn die meisten Dieselmotoren stehen sich kaputt.

Elektrizität

Das Thema Elektrizität interessiert mich nicht sonderlich, daher nur kurz folgendes: Ich habe immer, trotz größter Aufmerksamkeit, Schwierigkeiten mit der Elektrizität an Bord gehabt. Auf »Kathena nui« wollte ich besonders sorgsam vorgehen, indem ich mir die paar Leitungen für Positionslichter, Echolot und eine Kajütlampe von einem Fachmann legen ließ. Nur, der wählte als Schaltbrett eine Aluminiumplatte, die unterwegs wegen der hohen Luftfeuchtigkeit ständig naß war, somit störrisch meinen Strom unterbrach. Zudem leckten alle Durchführungen der Leitungen im Deck.

Was wunderbar glückte, war die Entscheidung, meine 12-Volt-Batterie mit einem tragbaren Honda-Generator nachzuladen. Drei Stunden so alle drei Wochen reichten, um meine 90-Ampere-Batterie zu füllen. Ich benutzte den Strom aber nur für meine am Bug und Heckkorb angebrachten Positionslampen und das im Masttopp geführte weiße Rundum-Blinklicht. Die seitlichen Positionslaternen fuhr ich nur auf den Schiffahrtsrouten oder wenn ich auf Nachtwache ein Schiff in der Ferne sah. Das weiße Blinklicht im Topp war während der gesamten Reise eingeschaltet, auch in den nicht befahrenen antarktischen Gewässern.

Für den Fall, daß meine Batterie beschädigt würde, hatte ich noch eine zweite noch nicht aktivierte 12-Volt-Batterie mit, die ich bei Bedarf mit Säure hätte füllen und dann sofort einsetzen können. Für die Lebensdauer einer Batterie ist es wichtig, daß sie nie ganz leer wird. Deshalb immer mit einem Amperemeter kontrollieren.

Mit jedem Jahr werden die elektrischen Anlagen auf Yachten umfangreicher. Und jeder ist gut beraten, seine Anschlüsse von einem guten Werftelektriker machen zu lassen. Was mir zudem noch unerläßlich scheint: Es müssen lesbare Pläne für Laien mitgeliefert werden, auf denen Anschlüsse, Klemmen und Kabel deutlich bezeichnet sind. Auf meinen Booten – und alle waren Werftbauten – haperte es an Beschriftungen und Anleitungen zur Selbsthilfe.

Werkzeug

Ein guter Satz Werkzeug an Bord steigert den Anreiz, Reparaturen und Wartung selbst auszuführen, und erspart außerdem hohe Werftrechnungen. Der Menge sind nach oben hin keine Grenzen gesetzt. Die Werkzeugauswahl hängt sehr von der Größe des Bootes, dem Geschick der Crew und den Staumöglichkeiten ab. Ohne rechtes Werkzeug kann die leichteste Reparatur zur Plage werden, und Reparaturen fallen häufiger an, als einem lieb ist: Eine gelockerte Klampe, die stets Feuchtigkeit in die Kajüte läßt, oder lose Griffleisten sind zu befestigen, oder leckende Wasserpumpen und Fenster zu dichten. Dazu kommt der fällige Schlauchwechsel am Motor. Fast täglich nimmt man an Bord für die sofortige Behebung irgendeines Schadens

Gutes und reichhaltiges Handwerkzeug an Bord ist Pflicht, denn es gibt immer was zu reparieren.

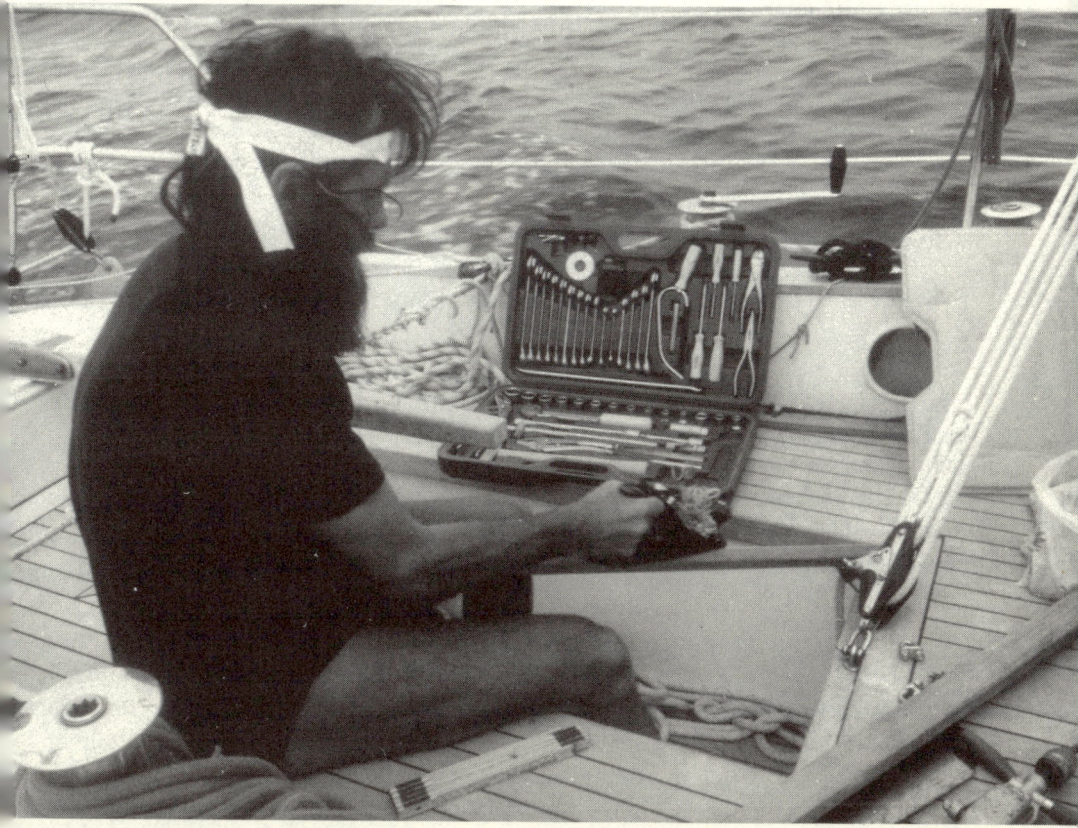

Werkzeug in die Hand. Deshalb ist es falsch, mit zu wenig und – noch schlimmer – mit minderwertigem Werkzeug zu reisen.

Gerade auf der »Kathena nui« spürte ich, wie wichtig gutes Werkzeug ist, vermutlich, weil ich ein brandneues Schiff segelte und deshalb unterwegs noch vieles zu ergänzen, nachzuziehen und zu verändern war. Ein Werkzeugsortiment, das den Anforderungen auf See entsprechen soll, darf nicht wasserscheu sein. Viele Teile sollten aus legierten Stählen sein (z. B. Chrom-Vanadium, Nirosta), speziell oberflächenbehandelt für ein Höchstmaß an Seewasserbeständigkeit. Die Spitzen und Kanten von Schraubenziehern, Schlüsseln und Zangen verlieren zwar ihre Schutzschicht, weil sie mechanisch hoch belastet werden, doch der Rostfraß bleibt lokal und wandert nicht weiter, wie beispielsweise bei normalen Werkzeugen eine Kriechwirkung zur Abhebung der Deckschichten führt.

Handwerkzeuge müssen wie die Instrumente eines Zahnarztes behandelt und gelagert werden. Also nicht die Teile aus zwei Meter Entfernung in die Kiste schmeißen, sondern möglichst sorgfältig lagern, frei von Rost und unbeschädigt in einer Werkzeugkiste aus Plastik, die am besten noch mit einem Tragegriff versehen ist, um sich damit frei und zügig an Deck zu bewegen. Es schadet nicht, auch verchromtes Werkzeug gegen Rostabsonderungen mit Vaseline einzufetten. Sinnvoll ist, Werkzeug, das weniger gebraucht wird, in einer Extrakiste zu stauen, um es vor der hohen Bordfeuchtigkeit zu schützen, es mit Pergamentpapier einzuwickeln und mit Talkum einzupudern (Hobel, Stecheisen).

Es sollte ein großes und ausgewähltes Sortiment an praxisgerechtem Werkzeug zusammengestellt werden. Unentbehrliche Werkzeuge sind verschiedene Spannschlüssel, Wasserpumpenzangen, Schraubenzieher in allen Größen (auch solche, auf die man kräftig mit dem Hammer schlagen kann), Rohrzange, Kombizange, Messer, Hammer, Schraubstock. Meinen konnte ich am soliden Kartentisch befestigen, um daran zu arbeiten. Werkzeuge, die ich im Mast oder anderen exponierten Stellen gebrauchte, versah ich mit einem Loch, um sie festlaschen zu können. Auf den gefährlichen Marlspieker verzichtete ich.

Täglich benötigtes Handwerkszeug wie Wasserrohrzange, Hammer, Schraubenzieher, Engländer, Kombizange in einer Schublade griffbereit in der Nähe des Niedergangs lagern.

Durch Salzkristalle häufig blockierende Reißverschlüsse – an Ölzeug, Jacken, Persennige – hält man geschmeidig, indem man sie mit einem Kerzenstummel einreibt.

Zum Bordwerkzeug gehören ferner: Schrauben, Splinte, Kitt, Bindemittel, Zwei-Komponenten-Leim, Spachtel, Sikaflex, Fett und Öl, Bohrer, Metallsäge mit mehreren Sägeblättern, Schleifstein, Vorschlaghammer, Leinenklebeband. Und die unentbehrliche Grabbelkiste, in der Klemmen, Draht, Schellen, Bolzen... zu finden sind.

Ich verwendete Nirowinschen. Sie sind nur unbedeutend schwerer als diejenigen aus Alu, dafür robuster.

Winschen

Winschen sind eine wundervolle Hilfe für den Segler. Bei richtiger Montage, entsprechender Auslegung (sie sollten lieber eine Nummer zu groß sein) multiplizieren sie unsere Muskelkraft um ein Mehrfaches.

Heutzutage gibt es so viele verschiedene Typen von Winschen, daß es mir schwerfällt, die ideale zu empfehlen. Die bekannteste ist die von Lewmar – eine Winde aus Aluminium. Sie ist auf etlichen Yachten, ob für Fahrten oder Regatta, zu finden.

Ich wählte für meine »Kathena nui« Winschen, die vollkommen aus Nirosta sind. Sie sind nur unbedeutend schwerer als diejenigen aus Aluminium, dafür robuster, auch die Lebensdauer des Materials ist wesentlich länger. Grundsätzlich: Bei langem Gebrauch auf dem Meer sind sie weniger anfällig – und letztlich (damals jedenfalls) weitaus kostengünstiger. Ein anderer Vorteil dieser Niro-Winden ist, daß die Trommel exzellent greift. Durch senkrechte Grate auf deren Trommel rutschen beim Dichtholen die Taue besser nach oben. Das schont auch Fallen und Schoten, nur die halten heute ja sowieso fast ewig – sehr zum Leidwesen der Tauhersteller.

Winschkurbeln sind teuer und gefährlich – besser immer von der Winde abnehmen und verstauen.

Ich hatte vier zweigängige Cockpitwinschen und fünf eingängige an Mast und Baum montiert. Die im Cockpit mit einer leichten Neigung von 5 Grad nach achtern, damit sich schnell einholende Schoten nicht vertörnen. Es gibt Werften, die Cockpitwinschen nach außenbord hin abkippend befestigen. Bloß das nicht! Diese Stellung ist unmöglich. Das Schiff liegt nämlich bei Am-Wind-Kursen nach Lee über, so daß das Dichtholen mit einer Kurbel total unbequem ist und außerdem gefährlich, weil der Kurbler weit übergebeugt mit dem Rücken nach Luv arbeitet.

Je größer die Windenübersetzung, desto weniger Muskelkraft ist erforderlich, um Schoten und Fallen dichtzuholen. Das ist klar, aber leider auch eine Kostenfrage. Nur sollte man bedenken: Winde und Mensch werden nicht so stark beansprucht. Selbstholende Winschen sind augenblicklich im Trend. Mit Recht, denn sie ersparen einer kleinen Crew viel Anstrengung. Leider sind sie unverschämt hoch im Preis.

Vaseline ist nicht nur gut zur Hautpflege (schützt bei Wind gegen Austrocknung, hält die Haut geschmeidig), sondern auch, da sie nicht schmiert, für das Fetten von Mastschienen, Blöcken, Schäkeln, Winschen und anderem beweglichen Gut geeignet.

Drahtfallwinschen dagegen sollten verboten werden. Mehr Leute haben sich daran verletzt als an jedem anderen Zubehör an Bord. Höchste Aufmerksamkeit ist beim Gebrauch dieser Teufelsdinger notwendig.

Tauwerk

Als ich meine Ausbildung in der Handelsschiffahrt begann, waren die Tampen das erste, was mich interessierte. Noch vor dem Anstreichen lernte ich knoten und spleißen. Seefahrt hat eben mit Tauwerk zu tun.

Auf der ersten »Kathena« hatte ich sehr viele Taue aus Hanf. Das bedeutete, wenn ich nicht achtsam war, mußte ich ab und an in den Mast klettern, um durchgescheuerte Fallen auszuwechseln. Zum Glück war ich jung und sportlich. Die Zeiten des sich schnell abnutzenden Hanfes sind vorbei. Heutzutage findet man auf Yachten nur noch gedrehte und geflochtene Polyestertaue. Diese Qualitätstaue widerstehen dauerhaft Curryklemmen, selbstholenden Winden, sind scheuerbeständiger und halten allen möglichen Anforderungen stand. Es gibt sie in harter und weicher Ausführung. Immer sind sie bei ein bißchen Sorgfalt unverwüstlich. Zusätzlich haben die Taufabrikanten das Aufklaren einer Leinenwuhling erleichtert, indem sie farbige Taue produzieren. Es ist wahrhaftig von großem Vorteil, bei Nacht oder in Eile die Taue sofort auseinanderhalten zu können.

Schoten und Fallen, die beispielsweise aus hochfesten Polyesterfasern hergestellt sind, ermöglichen eine unglaubliche Flexibilität und äußerst geringe Dehnung, vorzugsweise sollten die Leinen, mit denen man täglich zu tun hat, aus ummanteltem, geflochtenem Fasertauwerk bestehen. Die Ummantelung hält dem Schamfilen an Wanten, Reling, Deck und Blöcken länger stand, der Verschleiß ist geringer.

Fallen und Schoten genügend Länge geben, damit durch regelmäßiges Abschneiden vom Kopfende die beanspruchten Stellen verrücken.

Ich habe bei »Kathena nui« ausgesprochen gute Erfahrungen mit Liros-Fasertauwerk gemacht. Nach 30 000 Meilen kann ich die meisten Enden, nachdem sie zum Säubern in der Waschmaschine waren, weiter benutzen. Allerdings habe ich einen strammen Durchmesser gewählt. Einmal, da Schoten beträchtlichen, manchmal auch ruckartigen Belastungen ausgesetzt sind. Zum andern, und das war für mich von maßgeblicher Bedeutung: Bei Nässe lassen sich diese dickeren Taue weit besser packen und durchsetzen. Sie liegen einfach angenehmer in der Hand.

Ohnehin: Durch Verwendung von gut bemessenen Blöcken

und Umlenkrollen habe ich die Abnutzung der Leinen weiter eingeschränkt. Die Lebensdauer meiner Schoten und Fallen habe ich vervielfacht, indem ich sie von vornherein länger bemessen habe, so daß ich alle 10000 Meilen eine Armlänge habe kürzen können, damit wurde die Reibung versetzt, die nur an ganz bestimmten Punkten auftritt. Umdrehen der Taue ist eine andere Möglichkeit.

Die Verbindung von Schoten und Fallen mit den Segeln muß schnell gehen und fest sein. Die einfachste Lösung ist für mich noch immer, ein Palstek ins Auge der Segel zu binden. Will man sichergehen, daß er sich nicht löst (bei Groß oder Dirk), ist es möglich, diesen Knoten mit Leinenklebeband zu sichern. Schäkel und Karabinerhaken sind zu schwer, schlagen am Mast, und am Schothorn sind sie gar bedrohlich, wenn das Segel beim Wenden oder Bergen schlägt.

Übrigens: An Bord der »Kathena nui« waren die Großschot 12 mm, Fockschot 14 mm, Fallen 12 mm, Dirk 10 mm und die Festmacher (eineinhalbmal die Schiffslänge) 14 mm dick und in Reserve 16 mm Enden.

Und überall hängen und liegen Taue. Die Ordnung an Deck, wie während unserer Familienreise, gabs bei mir Alleinreisendem nicht.

Selbststeueranlage

Die Entwicklung hin zu einer zufriedenstellenden Windsteueranlage hat die Langfahrtsegelei mehr gefördert als jeder andere Faktor. Man ist befreit vom stupiden, ununter-
brochenen Rudergehen auf dem offenen Meer, bei gutem
oder schlechtem Wetter, das macht den entscheidenden Unterschied.

Dies gilt nicht nur für Einhandsegler, auch Schiffe mit mehrköpfiger Crew profitieren davon. Wie groß der Vorteil tatsächlich ist, hängt von der Qualität, von der Effektivität der
Windsteueranlage ab. Vorsichtig muß ausgewählt werden,
dabei sollte man sich nicht Lobpreisungen von Händlern
und Fabrikanten anhören, sondern sich im Hafen umsehen
oder einige Bücher von Weltumseglern lesen.

Erst mal sollte man sich darüber klar sein: Was kann ich von
einer mechanischen Steueranlage erwarten? Sie muß ein
Boot auch bei geringen Windstärken auf Kurs halten. Ich
spreche hier ausschließlich vom scheinbaren Wind. Am
Wind, in einer leichten Brise, wenn nicht zuviel See steht,
packen es die meisten Anlagen. Der Ärger aber beginnt,
wenn das Boot gedreht wird und vor dem leichten Wind
läuft. Zieht man die Fahrtgeschwindigkeit vom Wind ab,
bleibt nicht viel scheinbarer Wind für die Fahne, um zu arbeiten. Addiert man hierzu noch die Probleme um den beständigen Wechsel in der scheinbaren Windrichtung und
daß es mal mehr oder weniger stark weht, versteht man, daß
die meisten Fahnen nicht arbeiten. Je schneller das Boot in
leichtem Wind segelt, um so größer ist das Problem.

Der andere Prüfstein ist schweres Wetter. Das Boot muß
unter Kontrolle der Anlage bleiben, auch wenn es gestoßen
wird von Wind und See. Vor einem rauhen Seegang darf das
Schiff nicht ausbrechen, wenigstens muß diese Möglichkeit
auf ein Minimum verringert werden. Unter normalen Windstärken bei halbem oder raumem Wind und den oben aufge-
führten Umständen will ein Boot normalerweise in den
Wind oder durch den Wind gehen und steuert in großen S-
Kurven. Um dies zu vermindern, sind starke Ruderaus-
schläge der Selbststeueranlage für den Kurs notwendig.

Nun soll die Anlage nicht nur bei verschiedenen Winden

und Kursen arbeiten, sondern auch dann, wenn das Schiff all die Segel trägt, die dem Wetter entsprechen. Muß aus Steuergründen untertakelt gesegelt werden, ist die Anlage nicht optimal – oder das Boot überhaupt nicht im Trimm. Eine Richtmarke für mich: Bei 10 Knoten scheinbarem Wind und entsprechender See sollte die Abweichung vom Kurs plusminus 15 Grad betragen.

Zu guter Letzt: Die Anlage sollte so stark und zuverlässig sein, daß man nicht jede halbe Stunde an Deck muß, um sie nachzustellen.

Inzwischen gibt es unzählige Anlagen auf dem Markt: Aries, Windpilot, Sailomat, Swingpilot, um nur einige zu nennen. Die Aries aus England ist wohl am problemlosesten und zuverlässigsten für Yachten mittlerer Größe. Sie ist eine Pendelanlage, die mit zwei dicken Alurohren am Heck montiert wird. Die Windfahne wird in den Wind gestellt. Die Arbeitsweise ist die einer Servoanlage, das heißt, durch das Neigen der Windfahne wird das Servoruder gedreht. Durch die Fahrt im Schiff drückt das angeströmte Wasser das Servoruder und läßt es ausschlagen (pendeln). Die hierbei gewonnenen Kräfte werden durch Leinen und Blöcke zur Pinne beziehungsweise Trommel (Radsteuerung) übertragen, wo die Kurskorrektur stattfindet.

Es gibt sicher noch genauer arbeitende Anlagen, aber die Aries ist nicht empfindlich, solide verarbeitet und preisgünstig. Die Genauigkeit des Kurses ist ohnehin nicht so maßgebend, wie oft gemeint wird. Bobby Schenk schreibt zum Thema »genauer Kurs«: »Und das soll sie (die Anlage) nicht einmal, denn wenn man an einem Windrichtungsanzeiger beobachtet, wie schnell sich der scheinbare, achterliche Wind jede Sekunde ändert, möchte man einen solchen Kurs gar nicht steuern. Eine gewisse Trägheit ist durchaus wünschenswert.«

Ich kam durch die »Kathena faa« zu einer Aries. Genaugenommen hat die damals knapp 2000 Mark teure Anlage den Bootskauf beeinflußt. Denn in Neuseeland gab es keine gescheiten Anlagen, und ich wollte, um die Hände für meine Familie frei zu haben, eine hochkarätige Selbststeuerung. Auf »Kathena nui« habe ich dann das Selbststeuerthema auf Grund bester Ergebnisse mit dem englischen Fabrikat Aries

Nächste Doppelseite: Selbststeueranlage Aries. Die Windfahne bewegt durch Neigen das Servoruder. Die Steuerleinen der Anlage laufen überkreuz an einer Kette zusammen, die das Justieren der Anlage erleichtert. Die Kette kann durch einfaches Anheben Glied für Glied versetzt werden, auf der Pinne ist ein entsprechender Beschlag montiert.

fortgesetzt. Sogar eine komplette zweite Anlage habe ich mit auf die lange Fahrt genommen, denn auf keinen Fall wollte ich wegen Steuerungsproblemen meine Fahrt abbrechen. Aber ich habe die Reserveanlage nicht aus dem Vorschiff holen müssen. Es lief alles zur vollsten Zufriedenheit. Selbst bei leichten Stürmen arbeitete sie – allerdings mit Abweichungen bis zu 30 Grad. Nur in schweren Sturmperioden, bei Winden ab Stärke 9, mußte ich ins Cockpit, um »Kathena nui« von Hand zu steuern, denn dann schaffte es die Anlage nicht mehr. Auf keinen Fall durfte mein Boot quer zu den enormen Sturmseen des Südmeeres kommen, es hätte leicht durchkentern und dabei das Rigg verlieren oder andere Dinge beschädigen können. Zum Glück waren diese Sturmperioden nicht so arg lang – so um die 30 Stunden war das längste, was ich ununterbrochen an der Pinne habe ausharren müssen.

Eine andere interessante und preiswerte Möglichkeit der mechanischen Selbststeuerung ist ein Trimmblatt direkt hinterm Hauptruder mit einer Windfahne obendrauf. Dieses System wurde jahrelang an Langkielern, deren Ruderaufhängung unmittelbar am Heck ist, praktiziert. Wer mit einer

Am Strand von Moorea baute ich nach dieser Skizze eine Anlage: Das Trimmtap bewegt das Zwischenruder und bringt dadurch das Boot wieder auf Kurs. Das Hauptruder ist festgezurrt – mit ein wenig Spiel.

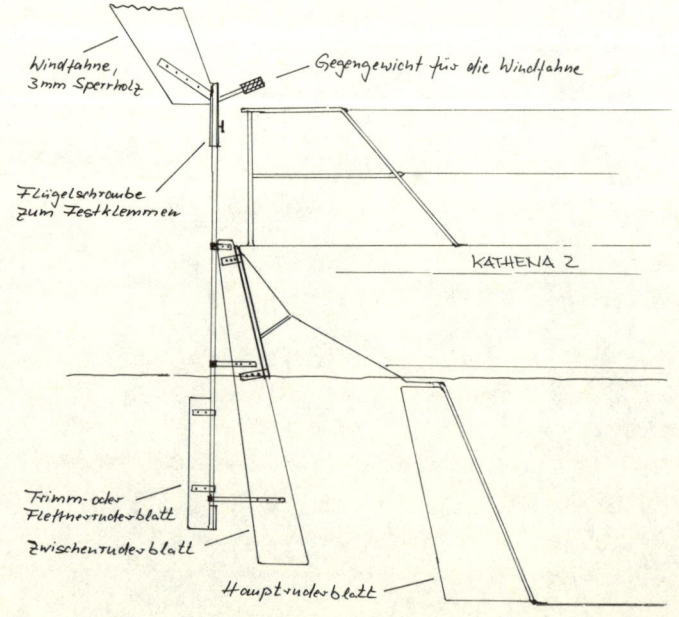

knappen Bordkasse losfahren will, kann sich selbst helfen, indem er seine eigene Anlage baut.

Mit »Kathena 2« haben wir eine halbe Weltumsegelung lang versucht, mit Segelstellungen einen Trimm zu finden, der automatisch den Kurs beibehielt. Häufig war das nicht möglich. Entweder zogen die Segel nicht optimal und die Fahrt war damit zu gering, oder das Boot lief zu oft aus dem Ruder mit den damit verbundenen Anstrengungen und Ärger der backstehenden Segel. So setzte ich mich endlich in Moorea, einer Insel bei Tahiti, in den Sand und konstruierte so ein praktisches Ding frei nach dem Flettnerprinzip (siehe Skizze). Die Herstellung kostete uns gerade 20 Mark fürs Verschweißen der Wasserrohre mit den Beschlägen. Das Holz für die Ruderblätter fand ich am Strand. Gewiß gab es damals bessere und vor allem schönere Selbststeueranlagen (die unverzinkten Beschläge rosteten enorm), aber unsere hatte »Kathena 2« zufriedenstellend im Griff. Selbst wenn wir vor Topp und Takel trieben, konnten wir sie gebrauchen.

Neuerdings haben Autopiloten großen Zulauf. Der Stromverbrauch liegt bei einem Ampere für mittlere Schiffe. Vorteil: Sie steuern ein Schiff bei jedem Wetter sehr genau. Nachteil: elektromechanisch anfällig, und bei schnellen Winddrehungen können die Segel gefährlich back kommen. Der Preis für einen hier erhältlichen und sehr beliebten Autohelm 2000 M ist 1200 Mark.

Beiboot

Ein Beiboot ist unentbehrlich. Vom Standpunkt der Sicherheit muß es sich gegen Wind und Wellen rudern lassen, um damit gegebenenfalls Anker auszubringen. Es könnte bei Schiffbruch als Rettungsboot überlebenswichtig sein. Und selbstverständlich die Hauptaufgabe: Es muß zum Transport dienen, wenn die Yacht vor Anker liegt, es muß, um ins Detail zu gehen, Crew und Ausrüstung von und an Bord bringen, notfalls auch den Zoll einigermaßen sicher und trocken rüberrudern, Basis sein für Reparaturen am Boot, außenbord waschen, schwierige Passage ausloten, Nachbarboote besuchen und Vergnügungsfahrten zum Tauchen und Angeln unternehmen. Das sind einige Möglichkeiten, für die man ein gutes Dingi haben muß. Für unvergessene Stunden einer Kreuzfahrt bedeutet ein Beiboot auch: Man dringt in unerforschte Dschungelflüsse, landet auf einsamen Sandbänken und treibt über farbige, schillernde Korallengründe dahin.

An Bord soll das Beiboot leicht und schnell zu verstauen sein, um bei Gebrauch wieder problemlos zu Wasser gelassen zu werden. Es soll also möglichst von geringem Gewicht sein, dies jedoch nicht auf Kosten von Qualität, Zuverlässigkeit und Sicherheit.

Das Beiboot muß außerdem geeignet sein, in einer Bucht mit Brandung anzulanden. In diesem Fall muß es schnell zu rudern sein, gut Kurs halten, damit es einigermaßen gelingt, im Surf an Land zu kommen, ohne daß eine Welle ins Boot einsteigt.

Schlauchboote brauchen Luft. Sie müssen im Gebrauch sehr hart aufgepumpt werden. Also nicht zimperlich sein. Pralle Rümpfe lassen sich nicht nur besser rudern, sondern halten auch länger.

Eine Menge Anforderungen an so einen Winzling. Er muß Außergewöhnliches leisten. Am nächsten kommt ihnen das aufblasbare Schlauchboot, und deshalb ist es wohl auch das gebräuchlichste Beiboot. Man kann sagen: Das Schlauchboot hat eine neue Dimension in der Ozeansegelei ermöglicht. Unabhängig von ihrer Größe kann eine Yacht ein ordentliches Beiboot mitführen und verstauen. Schlauchboote sind leicht im Gewicht, um die 20 bis 30 Kilo, und im Notfall sind sie exzellente Rettungsboote. Ich meine mit Schlauchboot hier nicht die Badeboote aus den Kaufhäusern, sondern die aus reißfestem synthetischem Gewebe und beidseitig mit Kunstkautschuk beschichteten. Davon gibt es drei namhafte Fabrikate: Zodiac, Avon, Zephyr.

Wie sich das Schlauchboot rudern läßt, ist eine andere Frage. Es kommt primär darauf an, daß der Ruderer einen guten Sitz hat. Auch sind die Ruderriemen in der Standardausführung meistens zu kurz. Für ein zweieinhalb Meter langes Schlauchboot sind mindestens zwei Meter lange Riemen und größere Blätter erforderlich. Ein fester Holzboden und ein aufblasbarer Kiel geben dem Schlauchboot mehr Steifigkeit, um besser übers Wasser zu gleiten und auch gegen eine kurze See anzukommen, beim Rudern oder mit einem Außenborder.

Das Negative an den Schlauchbooten ist: Sie sind teuer. Und
– sie halten nicht für immer, was man doch von einem festen
Dingi annähernd erwarten kann. Wir haben zwei Weltreisen
mit dem deutschen Fabrikat Zephyr gemacht. Dabei wurde,
gerade während der dreijährigen Weltumseglung, das Beiboot enorm rangenommen. Wochenlang bewegten wir uns
an felsigen Stränden, besuchten unzählige Riffe mit messer-
scharfen Korallen. Weil das Boot von Gewicht leicht war,
war es zu zweit überhaupt nicht kompliziert, das Dingi mal
über eine flache, scharfkantige Passage zu tragen. Auch ein
kleiner Schnitt war schnell und hundertprozentig geflickt.
Viele Jahre Tropen, Salzwasser, Ozon- und UV-Strahlung
konnten der Hypalonaußenschicht nichts anhaben. Erst als
ich das gute Stück drei Jahre im Chartergeschäft gebraucht
hatte, war es hin.
Auch überladen kann man ein Schlauchboot ruhig mal,
denn es sinkt nur wenige Zentimeter tiefer ein, bleibt aber
weiter manövrierfähig und spielt nicht U-Boot wie viele feste Dingis. Um ein Dingi aus Holz oder Plastik mitzuführen,
muß ein Boot schon über elf Meter lang sein. Es sollte dann
ein robustes Beiboot sein. Man kann ihm schon mehr abver-
langen. Am besten eines mit Luftkammern und auch gleich
mit Rigg und Segel.
Bei Tagestouren wird ein Dingi häufig geschleppt. Dabei
sollte man sicher sein, daß das Festmacherauge die Zugkraft
aushält und man am richtigen festbindet, nicht so, wie es mir
passiert ist. Während meiner Nonstopfahrt habe ich mal
beim Fotografieren – mit Vorstellungen von Bildern im
Kopf und nicht auf Sicherheit bedacht – die Schleppleine aus
Versehen an der rund ums Boot führenden Trageleine befestigt. Als ich dann bei 4 Knoten Fahrt daran hing, schnitt der
Bug des Dingis unter. Ich bekam einen gewaltigen Schreck,
und mit großer Behutsamkeit holte ich mich samt Beiboot
Hand über Hand ganz langsam ans Heck.

16 & Anker ankern

»Jeder Ankergrund benötigt seinen speziellen Anker. Daher: Drei Anker unterschiedlichen Typs und Kalibers sollte eine Yacht an Bord führen.« (YACHT-Test 87)

»Schmiet wech dat Isen«. So einfach kann sich das Ankern anhören. Nur wohin und wie soll man schmeißen? Und wieviel Kette geben? Darüber ist schon viel geschrieben worden. In Fachzeitschriften, in Büchern. Und jetzt stoße auch ich in dieses Thema. Nicht nur weil Lücken da sind, sondern vor allem deshalb: Ein Fahrtensegler in Skandinavien, im Mittelmeer oder Indo-Pazifik liegt nämlich über die Hälfte seiner Zeit vor Anker. Auf einer Weltumseglung sind es Zweidrittel der Zeit. Und wenn man da kein Vertrauen in sein Geschirr hat, findet man keine Ruhe in Böen und ist sein Schiff bei weniger Aufmerksamkeit schnell los. Es nehmen mehr Yachten vor Anker Schaden als auf dem Meer.

Mehrfach war ich nahe daran, in einer schönen Bucht liegend, Schiffbruch zu erleiden. Durch eine Winddrehung lag ich im Nu auf Legerwall, und dann dauert es auch nicht lange mit dem Seegang. Es bleibt einem nichts anderes übrig als schnellstens Motor an und Anker auf. Einmal in Las Palmas mußte ich gar die Kette wegwerfen, so hoch stand die See in die Hafenbucht. Ein anderes Mal, im Nukumanu Atoll, schaffte ich es nur unter Lebensgefahr. Immer hatte ich, weil sich das schlechte Wetter durch hohen Druckfall ankündigte, Reffs eingebunden, um das Boot in der Not, falls der Motor nicht anspringen würde, freizusegeln.

1977 an Bord der »Kathena faa« waren wir bei auflandigem Sturm in eine Falle geraten. Gefangen im Riff! Ich habe das notiert:

Irgendwo in der Südsee: Abends ein idyllischer Ankerplatz, nachts im »Windumdrehen« ein Chaos. Es gibt nur wenige lohnenswerte Buchten, die gegen alle Winde geschützt sind.

»An gestern mag ich nicht denken – es wird mir übel dabei. Es war nicht nur ein scheußlicher Sonntag, sondern ein gefährlicher dazu. Voraus die weiße Lagune (zeitweilig um 7 Windstärken), achteraus, ziemlich dicht, brachen sich die Wellen über den Korallenköpfen. Und mittendrin »Kathena faa« vor zwei Bugankern. Am Hauptanker sind 33 Meter Kette und 15 Meter Nylontau, der Zweitanker liegt mit 15 Meter Kette und 20 Meter Tau aus. Da es flach ist, um vier Meter, machen wir regelrechte Bocksprünge und schaufeln mit Bug und Heck enorme Wassermengen an Deck. Man kann nur dem Erstbesitzer dieses Bootes, Mr. Coleman in

Rolf Kaczirek und sein von ihm entwickelter Bügelanker. Eine vollverschweißte starre Konstruktion, die Erfolg verspricht.

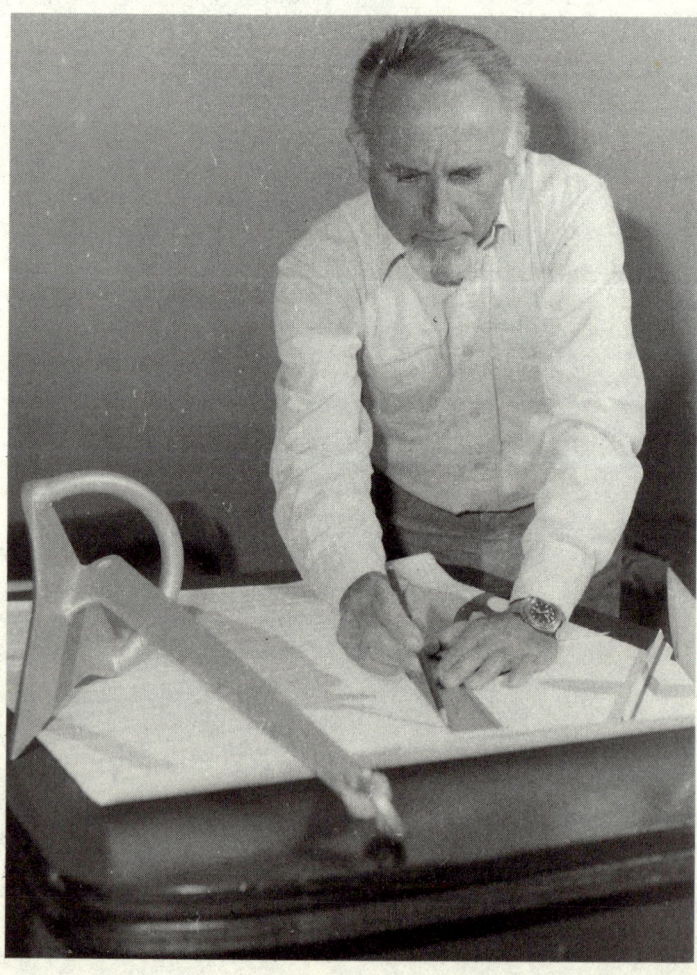

London, danken, daß er beim Ausrüsten so überdimensionierte Decksbeschläge montierte, sonst säßen wir jetzt im Moskitowald, der genau hinter uns liegt.«

Jene Nacht, der folgende Tag und noch mal die Nacht waren das Schlimmste, was ich je vor Anker erlebt habe. Die Lagune war nach Westen hin, woher der Wind kam, 12 Meilen lang. 12 Meilen offenes Wasser. Auf diese Distanz bildeten sich kurze, steile Wellen, die unser Boot zum Schaufelbagger machten. Ruhe konnten wir beide dabei natürlich nicht finden. Ein paar Meter hinter uns ragten die ersten Korallenköpfe aus dem Wasser und warteten darauf, uns aufzuspießen. In den Kojen konnten wir nicht liegen. Es war nicht nur unbequem, sondern die Angst ums Schiff war kaum zu unterdrücken, dazu in einem abgelegenen Atoll mit nur einigen hundert Bewohnern.

Eine Ankerkette soll getestet sein und aus kurzen Gliedern bestehen.

Mein Ankergeschirr damals: Ein 35 Pfund CQR-Anker, 33 Meter 10 mm dicke Kette und 16-mm-Nylontau; der Zweitanker 15 Pfund CQR, 15 Meter 10 mm dicke Kette und 14-mm-Nylontau. Daneben hatte ich noch 15 Meter Nylontau und 15 Meter Kette in Reserve. Das war mein gesamtes Ankergeschirr für unser 6 Tonnen schweres Schiff – und es reichte allemal. Das Ankerliegen vor Nukumanu hatte es endgültig bewiesen. Es ist nicht so sehr der gleichmäßige Druck auf den Anker, der ihn beansprucht, mehr noch ist es das Zerren und Stampfen des Bootes im Seegang. Bei normalem ablandigem Wetter sollte es beim Ankern keine Probleme geben, Gefahr droht auf Legerwall, wenn es am Geschirr arbeitet. Jetzt hätte ich ja mehr Tau geben können, vor Nukumanu, nur hinter uns lagen die Korallenköpfe, die selbst bei Nacht deutlich durch den Schaum zu erkennen waren, sie lagen im Dunkeln noch näher, jedenfalls sah es so aus.

Die aufgeführte Ankerausrüstung war in etwa auf unseren anderen Fahrten an Bord: Um die 30 Meter Kette, ordentliches Nylontau und zwei Anker, mal CQR, mal Danforth. Mit beiden habe ich beste Erfahrungen gemacht, bei Sand, Schlick und Korallen. Ich gebe der Stärke des Ankers keine so große Bedeutung, mehr der Kette, wenn die in entsprechender Länge stärker ausgelegt ist, ist der direkte Druck auf den Anker nicht so groß, wie wir vermuten, und ich meine, es wird bald die Regel werden, daß Anker aus Aluminium sind.

Einen Anker, den ich letzten Sommer auf den Großen Seen in Nordamerika mit einem Charterboot testete, könnte ich mir gut in Aluminium vorstellen. Diese erste erfolgversprechende deutsche Entwicklung für den Yachtsport noch aus Stahl (CQR, Danforth, Bruce sind aus Übersee) hat bei uns einen 45-Knoten-Sturm (11 kg, 40 Meter Tau und 4-Tonnen-Segelboot) mit ordentlichem Schwell abgeritten, eine nicht erwartete Leistung. Ich war stundenlang hellwach und in Gedanken schon dabei, den Motor zu starten, aber das war unnötig, wie mir die Ankerspur im Grund anderntags bestätigte. Dieser Bügelanker hat zudem den Vorteil, daß sich nichts bewegt: kein Gelenk, kein Bolzen. Es ist eine voll verschweißte starre Konstruktion. Ideal auch für Anfänger und gelegentliche Gäste, gequetschte Finger gibt es nicht. Auch ist dieser Anker in Eile und nachts gefahrlos zu benutzen. Ich habe während jenes Acht-Wochen-Segeltörns mit 22 Ankerplätzen nur gute Erfahrungen machen können. Der Anker hat lediglich einen Fehler: Er ist zu leicht nachzubauen.

So viel zu den Typen. Jetzt ein ganz wichtiger Punkt: die Lagerung. Der Anker sollte auf einer Kreuzfahrt stets im Handumdrehen klar sein. Das beste ist, die Kette bleibt angeschäkelt, der Anker in der Luke unterm Vorschiff, bei größeren Booten über der Bugrolle oder in einer Teakholzbefestigung auf dem Vorschiff. Auf keinen Fall darf der Anker jedesmal erst von achtern aus der Backskiste geholt werden. Dort kann der Zweitanker lagern, um per Dingi ausgefahren zu werden, denn am Heck läßt er sich am leichtesten über Bord heben.

Der Stockanker, hier an Bord der »Joshua«, war für Jahrhunderte der gebräuchlichste in der Schiffahrt. Danforth- und CQR-Anker haben ihn wegen der Unhandlichkeit abgelöst.

Die Länge der Kette in Abschnitten zu markieren ist eine unabdingbare Pflicht. Um auch bei Dunkelheit die ausrauschenden Meter zu erkennen, habe ich die Kette alle 10 Meter mit breiten weißen Farbstrichen gezeichnet. Ein Strich 10 Meter, zwei Striche 20 Meter und so weiter. Die Schäkel zwischen Anker und Kette nur mit der Wasserpumpenzange festzuziehen reicht nicht, Drahtbindung beruhigt. Ans Ende der Kette kam ein großer Schäkel mit dem Nylontau – Nylon deshalb, weil es elastisch ist, es fängt die harten Stöße in Böen und Wellen ab. Dieses Recken im Nylon, ich verwen-

dete gedrehtes, ist notwendig! Hängt das Nylontau über der Ankerrolle, muß es vor Schamfilen geschützt werden. Ein doppelt so dicker Plastikschlauch von einem halben Meter Länge tut da seinen besten Dienst. Damit der Schlauch nicht verrutscht – das passiert rasch, wenn das Boot schwoit, die Enden mit einem dünnen Bändsel am Burgkorb festlaschen. Wie gesagt: nicht zu dickes Tau wählen, 16 mm für 8 Tonnen, 18 mm für 12 Tonnen sind völlig ausreichend. Bevor diese Taue reißen, brechen Kette und Schäkel.

In den Malediven sowie einigen Plätzen in Neuguinea und den Torres-Inseln fanden wir Ankergründe mit mehr als 20 Meter Tiefe vor. In diesen Fällen haben wir natürlich nicht mit den 33 Metern Kette geankert, sondern mit 15 Metern Kette und viel, viel Tau, denn sonst hätten wir die Kette nicht wieder einholen können. Für zwei Leute ist es einfach zuviel, das gewichtige Geschirr aus der Tiefe hochzuhieven. Dann wäre eine mechanische Ankerwinde von Vorteil, aber auf all unseren Fahrten gab es dieses Problem nur einige wenige Male.

Meine Ankertechnik beschrieb mein vierjähriger Sohn damals so: »Wilfried fühlt den Grund, und dann schmeißt er den Anker über Bord.« Das ist im Prinzip richtig. Mit langsamer Fahrt in die Bucht, per Handlot oder Echolot Tiefe messen und dann dort, wo es einem von der Tiefe und dem Schwingraum her richtig erscheint, eine kleine Runde ausloten, um sicherzugehen, daß man nirgendwo eine Untiefe übersehen hat; dann, ob unter Segel oder Motor, mit noch geringer Fahrt voraus den Anker über Bord werfen, Kette geben und nach etwa 20 bis 30 Metern, je nach Tiefe, Ruder hart zur Seite und Ankerkette oder Tau langsam festsetzen. Das Boot ausschwoien lassen und eventuell mehr Kette stecken. Meist spürt man beim ersten Strammhalten, ob der Anker hält.

Segeln wir zu zweit, werfe ich bei uns immer den Anker, während Astrid die Pinne führt. Fünffache Länge, wie üblich, geben auch wir. Fällt jedoch das Barometer oder sieht es duster aus, lasse ich zur Nacht hin einige Meter mehr aus. Daher nie zu dicht unter Land ankern! Ich habe einen Hang dazu, aber zum Glück will Astrid genau das Gegenteil. Nach dem Ankern Landmarken peilen und diese ins Logbuch ein-

Ankern: möglichst nur mit einem Anker und ausreichend Kette. Das gesamte Ankergeschirr sollte im Zweifelsfall leicht überdimensioniert sein, damit man nicht gleich bei jeder einfallenden Bö mit einem zweiten Anker hantieren muß. Der bringt ohnehin nicht allzuviel, denn der Zug liegt normalerweise nur auf einem Anker.

tragen. Wenn möglich, mit Tauchermaske und Schnorchel abtauchen und den Anker kontrollieren.

Zum Thema »ankern« gehört auch das Dingi. Wenn ein zweiter Anker ausgebracht werden muß, sind die Wetterbedingungen ja schon ziemlich schlecht. So sollte man sicher sein, ein Beiboot zu besitzen, das sich eignet, Anker, Kette und Leine gegen den Wind auszubringen.

Und letztlich die Ankerrolle. Eine solide, breite Konstruktion mit einem Durchmesser von 6 Zentimetern erleichtert das Aufholen der Kette sehr. Die Rolle sollte so groß sein, daß zwei Kettenglieder zugleich aufliegen. Bei der Anfertigung der Bugrolle beachten, daß auch hier starker seitlicher Druck entstehen kann, also nicht nur Druck nach unten. Der Bolzen in der Rolle hat bei »Kathena nui« einen Durchmesser von 12 mm.

17 An- merkungen zur Sicherheit

»Es gibt Leute, die der Ansicht sind, daß das Leben auf dem Wasser gefährlich ist. Ihrer Meinung nach kann folglich die gesamte Ausrüstung, die dieses Leben ermöglicht, nur der Sicherheit dienen; das fängt mit dem Boot selbst an. Diese Sicht der Dinge kann nicht als vollkommen falsch abgetan werden, aber sie ist nur eine Grundvoraussetzung für unsere Sicherheit.« (Das Segelhandbuch von H + C Maritim)

Am 7. Februar 1985 bin ich auf 54 Grad südlicher Breite über Bord gefallen. Das einzige Mal während meiner Fahrten. »Kathena nui« machte einen solch abrupten Satz, daß ich vom Vordeck über die Reling gehoben wurde. Ich glaube, mein Schiff segelte über einen Wellenkamm hinaus. Jedenfalls fand ich mich im Nu in Höhe Achterkante Cockpit im Wasser wieder. Ich hatte meine rote Sicherheitsleine um Brust und Taille geknotet. Die Leine, eigentlich eine Schot, war vier Meter lang und am Unterwant karabiniert.

Neben einem Sichheitsgurt verwendete ich oftmals auch eine über Rücken und Taille geknotete 14 mm dicke Schot. Damit war ich schneller an Deck und fühlte mich außerdem beweglicher.

Ganz großes Glück war, daß es an der Seite passierte, an der die nachlaufenden Seen einkamen, so schob ich mich mit Hilfe einiger Wellen an Bord zurück. Schuld an dem Unglück war womöglich meine Unbeweglichkeit. Ich war zu dick angepellt. Ich sah nicht nur aus wie eine Roulade, ich bewegte mich auch so.

Damit will ich ausdrücken, daß es ungemein wichtig ist, wie man sich an Deck beim Arbeiten fühlt. Das Vertrauen in die eigenen Fähigkeiten und die Beweglichkeit ist für mich Sicherheitsfaktor Numero eins. Früher trug ich auf meinen

Reisen selten einen Gurt. Ich fühlte mich auch ohne ihn sicher, ob bei Tag oder Nacht, ich huschte wie eine Katze übers Deck, mal schnell, mal langsam, und vertraute immer auf die eigene Geschicklichkeit. Eine Katze wird auch nicht springen, wenn sie spürt, sie schafft es nicht.

Gewiß, ich hatte auch einen Sicherheitsgurt dabei, nur der war mir oft zu schwer, zu unhandlich. Während langer Nachtwachen drückte er auf den Körper. Ich fühlte mich damit in meiner Bewegungsfreiheit gehemmt. Mit einer über Rücken und Taille geknoteten Leine fühlte ich mich sicherer. Vermutlich, weil sie aus einem Stück, leichter und letztlich viel schneller zu gebrauchen ist.

Für meine Nonstopfahrt bestand Astrid unbedingt darauf, daß ich einen Secumar-Sicherheitsgurt mitnahm. Das ist eine Schwimmweste mit eingearbeitetem Sicherheitsgurt, der zwischen den Beinen hindurchführt. Sie kaufte mir so ein Ding in Hamburg. Der Gedanke, etwas absolut Zuverlässiges gegen die Gefahr des Überbordfallens zu unternehmen, besonders in dem gefährlichen Seegebiet, das vor mir lag, war schon richtig. Der Gurt entsprach den Anforderungen, wirkte bequem und haltbar. Die Erfahrung unterwegs zeigte mir jedoch, daß die Kombination Gurt-Schwimmweste nicht ideal war. Wohlgemerkt, für mich. Um ihn ständig zu tragen, was als Alleinsegler vernünftig wäre, war er zu erdrückend, engte ein. Ich fühlte mich darin auf die Dauer nicht wohl. Auch muß er, wenn man ihn schon trägt, immer eingepickt sein, was das Leben an Bord recht umständlich macht. Ist man es mal nicht, was ja vorkommen kann, und fällt gerade dann über die Seite, womöglich noch mit dem Gedanken, ich bin ja gesichert, nutzt einem auch die eingearbeitete Schwimmweste nichts.

Ich habe das Problem folgendermaßen gelöst: Bei weißer See und entsprechendem Seegang, also wenn die ersten Reffs eingebunden waren und ich Zeit hatte, trug ich den Secumargurt sorgfältig einkarabiniert am Unterwant oder an Ösen nahe des Cockpits. In Böen oder wenn ich ganz schnell an Deck gebraucht wurde, verwendete ich eine dafür vorbereitete 14 mm dicke, geflochtene Leine, die ich um den Körper knotete. Das konnte ich blind, war somit auch in der Nacht kein Risiko. Das Ende war, wie gesagt, vier Meter

Lenzpumpen sind notwendig, aber es gibt keine leistungsfähigere Pumpe als einen erschrockenen Segler mit Eimer.

Auch wenn Mitsegler leicht und locker bei hoher Fahrt und nasser See über Deck turnen, muß das nicht für jederman gelten. Schwimmweste und Sicherheitsgurt nicht nur an Bord lagern, sondern auch gebrauchen.

lang, so daß ich alle Arbeiten im Cockpit und auf dem Vordeck ausführen konnte, ohne den einmal eingehängten Karabinerhaken umzustecken. Ich kam mit dieser Sicherheitsmaßnahme sehr gut zurecht.

Bei schönem Wetter, so bis zu 5 bis 6 Windstärken, verzichtete ich auf Leine und Gurt. Ich verließ mich auf meine eigene Geschicklichkeit. Für den Fall des Überbordgehens hatte ich dennoch vorgesorgt, leichtsinnig war ich nie. Ich schleppte ständig eine rund 30 Meter lange und 16 mm dicke Leine achteraus. Sollte ich unverhofft die Balance verlieren, wollte ich mich an diesem Tau Hand über Hand an Bord zurückholen. Bei über 6 Knoten Fahrt bin ich allerdings nicht sicher, ob ich's in schweren Klamotten geschafft hätte. Aber bei geringerer Geschwindigkeit – immer. Ich habe das auf anderen Fahrten, ohne in Gefahr zu sein, mit Erfolg getestet. Und bekanntlich kann der Mensch im Augenblick der Not Extrakräfte mobilisieren. Zudem war meine Armkraft auf der Solofahrt durch die vielen Segelmanöver sichtbar verbessert.

Sicherheit ist auch ein schutzbietendes Cockpit – mit hohem Süll – und ein zweiter Relingsdraht.

Allein oder kleine Crew: Immer eine Leine achteraus schleppen – für den Fall, daß jemand nicht angegurtet ist und über Bord fällt.

Terminsegeln die Ursache für die meisten Havarien auf See. Zeit und Crew drängen den Schiffsführer auszulaufen, obwohl er unter normalen Umständen im Hafen bleiben würde. Es wird bei Sturm oder widrigen Bedingungen gesegelt, um bloß pünktlich zu Hause zu sein.

Die Reißleine der Rettungsinsel muß immer mit dem Boot verbunden sein, dann kann die Insel im Notfall nicht zufällig abtreiben.

Sicherheit wird bei mir auch in puncto Farbe großgeschrieben. Meine beiden Sturmfocks und das Try sind orange, die Genua rotweißgestreift, damit sich mein Schiff bei schlechtem Wetter besser abzeichnet, ich von den Dampfern rechtzeitig oder überhaupt gesehen werde. Auf eine hohe, vor allem feste Seereling inklusive Bug- und Heckkorb legte ich besonderen Wert – bei mir 76 cm –, ebenso auf eine 10 cm hohe Fußreling.

Zur Sicherheitsausrüstung gehören die unterschiedlichsten Dinge. Sie alle hier zu erläutern, habe ich nicht vor, weil sie zu selbstverständlich sind, doch eine ungewöhnliche Idee

Sicher ist, daß nichts sicher ist. Trotzdem: Zuerst kommt die körperliche Sicherheit bei mir. Danach die praktische wie Seereling, Körbe, Haltebügel – und dann die Seenotausrüstung mit Signalraketen, Rettungsinsel und dergleichen.

möchte ich vorstellen. Neben dem Niedergang brachte die Werft auf meinen Wunsch und nur unter Drängen einen kräftigen Rohrbügel an. Der Konstrukteur und Werftbesitzer sträubte sich über Tage, wahrscheinlich, weil er die Linie des Schiffes in Gefahr sah. So war denn der Bügel mit 570 Mark bestimmt nicht günstig, aber er hat meine Sicherheit während der vielen rauhen Monate in den antarktischen Breiten unheimlich gefördert. Da ich monatelang die Niedergangsschotten dicht hatte, konnte ich mich wunderbar an dem Gestänge aus dem Luk ziehen. In den Wachen, bei schlimmem Seegang, wenn das Boot nur mal so zur Kehr ging und ich stundenlang Ausguck hielt, waren die Rohre die einzigen festen Punkte, die mir Halt gaben. Auch beim Arbeiten mit dem Sextanten hätte ich nicht auf den Niedergangsbügel verzichten wollen. Wie ich überhaupt auf »Kathena nui« sehr viele gut dimensionierte Griffleisten und Halterohre montierte.

Im Schiff dokumentierten zwei wasserdicht verschweißte Schotten, die den Rumpf in drei Abteilungen teilen, meinen Sicherheitsanspruch. Weiter waren Fenster und Bullaugen relativ klein gehalten. Die Luken an Deck waren ganz simpel zum Klappen, um sie hundertprozentig wasserdicht zu bekommen. Die Aufbauten absichtlich niedrig gehalten, den Niedergang schützte ich mit Steckschotten.

Beim Bau wurden aus Gründen der Festigkeit und Sicherheit neben den vorhandenen zwei wasserdichten noch drei weitere Aluminiumschotten eingeschweißt. Eine Eisverstärkung im Bug, durchweg dickere Blechstärken, durchgesteckte Rüsteisen, eine Ruderkonstruktion, die Treibgut standhält, und so weiter machten »Kathena nui« zu einer Sicherheitskiste ohnegleichen.

Alle diese Dinge suggerierten mir eine Sicherheit, die es eigentlich auf See nicht gibt. Auch ein starkes Funkgerät hilft nicht immer. Für die letzte Fahrt habe ich erst nach Drängen von Freunden und Familie ein UKW-Handsprechfunkgerät mitgenommen. Es hatte eine Reichweite von 8 Meilen, und ich konnte über Schiffe und Wetterstationen ein Lebenszeichen geben. In einem Seenotfall hätte weder mein Gerät noch ein stärkeres Gerät Hilfe herbeirufen können. Dafür war ich meist zu weit von Häfen und Schiffahrtsrouten entfernt.

Mit Funkgeräten wird heute allerhand Mißbrauch getrieben. Bricht ein Vorstag, wird Hilfe über Funk angefordert. Die wirklichen Notfälle kommen dabei manchmal zu kurz, eben weil die einsatzfahrenden Seenotretter überfordert sind. Ich bin auch der Ansicht, wer sich aufs Meer mit Segelschiffen zum eigenen Vergnügen begibt, soll sich so vorbereiten, daß er mit Schwierigkeiten selbst klarkommt. Ich habe auf allen Fahrten bewußt auf leistungsstarke Sender verzichtet.

Selten kann jemand, der Kym in unserem Film an Deck

Auch bei kurzen Törns sollte unbedingt eine Notausrüstung an Bord sein. In einem Sicherheitscontainer führe ich immer mit: solides Messer, Kompaß, Spiegel, Raketen, Rauchmacher, Papier, Bleistift, Handtuch, Vaseline, Saft, Kekse, Suppen, Schokolade, Klebeband, Streichhölzer, Angelhaken- und -leine, ein Taschenbuch.

Kindern an Bord die Gefahr verdeutlichen: Ein geliebtes Spielzeug über Bord werfen und zusehen lassen, wie schnell es im Kielwasser verschwindet.

rumlaufen sieht, sein Erstaunen zurückhalten: »Und ihr habt den Kleinen ohne Rettungsweste, ohne Sicherheitsgurt auf See an Deck laufen lassen?« Ja, wir konnten ihn in keine Weste zwängen, es war einfach viel zu heiß dafür, und der Gurt zu hinderlich und auch nicht ungefährlich. Die Kinder bleiben damit überall an Deck hängen und geraten so ins Stolpern. Kym durfte sich natürlich nicht bei jedem Wetter frei bewegen. Es gab, nachdem wir ihn wieder und wieder auf bestimmte Gefahren aufmerksam gemacht haben, genaue Grenzen. So die Plicht für bewegte See, das Cockpit für ruhige Seetage und das Deck nur bei Flaute. Und da auch nur mit Anmeldung oder in Begleitung. Wir erlebten nie eine brenzlige Situation. Schön zu beobachten war, wie sicher der Junge sich auch bei rauhem Seegang an Bord bewegte. Er griff weder an Deck noch in der Kajüte daneben. Das kam sicherlich vom ständigen Anbordleben. Bei einem Kind, das nur am Wochenende an Bord ist, kann man diese Sicherheit wohl meistens nicht voraussetzen.

Auf Rettungsinseln, Signalmittel, einen Spiegel, eine Axt, einen Rettungsring, Feuerlöscher etc. hinzuweisen ist wohl überflüssig. Solche Dinge hat man selbstverständlich an Bord, wenn der Kurs übers Meer führt.

Ratsam, auch beim Küstensegeln, ist die IOR-Boje. Eine zwei Meter lange Spiere, an deren Ende ein Licht und eine Flagge befestigt sind. Diese Boje ist eine große Hilfe bei Mann-über-Bord-Manövern, man kann sie meilenweit sehen.

Allgemein wird Sicherheit in unserer Gesellschaft überbewertet – zum Nachteil anderer, vielleicht wichtigerer Werte, für die es sich lohnt, ein wenig Risiko und Gefahr auf sich zu nehmen.

Mit dem allseits verbreiteten Sicherheitswahn ist in der Tat eine Unsicherheit eingetreten. Dem Segler wird eine theoretische Sicherheit suggeriert, die es auf See nicht gibt. Nur Praxis führt zur Sicherheit. Zum Beispiel verleiten eingebaute Funkanlagen häufig dazu, Hilfe herbeizurufen, wenn es gar nicht nötig ist.

18 Routen im Wind

»Setz / strammer / das Segel! Der Wind will das Wort / Unendlichkeit hineinschreiben.« (Hans Leip, Schriftsteller)

Der Nordost-Passat treibt Kolumbus nach Amerika. Der Entdecker hatte auf seiner ersten Reise in die neue Welt besonderes Glück. Die Passatwinde hatten sich 1492 ungewöhnlich weit nach Norden verlagert. Nach wenigen Tagen in der Flautenzone nahmen die Schiffe zügig Fahrt auf, immer den Wind von achtern.

Magellans Schiff »Victoria« wäre wahrscheinlich nie die erste Weltumseglung gelungen (1519–1522), gäbe es da nicht den Passatgürtel beiderseits des Äquators. Die plump gebaute Karavelle konnte nur sehr schlecht bei unhandigem Wetter vorankommen. Womöglich wäre sie ohne Hilfe der Passate auf halbem Weg verfault und von Würmern zerfressen worden.

Der stetigen und beständigen Hilfe der Passate haben sich auch die späteren Frachtensegler bedient. Aus dieser Zeit, die Meere waren voller Windjammer, stammt auch der englische Name »trade winds« (Handelswind). Selbstverständlich haben diese Schiffe die Passatrouten gewählt, auch wenn sie dabei große Umwege in Kauf nehmen mußten – eben weil die Reisen trotzdem schneller und außerdem materialschonender waren.

Dieser ganzjährig und mit erstaunlicher Gleichmäßigkeit wehende Wind wurde ebenso von den ersten wie von vielen heutigen Seglern benutzt, die innerhalb der Tropen in Ost-West-Richtung Ozeane überqueren oder die Welt umsegeln. Auch ich habe vom Passat mehrfach profitiert, wochenlang das Segeln genossen unter blauem Himmel, in sternenklaren Nächten, Pinne und Schoten kaum berührt,

Ausschnitt einer amerikanischen Pilot-Chart für den Monat Juli. Als erstes sind bei der Planung eines Törns, diese Monatskarten für das betreffende Seegebiet durchzuarbeiten.

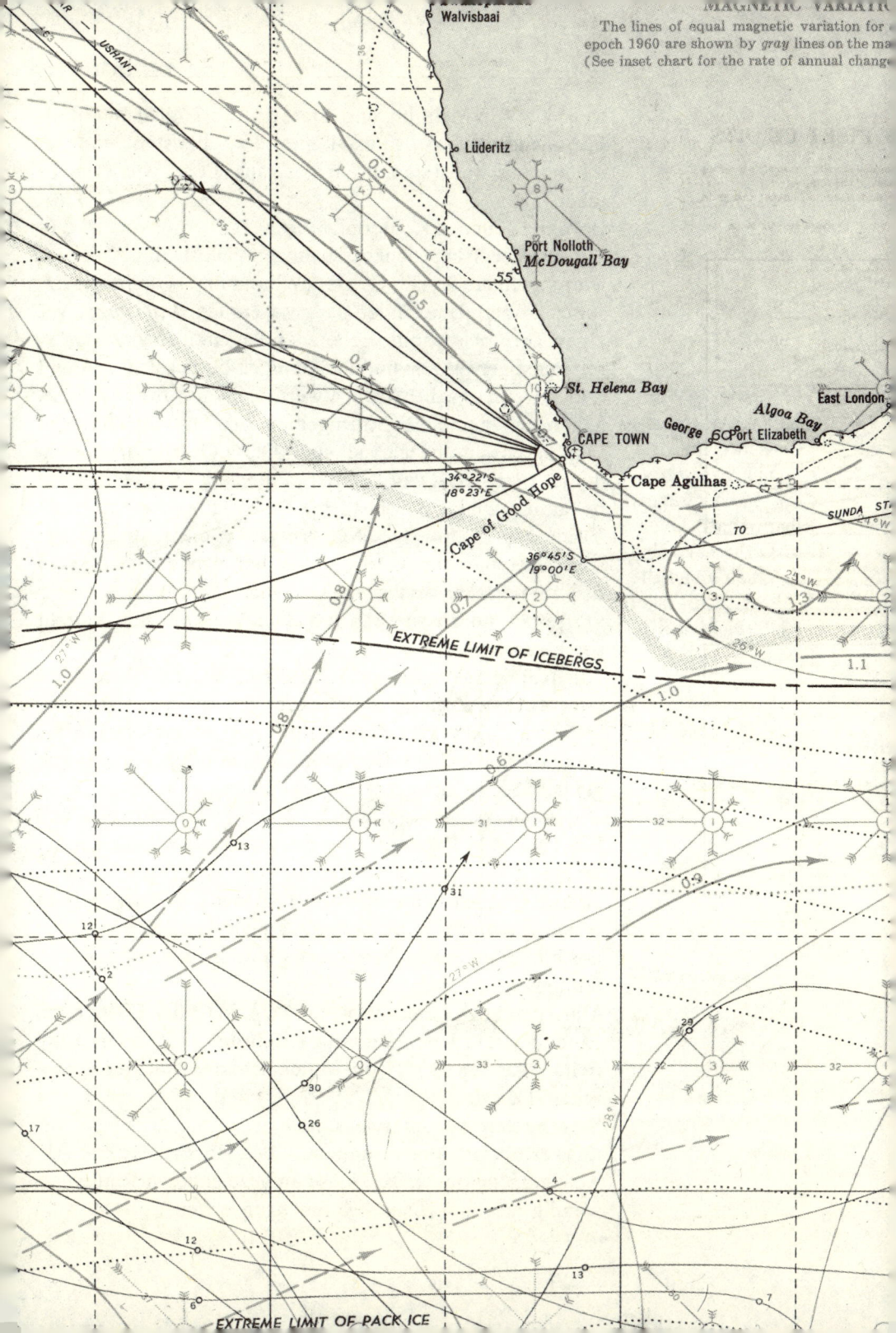

MAGNETIC VARIATI

The lines of equal magnetic variation for
epoch 1960 are shown by gray lines on the ma
(See inset chart for the rate of annual chang

Walvisbaai

Lüderitz

Port Nolloth
McDougall Bay

55

St. Helena Bay

George 50 Port Elizabeth
Algoa Bay
East London

CAPE TOWN

34°22'S
18°23'E

Cape Agúlhas

Cape of Good Hope

36°45'S
19°00'E

SUNDA ST

TO

EXTREME LIMIT OF ICEBERGS

1.1

USHANT

EXTREME LIMIT OF PACK ICE

weil sich Windrichtung und -stärke unwesentlich änderten. Für mich ist das Wort Passat eines der schönsten der deutschen Sprache (stammt leider aus dem Niederländischen).

Bei einer genauen Routenplanung ist es also notwendig, diesen Wind nach Möglichkeit zu nutzen. Selbst dann, wenn es, wie es auch die Frachtensegler (Windjammer) taten, die Distanzen unter Umständen ganz wesentlich verlängert. Wer einen Törn plant, sollte neben den Passaten auch die anderen günstigen Winde und Strömungen berücksichtigen und dabei, wenn es geht, Schlechtwettergebieten aus dem Wege gehen. Ich meine hier Sturmgebiete, die mit Hurrikan, Cyklon und Taifun bezeichnet sind. Diese Gefahrenzonen, in denen tropische Depressionen auftreten, sind jedoch gut bekannt. Und: Wirbelstürme, die selbst seetüchtigste Yachten in Schwierigkeiten bringen können, gibt es nur wenige Monate des Jahres in dem betreffenden Gebiet, so daß immer Ausweichskurse möglich sind. Das ist dann kräftesparender und kann für einen erfolgreichen Verlauf sorgen.

Sich in die Windsituation des Gebietes, in dem man segelt, hineinversetzen. Fischer fragen. Himmel beobachten. Das ist sicherer als eine meterologische Vorhersage, die lokal häufig nicht zutrifft.

Auch diejenigen, die sich auf einen Segeltörn begeben, ohne an feste Zeiten der Rückkehr gebunden zu sein, müssen ihre Routenpläne sorgfältig ausarbeiten, besonders wenn die Reise durch tropische Gebiete führt. Auf den folgenden Seiten habe ich die Windsysteme in graphischen Darstellungen wiedergegeben. Darin auch enthalten – und für das ideale Konzept notwendig – die jahreszeitlich bedingten Schwankungen.

Allerdings muß ich anmerken: Das ideale Konzept gibt es genaugenommen nicht. Jedenfalls nicht für mich. Wir haben uns immer ablenken lassen – von mündlichen Routenempfehlungen.

Man trifft Segler unterwegs, am Steg, in Clubs, Fischer und Einheimische. Jeder gibt seine Erfahrung zum besten, empfiehlt oder schwärmt von wunderschönen Buchten, Menschen, Häfen.

So erhielten wir unterwegs ganz neue Informationen, die uns verführten oder veranlaßten, den Kurs zu ändern, Abweichungen von der zu Hause aufgezeichneten Route notwendig machten. Diese Anregungen waren wertvoll, weil sie mit seemännischen Augen erfaßt und in keinen offiziellen Unterlagen zu finden waren. Nur durch Gespräche und Bekanntschaften sind wir zu einigen – für uns – traumhaften Inseln gekommen: Vanikoro, Kokos, Nukumanu, Fulanga, Ninigo.

Also: Abstecher müssen möglich sein, eingeplant werden. Sie geben einer Langfahrt die Würze. Unwiderbringliche Augenblicke – diese Spontankurse.

Trotzdem, wir legen zunächst einmal ab mit Sachkenntnissen der Wind- und Wettergebiete und ausgerüstet mit nautischen Unterlagen der vorgesehenen Segelgebiete.

Bei einer mehrjährigen Fahrt würde ich vorschlagen, Seekarten und Seehandbücher nur in begrenztem Umfang mitzunehmen: Überseglerkarten für die gesamte Fahrt, dann Detailkarten von den Gebieten, die man sicher ist anzusteuern. Bei einer Erdumseglung beispielsweise: Karibik, Panama, Galapagos, Französisch-Polynesien und so fort. Es ist heute möglich, an vielen Orten unterwegs Seekarten nachzukaufen, und als letzter Ausweg, sie sich von einer Seekartenstelle nachschicken zu lassen. Behelfen kann man sich gelegentlich auch mit »Pergamentseekarten«, abgezeichnet von Kollegen, Fischern oder in Hafenämtern. Wer sucht, der findet auch Wege.

Nochmals zur Planung: Das Buch »Ocean Passages for the world«, von der britischen Admiralität, gibt eine klare, verständliche Beschreibung der Winde, Strömungen und Wetterverhältnisse auf allen Meeren. Auf beigefügten Karten werden Vorschläge für Segelrouten und Dampferwege aufgezeigt. Das Buch, häufig empfohlen, ist jedoch schwer und teuer, und man kann als Sportsegler eigentlich darauf verzichten. Ich habe es getan, mich dafür von Anfang an in die amerikanischen »Pilot Charts« festgebissen. Diese Monatskarten sind wirklich für Planung und Fahrt unentbehrlich. Darin ist alles enthalten, was ein Ozeansegler in dem betreffenden Seegebiet zum Thema Wetterbedingungen wissen muß: In farblich abgestimmten Zeichen geben die Karten in 5 Grad Karrees Mittelwerte an: Windrichtungen, Windstärken – Stillen und Stürme – in Prozenten; Verlauf der Zentren der Tiefdruckgebiete, die zu starken Stürmen geführt haben; durchschnittliche Lufttemperaturen; Richtung der

Gedanken- und Erfahrungsaustausch mit Gleichgesinnten zahlt sich unterm Strich auf vielfältige Weise aus – nicht nur fachliches Können wird vermittelt, man erfährt auch entscheidende Hinweise für günstige Kaufgelegenheiten, schwer zu beschaffende Ersatzteile und die sogenannten Geheimtips.

Tropische Wirbelstürme bilden sich überwiegend im späten Sommer und frühen Herbst ihrer Hemisphäre.

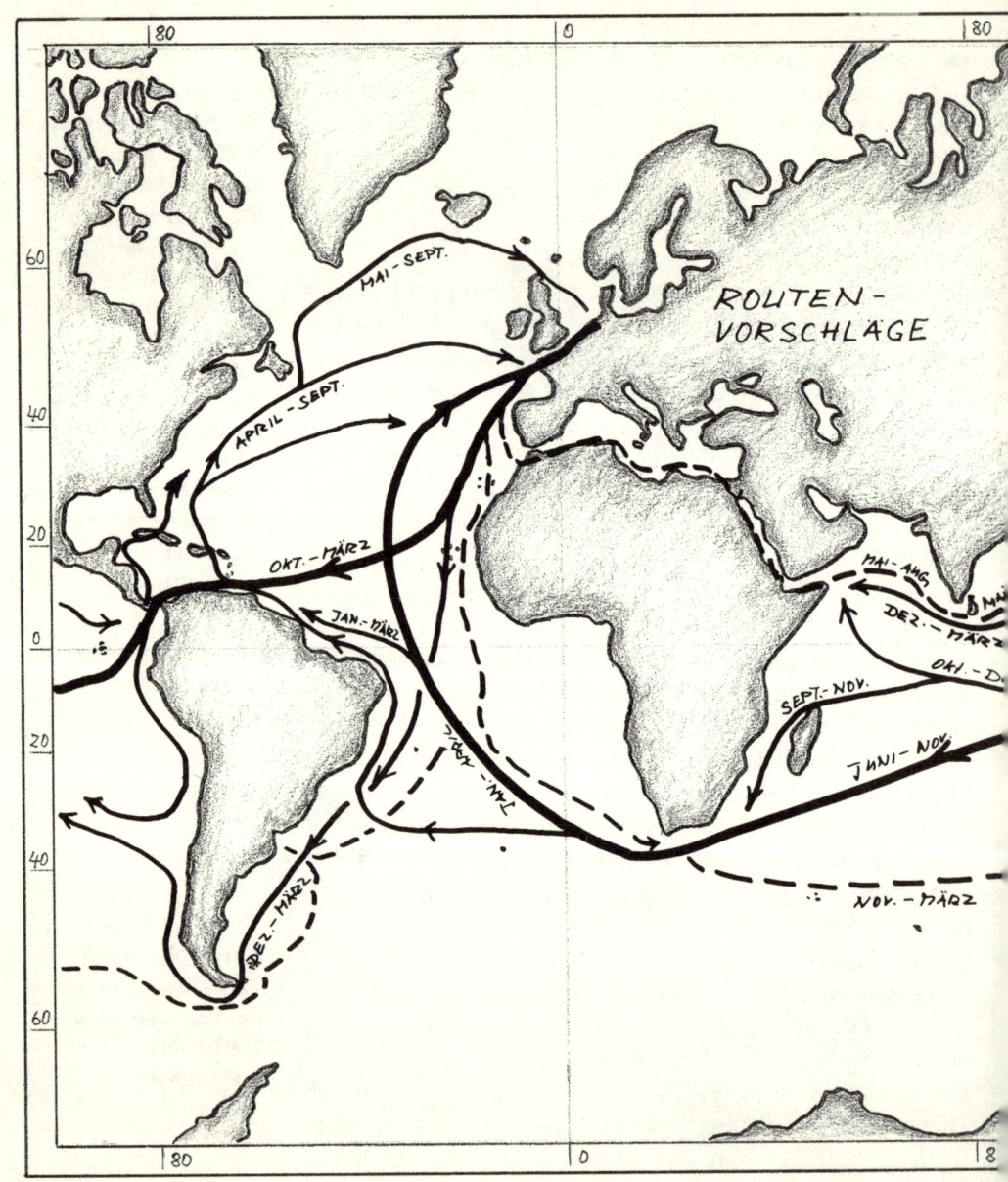

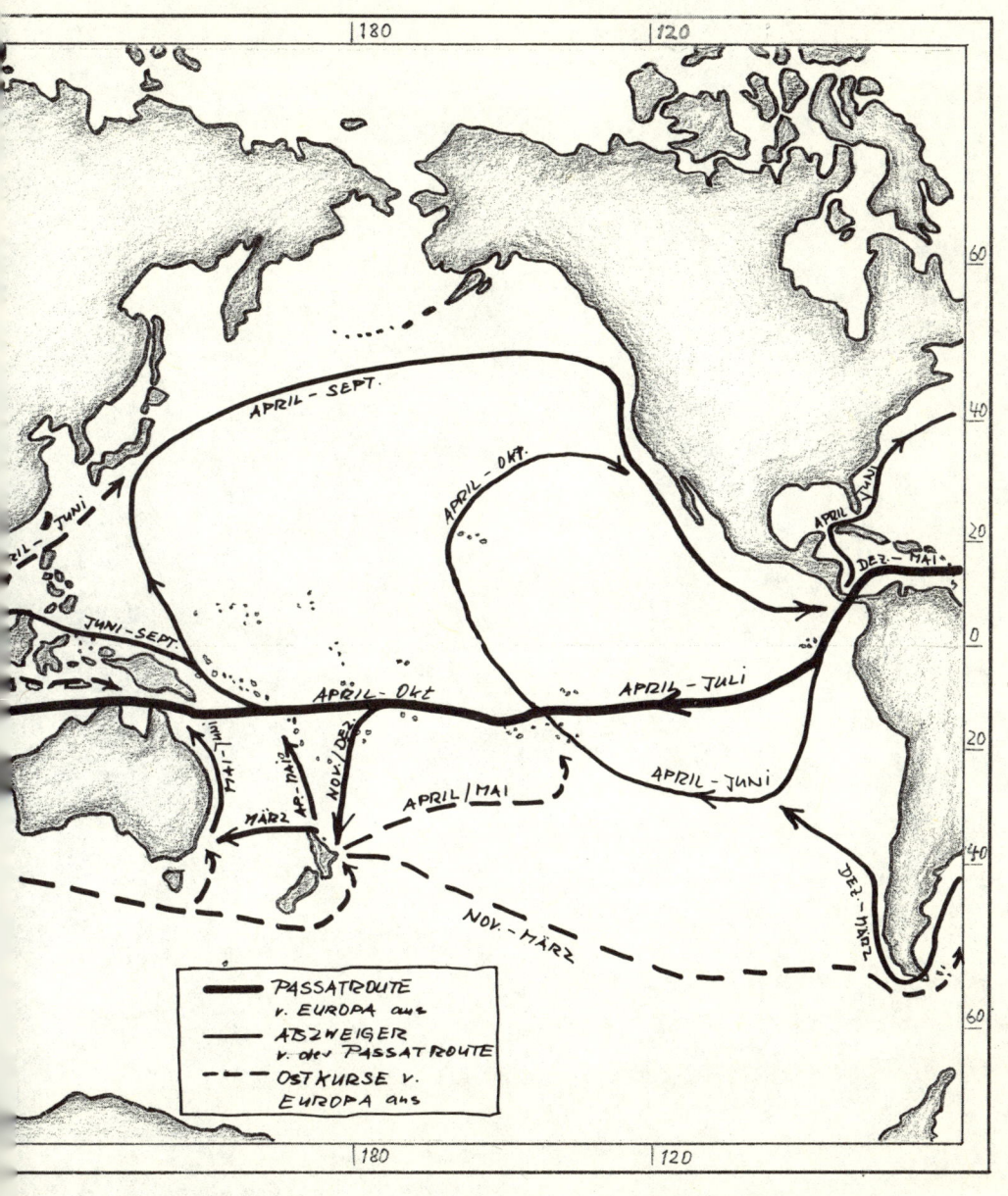

APRIL – SEPT.

APRIL – OKT.

APRIL – JUNI

DEZ – MAI

APRIL – JUNI

JUNI – SEPT.

APRIL – OKT.

APRIL – JULI

APRIL / MAI

APRIL – JUNI

MÄRZ

NOV. – DEZ.

JUNI – JULI

AP. – MAI.

DEZ – MÄRZ

NOV. – MÄRZ

180   120

60

40

20

0

20

40

60

180   120

PASSATROUTE
v. EUROPA aus
ABZWEIGER
v. der PASSATROUTE
OSTKURSE v.
EUROPA aus

allgemeinen Strömungen und Geschwindigkeit in Knoten; Seefahrtswege der Dampfer.

Diese Monatskarten gibt es für sämtliche Ozeane der Erde. Sie geben von einigen Ozeanen einen monatlichen, von anderen einen vierteljährlichen Überblick. Sie wurden über ein Jahrhundert hinweg anhand tausender Schiffsbeobachtungen erarbeitet. Obwohl sie recht genau sind, können solche Karten natürlich nur Durchschnittswerte angeben. Ich habe schon manches Mal furchtbar geflucht, weil die Angaben in »meinem Karree« überhaupt nicht zutrafen. Abweichungen von der Regel kommen in der Natur nun mal gelegentlich vor. Schließlich sind diese Karten auch noch nützlich, um in etwa Entfernungen auszuzirkeln.

Hat man bei der Planung Wind und Wetter bedacht, kommt ein weiterer Punkt, der in Betracht zu ziehen ist, hinzu: Einige Länder verlangen ein Einreisevisum. Allen voran und sehr umständlich das interessante Indonesien (Segelerlaubnis für Boot und Crew erforderlich), dann aber auch Polynesien, Mikronesien, Galapagos, einige Inselstaaten der Karibik... Außerdem darf während der Hurrikansaison nicht um Vanuatu und in Französisch-Polynesien gesegelt werden.

Schließlich und endlich muß inzwischen immer mehr auf Piraten geachtet werden. Schnell geschossen wird heute innerhalb der südphilippinischen Inseln, im Roten Meer an der äthiopischen Küste, vor Socotra, der West-Sahara, Thailand, Kolumbien. Wegen der Raubüberfälle segeln Yachten in einigen Seestrichen gelegentlich im Konvoi. An der berüchtigten kolumbianischen Küste haben sich 1985 beinahe zwei deutsche Yachten selbst versenkt, weil sie aus Sicherheitsgründen ohne Lichterführung entlang der Piratenküste segelten und dabei in der Dunkelheit miteinander kollidierten.

Offenbar sind auch schon auf der Pazifikseite des Golfs von Panama die Piraten los. Die deutsche Seglerfamilie Wagner erlebte dort 1986 mit ihrer »Yang hi« folgendes: »Im Golf von Panama hatten wir nachts eine unangenehme Begegnung. Wir sind von einem Fischkutter oder ähnlichem eine halbe Stunde verfolgt worden. Wir haben mehrmals den Kurs geändert, zuletzt fuhren wir mit Segel und Motor gut 9

Aggressionen gegenüber Behördenvertretern bringen nichts. Wenn man höflich mit ihnen umgeht und ihre Vorschriften und Bestimmungen respektiert, wird es keine ernstlichen Schwierigkeiten geben – auch wenn die Papiere mal nicht vollständig sind. Probleme ruhig und sachlich schildern, nach Auswegen fragen. Ein Grog (in der Ostsee), eine Tasse Tee (in der Südsee) lockern die Atmosphäre.

Wolken sind ebenso aufschlußreich wie faszinierend. Wenn Schäfchenwolken in mehreren Schichten über den ganzen Himmel verteilt sich verdichten und gleichzeitig der Luftdruck fällt, ist Regen zu erwarten.

Knoten. Losgeworden sind wir die ›Klette‹ erst, als ich drei weiße Leuchtraketen abgeschossen hatte.«

Mit »Kathena faa« erlebten wir am 28. Februar 1978 an der Nordküste Borneos einen Piratenüberfall. Nachdem uns lange Zeit ein Fischerboot verfolgte, klatschten ganz plötzlich Kugeln dicht neben unserem Boot ins Wasser. Die schießen auf uns! Wir konnten es nicht glauben, schließlich hatten die doch ein Netz im Schlepp! Das sind doch Fischer – oder? Wieder Einschläge um uns herum. Ich zögerte keine Sekunde, startete den Motor, und mit voller Leistung – Segel plus Schraube – rauschten wir ab. Doch eine Stunde später hatten sie uns eingeholt. Es waren, kein Zweifel, Piraten. Salven flogen uns um die Ohren. Ich barg in Eile alle Segel, stellte den Diesel ab. Ein Streifschuß erwischte mich am Bein. Kugeln schlugen in die achterne Sitzbank, gegen den Anker, in die Windsteueranlage. Astrid stürzte mit einem weißen Bettlaken an Deck. Kym schrie, er spürte, daß dies kein Spaß war. Wir zeigten uns alle drei mit erhobenen Händen an Deck, eine harmlose Familie, keine Schmuggler, keine Piraten. Nachdem wir längsseits waren, sollte ich rüberspringen, zu denen an Bord. Der Fischerkahn war unbeschreiblich dreckig. Ein Kerl zog mich kräftig am Ohr zum Ruderhaus. Die »Kathena faa« wurde in Schlepp genommen, zwei Mann stiegen über, und ab ging es

Ziemlich ahnungslos erwischte uns der Piratenüberfall 1978. Eine Schußwaffe mit ausreichendem Kaliber an Bord lehne ich ab – in unserem Fall hätte sie ohnehin nichts genützt.

Deutsche Segler von Piraten überfallen
Zwischen Borneo und den Philippinen / Waffen an Bord / Plötzlich verschwunden

BANDAR SERI BEGAWAN, 5. April (Reuter). Wie in vergangenen Jahrhunderten treiben auch heute noch Piraten in den Gewässern zwischen Borneo und den südlichen Philippinen ihr Unwesen. Immer wieder werden Überfälle auf ahnungslose Bootsbesatzungen gemeldet. Einem Piratenschiff sah sich in dem Gebiet vor kurzem auch ein Ehepaar aus Düsseldorf mit seinem fünfjährigen Sohn gegenüber. Die Familie segelte mit ihrer zehn Meter langen Jacht vor der Küste von Sabah im Osten Malaysias, als sie von schwerbewaffneten Piraten unter Beschuß genommen wurden. „Wir sahen ein Fischerboot, das die Netze ausgeworfen hatte, und dachten an nichts Böses. Dann hörten wir Gewehrfeuer, und um uns herum spritzte das Wasser auf. Wir

stellten mit Entsetzen fest, daß man auf uns schoß. So setzten wir sämtliche Segel und warfen den Motor an, um zu fliehen", berichtete der 37 Jahre alte Mann später.

„Wir hatten einen Vorsprung, weil sie noch ihre Netze einholen mußten. Doch nach einer Stunde holten sie auf und schossen wieder auf uns. Wir mußten uns ergeben, denn wir hatten weder ein Funkgerät noch irgendwelche Waffen an Bord", fuhr er fort. „Zwei Piraten enterten unsere Jacht und nahmen mich mit auf ihr Boot. An Bord waren zehn Mann, und ich sah eine Menge Waffen. Sie nahmen unsere Jacht in Schlepp und erklärten in gebrochenem Englisch, sie würden uns zu einer nahen Insel bringen. Es waren offensichtlich Filipinos."

Was dann geschah, wird der Familie immer ein Rätsel bleiben. „Plötzlich gab es große Aufregung unter den Piraten, sie sahen durch ihre Ferngläser, nahmen ihre Leute von unserer Jacht wieder an Bord und kappten das Schlepptau. Mir bedeuteten sie, ich sollte von Bord springen und zurückschwimmen", sagte der Mann. „Ich weiß bis heute nicht, was sie erschreckt hat, denn ich konnte keine anderen Schiffe sehen." Die Piraten seien davongesegelt. Den Namen ihres Bootes hätten sie abgedeckt, aber auf dem Heck sei der Name „Manila" zu lesen gewesen, wurde weiter berichtet. Die Deutschen liefen den nächsten Hafen an und meldeten der Polizei den Überfall. Erst in Kota Kinabalu erfuhren sie, daß in dem Gebiet häufig Piraten unterwegs seien.

mit Volldampf. Der Name des Schiffes war an Bug und Heck mit Tüchern verhangen. Nur »Manila« als Heimathafen war zu erkennen. Nach einer Stunde Schleppfahrt Richtung Philippinen sprang der Kapitän hastig aufs Deckhaus und schaute durchs Fernglas. Immer wieder. Dann ging alles sehr schnell. Astrids Bewacher wurden zurückgepfiffen, die Leine zur »Kathena« wurde einfach gekappt, und ich mußte ins Wasser springen und schwimmend mein Boot erreichen. Der Pirat dampfte full Speed davon. Wir auch, in entgegengesetzter Richtung. Benommen hockten wir danach im Cockpit. War wirklich alles vorüber?

Will man umständlichen Behörden und Gelegenheitspiraten aus dem Wege gehen, bleibt nur noch die Fahrt um die drei großen südlichen Kaps – Kap der Guten Hoffnung, Kap Leeuwin, Kap Hoorn. Eine Fahrt, auch wenn's mit Unterbrechungen in Häfen geschieht, die noch lange Zeit jungfräulich bleiben wird, weil sie großes Durchhaltevermögen erfordert.

Einer der Gründe, warum »Kathena nui« und mir die Nonstopfahrt ohne seemännische Schwierigkeiten gelungen ist,

Einen Tag nach dem Überfall vor Anker der Sabah-Insel Tigabu. Nur zögernd waren wir nach dem Schrecken bereit, Kontakt mit den Malaien aufzunehmen.

war dieses genaue Timing der Jahreszeiten. Der südliche Sommer geht von Mitte November bis Mitte Februar, und um diese Zeit sollte man die berüchtigten Kaps runden. Stürme treten dann weniger häufig auf, aber dafür manchmal heftiger als im Winter.

Als ich aufbrach zur Reise um die drei Kaps, konnte ich mir bereits ausrechnen, daß ich das Kap der Guten Hoffnung zur richtigen Zeit erwischen würde (Ende November) und das Hoorn zu spät (März). Aber das war mir lieb, weil mir die Gewässer um die Südspitze Afrikas gefährlicher erschienen. Und noch ein Aspekt: In Nordeuropa wollte ich auf der Rückfahrt wegen der vernichtenden atlantischen Winterstürme nicht zu früh ankommen.

Ja, der Nonstoptörn war, vor allem, weil er von Kiel aus gestartet wurde, eine Route durch alle Wind- und Wettersysteme dieser Erde. Zunächst – es war schon Herbst, nachdem ich die Ostsee verlassen hatte – mußte ich gegen einen wechselnden und stürmischen Wind etwa bis zum 35. Breitengrad ansegeln. Dann kam das Gebiet der leichten, wechselnden Winde, die sogenannten »Roßbreiten«. Dort lagen

Ein gutes Jahr später kam uns eine Zeitungsnotiz in die Hand, die ich ins Logbuch klebte.

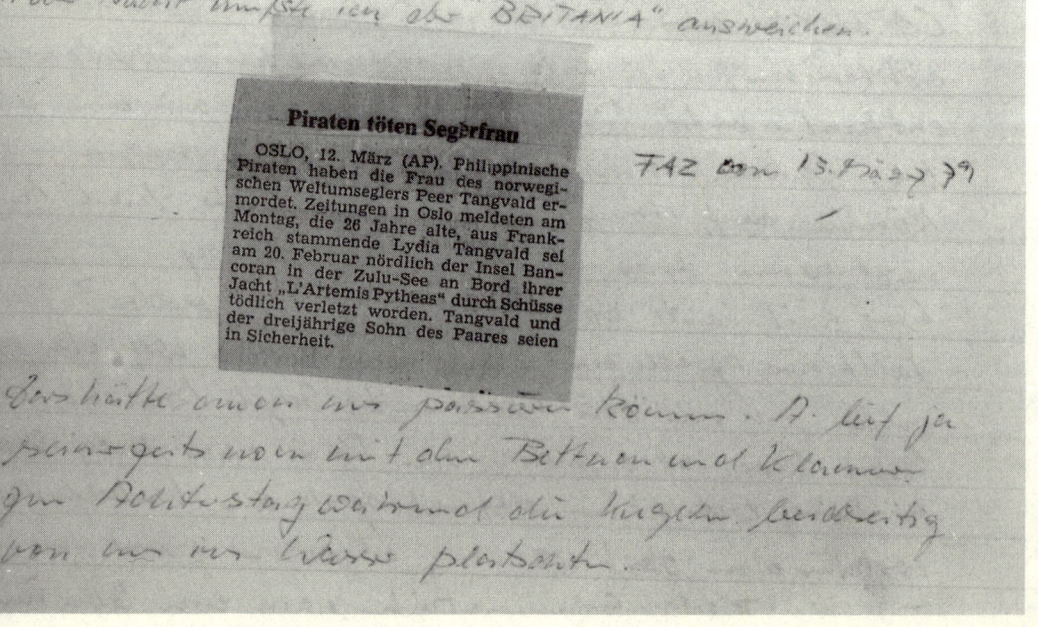

Piraten töten Seglerfrau

OSLO, 12. März (AP). Philippinische Piraten haben die Frau des norwegischen Weltumseglers Peer Tangvald ermordet. Zeitungen in Oslo meldeten am Montag, die 26 Jahre alte, aus Frankreich stammende Lydia Tangvald sei am 20. Februar nördlich der Insel Bancoran in der Zulu-See an Bord ihrer Jacht „L'Artemis Pytheas" durch Schüsse tödlich verletzt worden. Tangvald und der dreijährige Sohn des Paares seien in Sicherheit.

früher die Großsegler manchmal wochenlang still, und die für die neue Welt bestimmten Pferde mußten oft wegen Trinkwasser- und Futtermangel notgeschlachtet werden. Etwa vom 28. Breitengrad an ging es zügig voran. Der Passat trieb mich bis in die Doldrums, wo eine Zone mit ganz leichten, ständig umlaufenden Winden und vielen Regenschauern zu durchqueren war. Am Äquator setzte erneut der Passat ein, diesmal aus Südost. Auf eine weitere Flautenzone, die »Roßbreiten« des Südens, folgte um den 40. Breitengrad die Westwindwetterlage, das Gegenstück zu unseren Breiten. Nur, daß im Nordatlantik und auch im Nordpazifik die Westwinde leichter, veränderlicher sind und nicht so lange andauern. Dies erklärt sich durch das Vorhandensein großer Landmassen, die auf der südlichen Halbkugel völlig fehlen. Wer einen Blick in den Atlas wirft, wird das sofort erkennen. Hier entstehen auch die sogenannten Monsterseen, die Schiffe zerstören können. Da die See durch kein Land unterbrochen wird, türmen sich die Wellen zu schieren Ungeheuern auf.

Die Windjammerkapitäne bezeichneten diese Breiten denn auch zutreffend mit »roaring forties«, die »Brüllenden Vierziger«, und »screaming fifties«, die »Schreienden Fünfziger«. Diese Route, ganz gleich, mit was für einem Schiff, wird immer mühsam und gefährlich bleiben.

Die Weltumseglung über die klassische Passatwindroute – nämlich über Panama, nördlich Australien – ist bei weitem nicht so ein Kraftakt. Nur: Sie hat an Reiz eingebüßt. Viele Segler bewegen sich auf dieser Barfußroute. Doch wer sich aufmacht, sollte mindestens zwei bis drei Jahre einkalkulieren und sich ordentlich Zeit nehmen für die Inselarchipele des Südpazifiks. Sie und das Leben dort sind noch immer von besonderer Schönheit.

Für diejenigen, die eine unbändige »Sehnsucht Südsee« in sich tragen – und es sind nicht wenige –, schlage ich vor, sich in einen Flieger nach Neuseeland zu setzen und sich dort ein Segelschiff zu besorgen. Sie sind dort beträchtlich günstiger zu bekommen und auszurüsten als hierzulande, und man ist im Handumdrehen innerhalb der Fidschi-, Tonga-, Tuvalu-Inseln. Wir haben es 1976 so gemacht und zu keinem Zeitpunkt bereut.

Die hauptsächlichen Windsysteme für die Monate Januar bis März.
Vorherrschender Wind im südlichen Teil des Roten Meeres: SSE.

Die hauptsächlichen Windsysteme für die Monate April bis Juni. Sturm- und Regenzeit im westlichen Südpazifik endet im April.

Die hauptsächlichen Windsysteme für die Monate Juli bis September.
Vorherrschender Wind im Roten Meer: NNW

Die hauptsächlichen Windsysteme für die Monate Oktober bis Dezember.
Hurrikans in Westindien können noch im Oktober auftreten.

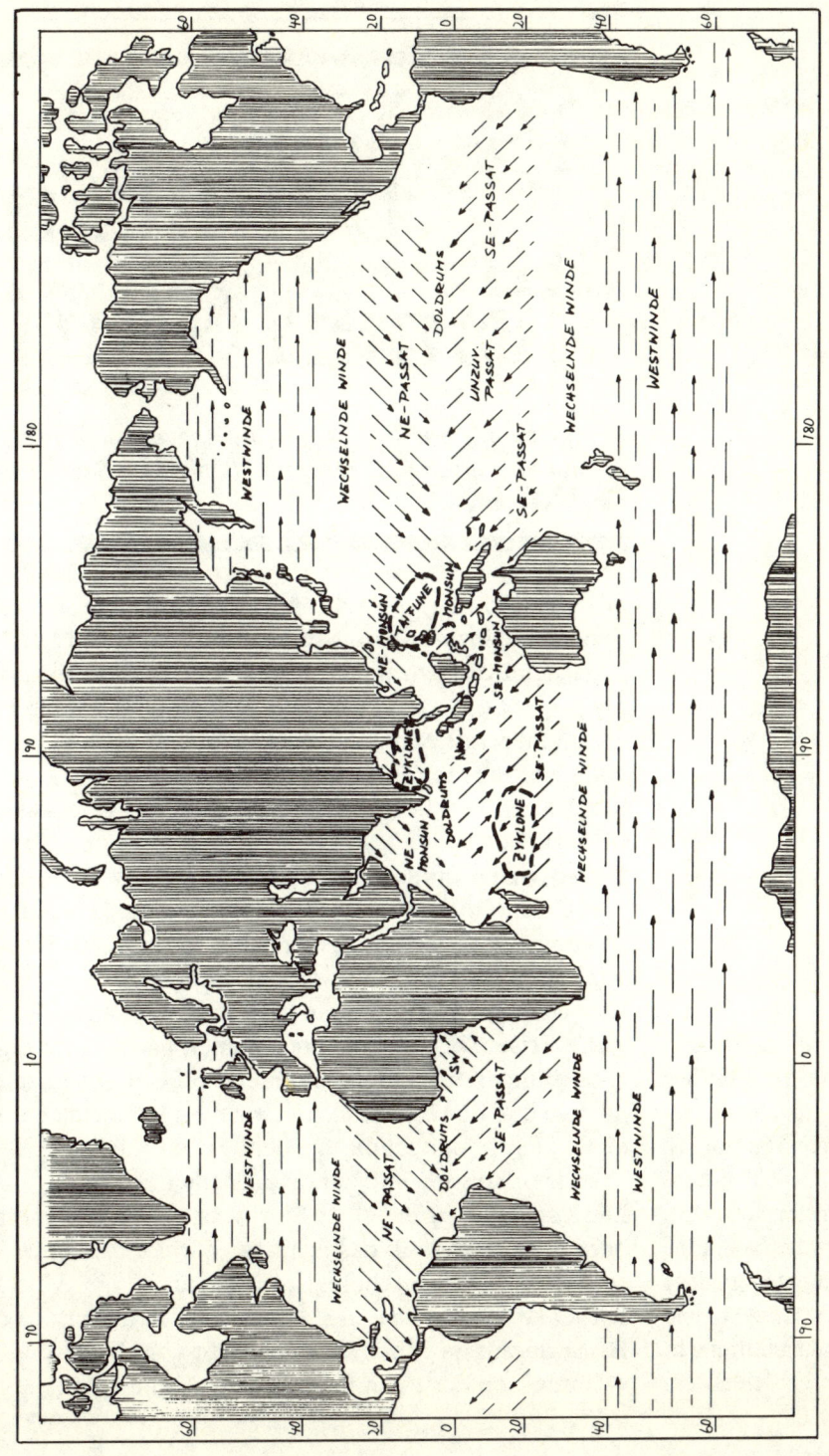

19 Vorbereitung auf einen Sturm

»Schnell entflogen die Schiffe, und mit einmal prasselte rauschend der Sturm und zerriß die flatternden Segel.« (Odyssee, 9. Gesang)

Die Bezeichnung »fürchterlicher Sturm« ist sehr unterschiedlich einzuordnen. Nehmen Vertrauen und Erfahrung zu, scheint die Anzahl der abgewetterten Stürme geringer. Steigt der Segler auf größere Schiffe um, nimmt die Furcht anscheinend ab. Schon öfters hörte ich auf unseren Passagen von unheimlichen Stürmen, die in unserer Nähe getobt haben sollen, von denen wir nach unserem Ermessen nichts bemerkt hatten.

Bei so vielen unterschiedlichen Stürmen, Wellen, Booten und Crews ist es unmöglich, einen zuverlässigen Ratschlag zu geben, wie man am besten in einem schweren Sturm davonkommt. Sieben Windstärken sind für ein kleines Segelboot richtiger Sturm, für ein etwa 16 Meter langes Boot eine steife Brise. Das beste ist noch immer, nach seinen eigenen Eingebungen zu handeln, basierend auf Gelesenem und Gehörtem und den bis dahin gesammelten Erfahrungen. Doch eines kann jeder schon vor dem Sturm tun: sich entsprechend vorbereiten und darauf einstellen.

Die Vorbereitung auf einen Sturm beginnt genaugenommen bereits beim Erwerb des Schiffes. Wirkt es auf mich hochseetüchtig, ist es psychologisch von Vorteil, gibt Vertrauen. Ich lenke mein Augenmerk immer gleich auf das Cockpit. Es ist darauf zu achten, daß es nicht von der Größe einer voluminösen Badewanne ist, daß die Abflußrohre der Plicht

Wenn Wind und See zunehmen, der Himmel bedrohlich aussieht und das Barometer stetig fällt, stürmt es bald. Eine Selbststeueranlage kann die Crew vor und nach dem Sturm sehr entlasten.

im Durchmesser nicht zu klein sind (normal 5 cm), möglichst keine Ventile aufzeigen, die den Durchmesser verengen, und keine Krümmungen im Rohr/Schlauch, in denen sich Luftblasen stauen und einkommende Seen nur sehr langsam abfließen können. Wichtig ist, daß Sturmseen, die das Cockpit füllen, schnellstens wieder draußen sind. Ein zu tief liegendes, schweres Heck kann zur Folge haben, daß sich die nächste hohe See wieder an Bord einfindet und dann, weil der Widerstand zu groß ist, Schaden anrichtet.

Zur Vorbereitung gehört auch, daß die Bodenbretter in der Kajüte sorgfältig verschraubt sind, überhaupt alle beweglichen Dinge in eigens dafür gebauten Vorrichtungen bruchsicher plaziert sind: Flaschen, Gläser, Geschirr, Taschenlampen, Messer. Bücher gehören dichtgequetscht in Borde mit soliden Schlingerleisten. Nichts ist nerviger als klappernde Gegenstände. Sie haben bei Unwetter schon manches Crewmitglied verzweifeln lassen. Und nichts macht nervöser, als wenn lose Dinge durch die Gegend katapultieren und eine Unordnung verursachen, die allein schon auf einen katastrophalen Sturm deutet. Für die Kojen sind Schlingerbretter oder Kojensegel anzufertigen. Schwere Gegenstände sind in ganz besonderen Halterungen festzuzurren. Die 12-Volt-Batterien beispielsweise. Einem Freund von mir hat eine solche Batterie im Sturm bei Portland Bill den GFK-Rumpf eingeschlagen und damit den anschließenden Schiffbruch mit verursacht.

Zur Vorbeugung gegen Sturmschäden gehört schließlich, daß Luken und Fenster des Schiffes stark sind. Bei »Kathena nui« ging ich außerordentlich vorsichtig vor. Luken waren aus Aluminium verschweißt und zum Klappen, damit sie dicht schlossen, Fenster aus dickem Acrylglas und relativ klein von außen aufgeschraubt. Mit den großen Fenstern auf der »Kathena 2« erlebten Astrid und ich einmal eine Situation, die lebensgefährlich war. Zwischen den Azoren und England hätte es uns beinahe erwischt. Astrid darüber in ihrem Tagebuch:

»6. April 1972 – Da geschah es. Plötzlich stand ich im Liegen auf der Bordwand. Ich sah, ich spürte, hörte nichts in diesem Augenblick. Als das Boot sich wieder aufrichtete, rauschte Wasser in der Kajüte, automatisch kletterte ich rasch vom

Lebenswichtige Dinge – Streichhölzer, Reis, Nudeln, Batterien – in Tupperbehältern lagern. Sie sind absolut wasserdicht, auch nach vielmaligem Öffnen.

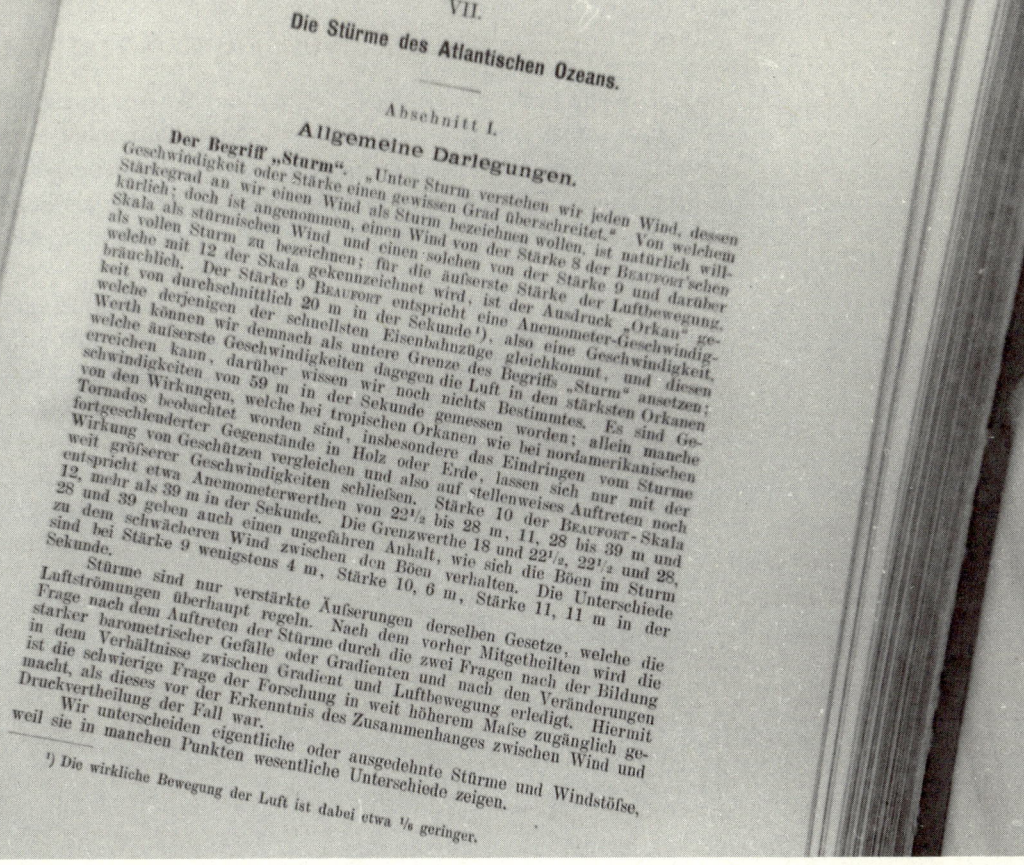

Ein Auszug aus dem Segelhandbuch des Jahres 1899. Mit dem Begriff Sturm wird viel Schindluder getrieben.

Vorschiff in die Kajüte. Blankes Entsetzen packte mich. Die kleine Petroleumfunzel war erloschen. Ich fühlte, daß ich bis übers Knie im Wasser stand. Alles schwamm. Die beiden Steuerbordfenster fehlten. Ich wußte mit den zwei finsteren, leeren Löchern in der Dunkelheit nichts anzufangen. Das erste, was ich tat: Ich schrie. ›Ich ertrinke!, Wilfried!, ich ertrinke!‹«

Daß wir mit dem schweren Stahlboot und eingeschlagenen Fenstern aus dem Orkan rausgekommen sind, ist ein kleines Wunder. Wäre eine zweite See unmittelbar gefolgt, sie hätte uns mit Sicherheit versenkt. Die Fenster der »Kathena 2« waren einfach viel zu groß, dazu mit Gummiprofilen einge- setzt, so daß die See sie ohne weiteres hat eindrücken kön- nen. Das Paradoxe: Es waren nicht die Luvfenster, die hatte ich vorsichtshalber von außen mit dem davorgezurrten Schlauchboot gesichert. Es waren die der Leeseite! Nicht

eine Welle hatte zugeschlagen, es war der Wasserdruck auf
das weit nach Lee überliegende Boot. Nun, das passiert mir
nicht noch einmal, dachte ich bei der Konstruktion der »Kathena nui«. Sie bekam zwar keine Schießscharten als Fenster, aber doch nicht so große wie normalerweise vorgesehen.

Vorbereitung auf den Sturm heißt ferner: auch kleine Segel
einpacken, bevor man zur großen oder kleinen Fahrt aufbricht! Und diese Schwerwettertücher muß man blind setzen können. Was ich damit meine, ist, vorher üben und sie
nicht zum ersten Mal aus dem Sack holen, wenn das Wetter
es erfordert. Hat man dann noch die entsprechende Wetterkleidung eingepackt, ist man bei schlechtem Wetter gewappnet, in das jeder, der sich häufiger aufs Meer begibt,
einmal gerät.

1972 hatte uns eine Sturmwelle in der Biskaya die beiden großen Fenster eingedrückt und damit beinahe versenkt.

Im übrigen denke ich: Moderne Segelboote sind seesicherer einzuordnen als die alten Verdrängertypen. Sie haben mehr Ballastanteil, mehr Auftrieb und Freibord und eine Rumpfform, die der See nicht so viel Widerstand bietet.

Vielleicht haben wir etwas Glück beim ersten Sturm. Er beginnt nicht in stockdunkler Nacht, und man ist der Küste nicht zu nah. Es ist selten, daß ein langanhaltender Sturm wie ein Blitz aus heiterem Himmel kommt. Was einen gelegentlich plötzlich überfällt, sind Sturmböen, die gefährlichste unter ihnen: die weiße Bö. Eine, die sich durch keine dunklen Wolkenbänke ankündigt, sondern bei strahlendem Wetter hereinbricht. Ihr ist nur mit Schnelligkeit beim Segelbergen zu begegnen.

Hat uns nicht der Wetterbericht über herannahende Unwetter informiert, haben wir ja noch das Barometer. Es kündigt auch Kaltfronten an: Bei 2 Millibar Druckabfall pro Stunde ist immer mit Sturm zu rechnen, und man kann sich an Bord darauf einrichten. Man hat noch Zeit, all die kleinen Dinge, die sich auf See in der Kajüte ansammeln, sorgfältig wegzustauen. Dazu gehören auch Kameras. (Ich wurde in den Ho-

Vorbereitung auf Sturm heißt rechtzeitig reffen, Sturmsegel und viele Bändsel zum Festzurren bereitlegen.

hen Breiten beinahe von einer fliegenden Nikonos erschlagen.) Ölzeug, Gummistiefel und Handtücher bereitlegen. Ich brauche immer jede Menge Handtücher, um der Feuchtigkeit zu begegnen, am Körper, auf den Kojen, überhaupt überall. Im Kampf gegen die Nässe, und ist das Boot noch so dicht, bleibt man meistens zweiter Sieger. Irgendwo findet das Seewasser immer einen Weg ins Innere. Erst mal durch die Niedergangsluke beim Ein- und Aussteigen, aber auch anderswo. Zwei Dinge, die ich bei Unwetter nicht mag, sind Unordnung und Feuchtigkeit.

Vorbereitung auf einen Sturm heißt endlich: ein sorgsamer Rundumblick an Deck. Nicht nur schnell eine Runde, sondern gewissenhaft sämtliche Fallen und Schoten kontrollieren. Schotholepunkte für die Sturmsegel markieren, falls dies noch nicht getan ist. Rettungsinsel, Spieren und andere Gegenstände prüfen, ob sie ausreichend gesichert sind. Der Anker ist dabei ganz wichtig. Der hat im Sturm schon wüste Dinge angerichtet. Zudem: Ankerklüse dichten, denn in einem Sturm über 30 Stunden kann sich viel – zu viel – Wasser in der Bilge ansammeln. Und dann, wovon ich nie genug habe, wenn's stürmt: Bändsel zurechtlegen zum Festzurren der gerefften Segeltücher, des Baums, des Spitzschutzverdecks. Ganz wichtig, daß man davon genügend an Bord hat – fertig auf Länge geschnitten! Im Cockpit deponiere ich Gummistropps für die Pinne. Sie darf im Sturm nicht starr mit Tauen gesichert werden, dabei könnte sie brechen.

Verklicker oder auch Windfähnchen an den Wanten und am Achterstag müssen immer eine dunkle Färbung haben: Schwarz, Dunkelblau, Dunkelrot zeichnen sich bei Nacht besser ab als helle Farben.

Sind alle Vorsichtsmaßnahmen getroffen, kann es eigentlich anfangen zu blasen. Der Schiffsstandort wird noch mal so genau wie möglich bestimmt und in die Seekarte eingetragen. Eintragungen ins Logbuch gemacht. Barometer weiter beobachtet. Manche kochen sich einen ordentlichen Topf Suppe im voraus, richten Tee in einer Thermoskanne an, packen sich Schokolade in die Ölzeugtaschen. Ich tue nichts dergleichen. Wenn der Luftdruck auf Sturm zeigt, schmeckt mir nichts. In mir ist ein Block. Schlimmer, als wenn es – endlich – stürmt. Kurz vorher, wenn alles getan ist, kann ich weder lesen, schlafen, noch ruhen. Den Wind, das Meer, den Luftdruck beobachten, sind meine einzigen Tätigkeiten. Dem Luftdruck gilt mein großes Interesse. Stündlich notiere ich gewissenhaft den Barometerstand.

Ich bin furchtbar nervös und gereizt, bevor der Wind zu heulen beginnt. Auch damals während der »Kathena faa«-Fahrt, da ist nichts Routine bei mir. Zusammen mit Astrid und Kym an Bord konnte ich meine Unruhe oftmals nicht zeigen, das ging so weit, daß ich Magenbeschwerden bekam.

Eine gewisse Abgeklärtheit in dieser Hinsicht entwickelte ich in dem Seestück zwischen Macquarie und Kap Hoorn. Da hatte ich Wochen mit drei und vier Kaltfronten. Also in so rascher Folge, daß da keine Zeit war, sich Sorgen zu machen. Geht's dann endlich los, löst sich in mir der Knoten, die Verkrampfung läßt nach. Ich habe Aufgaben, die mich in Anspruch nehmen. Ich muß oft an Deck zum Reffen, um den Kurs zu korrigieren, oder gar ganz draußen bleiben, um die Pinne zu führen. Dann bin ich in meinem Element.

20 Sturm-taktik: Kampf mit den Wellen

»Wie, Sie sind nicht durchgekentert? Damals der Soundso, der ist mehrfach durchgekentert – das war ein Kerl!« (Bemerkung anläßlich einer Podiumsdiskussion)

»Gegessen hab ich auch noch nichts. Das heißt, ein paar Löffel Müsli. Nur kalt. Kann mich nicht aufraffen. Mein Geist möchte, aber der Körper will nicht. Zwei Nächte hintereinander an Deck plus diese angespannte Lage hier am Kap scheinen ihn zu fordern. Ja, das Kap der Guten Hoffnung. Das dritte Mal bin ich hier unten, mit eigenen Schiffen, und trotzdem bin ich unsicher. Unsicher, wie ich die Stürme nehmen soll.«

Vorgenommen hatte ich mir beim Aufbruch zu diesem Extremtörn, die Stürme unter Segel, wenn auch Minifetzen, abzuwettern. Also Fahrt um jeden Preis zu machen, mit den Wellen zu kämpfen und nicht passiv zu verharren, die Elemente um mich herum gewähren zu lassen. Doch der Auszug aus meinen fast täglich gemachten Tonbandaufzeichnungen verdeutlicht: Angesichts eines richtigen Sturmes mit Brechern waren alle Vorsätze schnell dahin. Müdigkeit, Hunger, Nässe und das Gedröhne in der Takelage ließen Zweifel an allen Entscheidungen aufkommen. Schließlich war kein Quadratmeter Segel gesetzt. Der Wind dort unten hatte andere Töne. Der Ausdruck »roaring forties« ist kein Seemannsgarn, ich hörte tatsächlich ein langgezogenes

Die Höhe einer Welle mag furchterregend sein, aber wirklich gefährlich ist der Schaumstreifen ihrer Kämme. Dieser südlich des 50. Breitengrades hat mit Sicherheit sechs Meter Höhe.

Brüllen. Typisch für diese Breiten und anders als in allen Ecken der Erde, wo ich gewesen bin.

Hinzu kam: Das Gebiet weit südlich des Kaps der Guten Hoffnung ist besonders gefürchtet. Hier passieren die meisten Havarien, weil das Meer unberechenbar bleibt. Ein warmer äquatorialer Meeresstrom prallt auf den kalten antarktischen und läßt dadurch die Wetterbedingungen entstehen, die dramatischer sind als in den Tropen innerhalb eines ganzen Jahres. Rasch aufeinanderfolgende Stürme aus verschiedenen Windrichtungen bauen eine steile, chaotische See auf. Kreuzseen, in denen kein Segler sein Schiff allein mit theoretischen Kenntnissen manövrieren oder sich auf eine vorgeplante Taktik stützen sollte. Wind 8 heißt hier schon: brechende Wellen mit tief abfallenden Schaumstreifen und Wellenhöhen um acht Meter. Daher Augen auf, beobachten, abwägen, sich auf die Situation einstellen! Erfahrung ist sicher nützlich, doch jeder Schiffstyp wird sich anders verhalten, eine andere Taktik erfordern.

Nach einem 68-Knoten-Sturm rundete ich mit der ersten »Kathena« gemütlich das Kap der Guten Hoffnung.

Als ich mich 1966 mit meinem ersten Boot aufs Meer
stürzte, hatte ich nur theoretisches Wissen und bekam auch
gleich zu Beginn praktisch ordentlich eines auf den Hut:
einen richtigen Sturm im Atlantik mit Windstärke 9 aus
West. Es war nach der Straße von Gibraltar auch der erste
langanhaltende Sturm. Ich brachte übers Heck einen Treibanker aus und ließ das Boot ohne Segel treiben. Dabei kam
es gelegentlich quer zu den Wellen, was gefährlich aussah,
aber außer brechenden Seen über den Aufbauten geschah
nichts. Später steuerte ich in Stürmen meistens per Hand,
nahm dabei die Seen immer zwei bis drei Strich von achtern.
Meinen schlimmsten Sturm bei den Azoren damals wetterte
ich wieder ausschließlich vor Treibanker ab – ich hatte
Angst, im Cockpit zu hocken und zu steuern. Der Druck auf
den Treibanker während dieses Unwetters muß enorm gewesen sein, denn das dicke Canvastuch des eineinhalb Meter langen Trichters war am Ende total durchlöchert. In
einem weiteren Azorensturm – Sturm? Orkan!, es war im-
merhin Anfang April! – stieg eine See von ungewöhnlicher
Stärke an Bord. Sie riß die Schutzbekleidung im Cockpit ab,
brach Türen aus den Angeln und überflutete die Kajüte. Ich
vermochte »Kathena« trotz ausgebrachter Trossen und
Treibanker, um die Fahrt zu bremsen, nicht vor dem Wind
zu halten. Vielleicht hatte ich mit den Schleppgegenständen
einfach zu wenig Fahrtgeschwindigkeit im Boot, bot den
herantobenden Wellen zuviel Widerstand. Aber daß es so
gemacht werden sollte, stand in allen Büchern: Boote dieser
Größe wettern Stürme, falls Seeraum vorhanden, mit
Schleppankern ab. Basta! Erst als ich im Laufe des Orkans
alle Trossen und Treibanker durch Schamfilen verloren
hatte, merkte ich, daß es auch ohne recht gutging. Das Boot
war steuerfähiger, und keine Seen füllten mehr das Cockpit,
obwohl es unvermindert weiter stürmte. Seitdem gehört ein
Treibanker für mich ins Museum.

Selbst in unseren schwersten Stürmen der nachfolgenden
Reisen (Neuseeland, Biskaya Anfang 72 und Taifun Kim)
lenzten wir vor Topp und Takel, ohne irgendwelche Gegenstände auszubringen. Auf freiem Seeraum hielten wir das
Heck wiederum, wie ich es bei »Kathena 1« gemacht hatte,
zum Wind. Das Boot hob sich ohne Halt (Bremskraft) bes-

**Segler sehen meistens
in Meilen ihre Stärke.
Trotzdem: im Zweifel
nie zuviel Segelfläche,
aber auch selten zu
wenig tragen.**

**Segler, die Stürme auf
dem Meer mit
Motorkraft abwettern,
sind dumm. Entweder
vor Topp und Takel
treiben und die
laufenden Seen raum
nehmen oder aber mit
einer Ministurmfock
vor dem Sturm
ablaufen.**

ser und leichter über die Wellen, und es kam nicht so viel Wasser an Deck wie sonst.

Das schreibt sich jetzt so leicht dahin. Aber es waren jedesmal harte, nasse Tag- und Nachtwachen. Mit aufgeweichten Händen an der Pinne sitzen, um unbedingt Kurs zu halten, bei 5 Knoten Fahrt ohne Segel nur durch den Winddruck aufs Rigg. Begleitet von dem Gedanken: Wir dürfen auf keinen Fall quer kommen!, denn darin liegt die Gefahr des Kenterns. Und kentern kann Bruch bedeuten, das Ende der Reise, das Aus.

In der Nähe der Küste kam ich glücklicherweise nie in stürmische Bedrängnis. Entweder blies es nur kurz, oder der Sturm war ablandig oder, wie bei den Mistralstürmen im Mittelmeer – mein Boot von einer Größe, die das Freisegeln möglich machte.

Das waren die Erkenntnisse und Erfahrungen, die ich bis zum Aufbruch mit »Kathena nui« gemacht hatte. Mit diesem Kurzkieler wollte ich, wie erwähnt, die Stürme segelnd abwettern. Der See aktiv begegnen. Die Idee dieser Sturmtaktik ist nicht von mir, Regattasegler machen das auch. Ich habe davon gehört, davon gelesen. Nur, diese Schiffe sind größer, und die Crew ist zahlreich, was dieser Taktik entgegenkommt. Zunächst experimentierte ich mit der brandneuen »Kathena nui« im Skagerrak und englischem Kanal. Mit Beidrehen, Treibenlassen und Ablaufen vor Topp und Takel. In diesen üblichen Situationen verhielt sich mein neues Boot tadellos. In der Kap-Region probierte ich bei schwerem Wetter eine neue Technik aus: mit Sturmsegeln gegen Wind und Wellen. Das Schiff machte gute Fahrt, vibrierte aber wahnsinnig und hämmerte heftig mit dem Bug in die See. Das Material war fast zu sehr beansprucht – und ich auch. Ich hatte von dieser Methode gelesen, merkte aber, daß gerade bezüglich Sturmtaktik viel Unsinn verbreitet wird. Wer einmal einen Ozean überquert hat, sollte sich eigentlich nicht hinreißen lassen, jahrzehntelange Ansichten einfach als überholt hinzustellen – und seine zu preisen. Ich gab das Gegenansegeln – also die Brecher mit dem Bug zu nehmen – recht schnell auf. Letztlich stellte ich fest: Egal, wie hoch und lang die Seen liefen, mein Boot verhält sich am besten, wenn es mit raumem Wind unter Segel abläuft. Daß ich dabei Umwege fah-

254   Stürme im östlichen Theile des Südatlantischen Ozeans.

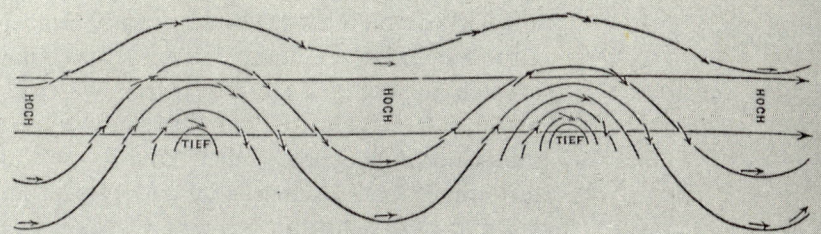

Einfluss der Meeresströmungen. Bezüglich der geographischen Vertheilung der Stürme in der Umgebung des Kaps ist der bereits früher vom holländischen Institute hervorgehobene Einfluss der Nachbarschaft kalter und warmer Strömungen auf die Ausbildung der Stürme von besonderem Interesse. „Wenn man,“ sagt Toynbee, „eine gerade Linie längs der Südostküste von Afrika zieht und sie südwestwärts verlängert, so werden die meisten schweren Stürme in ihrer Nähe angetroffen. Nach der Karte der Strömungen und Wassertemperaturen folgt diese Linie dem Laufe des Agulhasstromes, durch den eine grofse Masse warmen Wassers aus dem Indischen Ozean mit dem kalten Wasser auf der Agulhasbank und südlich davon in nahe Berührung gebracht wird. Dadurch wird hier ein Unterschied von 15° bis 20° in den Wasser- und ein entsprechender Unterschied auch in den Lufttemperaturen bedingt. Es ist gewifs, dafs in dieser Region starke Kondensationen von Wasserdampf vorkommen müssen, und es erscheint gestattet, vorauszusetzen, dafs die Häufigkeit und Stärke der Stürme theilweise diesem Umstande zuzuschreiben ist.“

X.
Die Stürme des Atlantischen Ozeans.
Dritte Fortsetzung.

Abschnitt VII.
Stürme im östlichen Theile des Südatlantischen Ozeans.

Stürme beim Kap der guten Hoffnung nach Toynbee. Stürme von gröfserer Ausdehnung und Dauer kommen erst südlich von 30° S, in der Umgebung des Kap der guten Hoffnung vor.
Die neueste umfassende, hier zu Grunde gelegte Untersuchung verdanken wir dem Londoner Meteorologischen Amte; es ist: Kapt. H. Toynbee, Report on the Gales experienced in the Ocean district adjacent to the Cape of Good Hope (between lat. 30° and 50° S and long. 10° and 40° E). London 1882.

Gewöhnlicher Verlauf. Weitaus die Mehrzahl der Stürme in diesem Meerestheile weht aus westlicher Richtung und hat folgenden Verlauf: mit fallendem Barometer tritt nördlicher Wind ein, welcher nach NW umläuft und stark oder stürmisch wird und so nach W und, mit steigendem Barometer, nach SW, ausnahmsweise bis S, ausschiefst. In Süd flaut er ab und dreht nach W und NW zurück, wobei das Barometer wieder zu fallen beginnt. Da auf der südlichen Halbkugel der Wind den niedrigen Luftdruck rechts von sich hat — in der Richtung, wohin er weht, gesehen —, so ist für das geschilderte Verhalten des Windes erforderlich, dafs der Luftdruck im Süden anhaltend niedriger bleibe als im Norden, wie dieses auch durch die Thatsachen bestätigt wird. Es sind also die Windsysteme, denen diese Stürme angehören, keine allseitig ausgebildeten Wirbel, sondern in noch höherem Grade als im Nordatlantischen Ozean in gleichen Breiten ostwärts wandernde, nach Süden geneigte Rinnen niederen Luftdrucks mit dazwischenliegenden, ebenfalls

Mein altes Segelhandbuch aus dem Jahre 1899 informiert weitaus ausführlicher als die heute erhältlichen. Das Wesentliche habe ich unterstrichen.

ren mußte, war nicht zu ändern. Ein Erlebnis, das ich auf Tonband festgehalten habe, drückt dies sehr genau aus: »Vor zwei Tagen hatte ich Sturm, Wind 8, in Böen 9, Wind aus Südwest bis West-Südwest, etwa 30 Grad achterlich. Ich hatte immer kürzer, immer kürzer gerefft, zum Schluß hatte ich stehen: ganz durchgerefftes Groß, waren also 7 Quadratmeter und die gereffte Fock, das sind 4. Also rund 12 Quadratmeter habe ich geschätzt. Und das war einfach zuviel, fast immer bis 9 Knoten, aber andererseits lag das Boot so gut, nicht ein Schwupp Wasser an Deck, weder von seitlich noch vom Heck.

Ich habe die Seen so 20, später sogar 30 Grad achterlich genommen, von Steuerbord. Das war Wahnsinn, ich hatte zwar alle Schotten dicht – ich dachte, irgendeine Welle müßte reinkommen. Nichts – höchstens Spritzer. Ich war natürlich davon beeindruckt. Habe wenig geschlafen, guckte immer wieder rum, da muß doch irgendwas zu tun sein. Die ganzen Reffvorgänge wurden natürlich alle in der Nacht getätigt – wie das immer so ist.«

Mein Großsegel mit drei Reffreihen hatte ich so gut im Griff, daß ich fürs Reffen normalerweise 3 Minuten brauchte.

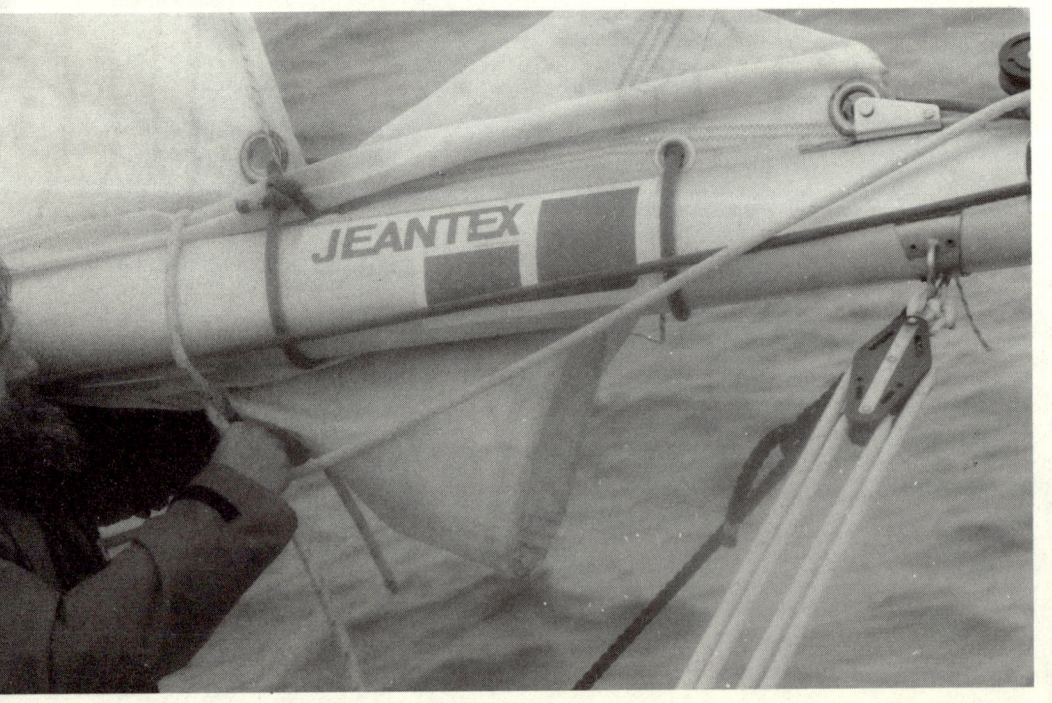

Das blieb meine Sturmtaktik: Rumpfgeschwindigkeit fahren, kleine, verteilte Segelflächen führen. Das Boot ist dabei steuerfähig. Es hob in den heranrauschenden Wellen schön das Heck, und der Bug tauchte nie gefährlich weg. Beides hatte ich vor dem Erreichen der Brüllenden Vierziger fast leergeräumt, um diesen Sektionen des Schiffes mehr Auftrieb zu geben. Durch das leichte Gesamtgewicht des Bootes nahm »Kathena nui« schnell Fahrt auf und somit den Brechern einen Teil der Kraft.

Selbst die schlimmsten Stürme wetterte ich unter Segel ab. Ich lief vor dem Sturmwind ab und erreichte dabei im Surf 15 Knoten.

Die normalen Stürme, das sind so Windstärken um 8, wetterte ich meistens in der Kajüte ab. Natürlich nicht im Liegen, sondern eingepackt in Ölzeug und Gummistiefeln am Niedergang stehend, beobachtete ich Meer und Wind durch die vielen Fenster ringsum, immer bereit für den Sprung an Deck. Selbstverständlich waren zu solchen Zeitpunkten die

Sturm vor Kap Hoorn:
Die Windfahne von
Hagelschauern vereist
und außer Betrieb. Ich
an der Pinne mit Blick
zu den Seen.

Segel durchgerefft, das Groß hatte ein drittes Reff, und die Sturmfock war gesetzt.

Ab Wind 9 – das richtete sich auch nach dem Seegang – mußte ich dann an Deck, um das Trysegel zu setzen und die Sturmfock zu reffen, ganz gleich, ob achterlicher, raumer oder halber Wind einfiel. Und vor allem mußte ich nun an Deck bleiben und das Boot von Hand steuern. Auf keinen Fall darf ein Boot quer zu den Sturmseen kommen. Zum Glück waren diese heftigen Sturmperioden nicht von unendlicher Dauer. Die eine Hand um die dicke Pinne gekrampft, mit der anderen die Winsch umklammert und eingehüllt von Gischt, ging ich konzentriert meiner Aufgabe nach.

Die Wellen der Hohen Breiten schoben, trieben, drehten und stießen »Kathena nui« erbärmlich. Sie kamen kraftvoll angerollt, und nicht immer blieben sie berechenbar. Hier entstand eine Lücke, dort schluckten sich zwei Türme, andere fielen plötzlich zusammen, so daß sich ein Loch bildete. Alles das erforderte rasche Reaktionen und die Kunst, Wellen zu »lesen«, aus ihnen herauszulesen, was sie im nächsten Moment vorhaben – um ihnen dann mit entsprechendem Ruderlegen zu begegnen.

Drehte der Wind zu zügig – zum Beispiel von Nordwest über West auf Südwest –, entstand eine furchterregende See, wo-

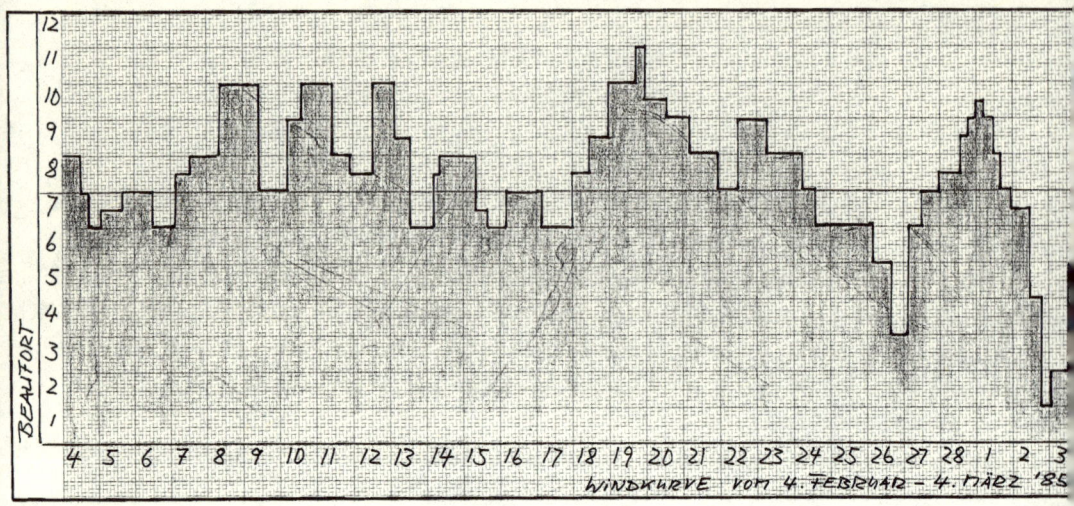

WINDKURVE VOM 4. FEBRUAR – 4. MÄRZ '85

Windstärken, die ich südlich des 52. Breitengrads im Pazifik erlebte. An 15 von 29 Tagen war Sturm.

bei meine Aufgabe darin bestand, den höchsten Wellen nach bewährtem Prinzip auszuweichen. Ich fuhr in solchen Situationen einen Zickzackkurs und bin gelegentlich auch quergeschlagen. Die Segel killten oder standen back, es traf uns zum Glück keine zweite irrsinnig hohe Welle, die uns hätte zum Kentern bringen können. Sturmseen sind erst wirklich gefährlich, wenn die Schaumstreifen ihrer Kämme zwei Meter Höhe erreichen und schroff wie Felskanten abfallen. Das war auch die Sorte, die ich am wenigsten schätzte.

Ich war nicht nur physisch gefordert, stundenlang mußte ich mich konzentrieren, stundenlang spekulieren, insbesondere bei Dunkelheit. Von wo kommt die Welle, wie steuere ich sie aus, wann kommt die nächste? Wer diese Kombination im Sturm beherrscht, wird immer der bessere Taktiker sein. Die Stunden im Cockpit, naß und durchgefroren, machten mich stark. Ich gewann an Selbstvertrauen. Ich hatte eine kluge Taktik gewählt.

Mit der Dauer der Reise segelte ich mich förmlich, trotz der Härte der antarktischen Breiten, in einen Rausch hinein. Es war, nachdem ich die Hälfte der Reise gepackt hatte. Es lag am Vertrauen zum Boot und zu mir, ich wußte, was ich uns zumuten konnte. Wie es dann so ist, ich wurde immer mutiger. Die Folge: Ich ließ zuviel Segel stehen oder setzte sie zu zeitig nach einem Sturm. Eine solche Situation habe ich auf Band festgehalten:

»Hab' ich mich eben erschrocken! Guck' gerade noch durch die Luke raus, nämlich jetzt, morgens acht Uhr. Guck' raus, och, denk' ich, Wind 7, machen so 5 Knoten, 5 ½, auch oft 6, ist ja herrlich, mit dem Try und dem Sturmklüver, ausgebaumt. Und will die Luke richtig zumachen, mit den Bändern, da schießt das Boot auf einmal los, ich mußte mich richtig festhalten, so katapultierte es nach vorne. 14 Knoten auf der Anzeige, 14 Knoten!«

Der Teufel ritt mich, ich trieb »Kathena nui« mit reichlich Segeln voran. Das Log surrte oft bis zum Anschlag (15 Knoten) und blieb dort lange Sekunden. Das Kielwasser rauschte wie die Hecksee eines Schnellbootes. Die Brecher drückten, wenn ich an der Pinne steuerte, das Boot nicht quer. Es lief auch in den Surfpartien nicht aus dem Ruder.

Kurz vor Kap Hoorn wäre es dann beinahe passiert. Wieder trug »Kathena nui« zu viel Tuch, aber ich wollte das berühmte Kap unbedingt bei Tageslicht erwischen, und das wäre an dem Tag nur möglich gewesen, wenn ich volle Pulle drauf zuhielt – und dabei wären wir beinahe koppheister gegangen.

»Kathena nui« ist im Surf über einen Wellenkamm hinausgeschossen. Man kann sagen, hat einen Kopfsprung ins Leere – ins Wellental gemacht. Der Aufprall geschah mit solcher Wucht, daß ich zunächst dachte, das Boot samt Rigg fiele auseinander. Es sind dann auch eine Reihe von Schäden entstanden. Die Niedergangsluke wurde aufgeschleudert und ließ das überschäumende Meer ungehindert in die Kajüte strömen. Im Nu stand das Wasser über den Bodenbrettern. An Deck ein Chaos: Tauwerk, killende Segel und losgerissene Beschläge. Ein Relingstützen verbogen (vom Aufprall auf die See), Windfahne abgebrochen.

Am Ende habe ich das Kap Hoorn nicht gesehen – es bei Dunkelheit passiert. Und: Es war auch das Ende meines langanhaltenden Surfsegelns.

21 Angst machen – Furcht haben

»Je mehr Angst man hat, desto unsicherer ist man in all seinem Tun. Angstvolles Verhalten kann sich körperlich in erhöhter Puls- und Atmungsrate bei gesteigertem Blutdruck und vor allem in Schweißabsonderung äußern. Gleichzeitig können auch parasympathische Reaktionen wie Durchfall und Erbrechen auftreten.« (Dr. Hannes Lindemann, Arzt und Faltbootfahrer)

»Wie kann man mit so viel Angst im Bauch um die Welt segeln?« Ein Segler aus Hamburg zu meinen Ängsten, die ich nach der Fahrt offen zugab. Gerade für diese Segler, für die Weltumsegeln seit jeher ein Synonym für Stärke und Härte, Rauheit und Draufgängertum war, ist der Gedanke an Schwäche, an einen seelischen Hintergrund körperlicher Beschwerden höchst widerwärtig.

Sicherlich gehört die Angst naturgemäß zum Menschen, und vor dem, der sagt, daß er niemals Angst habe, muß man wohl Angst haben.

Autogenes Training ist ein Weg zur Entspannung, mit dem man bei psychischen Störungen bemerkenswerte Erfolge erzielt. Ich hatte denn auch ein Buch zu diesem Thema mit auf die Fahrt genommen: »Überleben im Streß«. Hannes Lindemann macht darin in verständlicher Sprache und anhand überzeugender Beispiele klar, wie es durch autogenes Training gelingen kann, sich völlig zu entspannen. Ich wollte damit meine sonst willentlich unbeeinflußbaren Funktionen, wie etwa Durchblutung bestimmter Körperregionen, steu-

Es war nicht nur die Angst vor den Elementen. Es war auch, und womöglich schwieriger, die Angst vor der Zeit, die vor mir lag.

ern. Ich wußte, mit formelhafter Vorsatzbildung wie »ich schaffe es« oder »Kurs Ost«, lassen sich einige Verhaltensweisen oder sogar ängstliche Reaktionen in bestimmten Situationen beherrschen. Mit dem Lindemann-Buch wollte ich nun einmal aufgrund meiner bisherigen Erfahrungen meine körperlichen und seelischen Reaktionsweisen günstig beeinflussen.

Ich fing also Monate zuvor an, mir optimistische Formeln einzubleuen: Ich bin es, der dies bewältigen kann. Nur ich bin es, der es hierzulande nonstop schaffen kann. Mit der Fahrt hängst du dann alle deutschen Fahrtensegler ab.

Auch die anfängliche Idee für den Namen des Bootes hing ganz klar mit dem Buch zusammen: Es sollte »Kathena & Ich« heißen, mir Stärke einschärfen von Anfang an und unterwegs, jeden Tag, wenn ich eine neue Logbuchseite mit »Kathena & Ich« beginnen würde. Und ich wollte auch nur ablegen zu der großen Fahrt, wenn ich überzeugt war, daß mir das Unternehmen gelingt. Also mit total positivem Denken. Nur, es kam dann ganz anders. In jeder Beziehung. Große Schwierigkeiten beim Bau des Bootes ließen mein anfängliches tägliches autogenes Training, meine Selbstsuggestion bald bröckeln. Die aufreibenden Tage in der Werft benötigten meine ganze Kraft. Der Rumpf wurde und wurde nicht fertig, und ich wollte unbedingt im selben Jahr aufbrechen. Schlimmer noch: Ich war überzeugt, daß es mir nur in diesem Jahr gelingen würde, Mut und Begeisterung aufzubringen. Ein Jahr des Wartens, des Abwägens wollte ich auf keinen Fall einlegen. Also arbeitete ich auf der Werft mit, Tag um Tag bis in die späte Nacht, um mein Vorhaben voranzutreiben. Abends und morgens war ich zu müde, um überhaupt auf das Buch zu bauen, meine Vorsätze weiter zu festigen. Tagsüber mit den Problemen des Baus im Kopf, vergaß ich es am Ende sogar.

So legte ich dann ab, nur: Ich war zwar toll bei Kräften, hatte mich auch technisch und navigatorisch sorgfältig für 300 geplante Tage durch die schlimmsten Seegebiete unseres Erdballs vorbereitet, jedoch psychisch nahezu ein Wrack. Die seemännische Vorbereitung, die Neugier auf Unbekanntes reichten plötzlich nicht. Unklare Vorstellungen, vermischt mit einem Gefühl unendlicher Schwere, erdrückten mich.

Beklommen segelte ich während der ersten Tage durch die Ostsee. Mut, Enthusiasmus und Kraft sackten völlig ab. Während dieser ersten beiden Wochen war ich in den engen Gewässern ständig in Bewegung, es war an Kräftesammeln durch autogenes Training nicht zu denken. Total übermüdet – das Schlafdefizit wurde unerträglich groß –, stand ich dieses Seestück durch. Natürlich war mir schon vor der Abfahrt bewußt, daß die ersten Meilen bis zum Erreichen des offenen Atlantiks zu den schwierigsten der gesamten Fahrt gehören würden.

Psychisch verkrampft, erreichte ich die Biskaya. Es war der 17. Tag. Überglücklich feierte ich das Ereignis mit viel Rotwein. Das Wetter blieb schön, die Winde günstig. Die Freude gewann Oberhand, ja, regelrechter Optimismus machte sich breit. Ich war gut beieinander, und das Buch über autogenes Training kam mir kaum in den Sinn. Dieses Training durchzuhalten verlangt auch sehr viel Selbstüberwindung. Mein Optimismus steigerte sich ohnedies bis in den Passat hinein; kein Wunder: bei den Meilen, die sich phantastisch leicht absegeln ließen. Es war der Zeitpunkt, wo ich überhaupt nicht an meinem Unternehmen zweifelte. Mein »unmögliches« Abenteuer« lief und lief. Es schmeckte mir, ich beherrschte das Boot, meine Umgebung war richtig gewählt.

Jedoch: Mit dem Erreichen des 40. Breitengrades stellte sich bei mir eine Angst ein, mit der ich nicht gerechnet hatte. Bedingt zum Teil durch Lesen in Reisebeschreibungen, die ich mitführte. Was ist darin nicht alles passiert: Schiffe durchgekentert und entmastet, Ruderanlagen von der See zerschlagen, Kajütaufbauten eingedrückt und Leute über Bord gespült. Das ermunterte mich nicht. Auch ein Segelhandbuch aus dem Jahre 1899 tat es nicht. Es informiert ausführlicher als die heutzutage erhältlichen, aber erschreckende Beispiele aus der Windjammerzeit sind darin aufgeführt. Daß diese Mannschaften in den Orkanen ihre großen Segler manchmal nicht im Griff hatten, verunsicherte mich, und auch die vielen Eisberge, die sie sichteten, bestärkten mich nicht. Ich wollte ja den gleichen Kursen folgen. Ich konnte mich diesen Beschreibungen nicht entziehen, wieder und wieder blätterte ich darin, um Details zu erfahren und

Gefährlich an Bord ist die Angst. Ihre lähmende Wirkung ist ein Kurzschluß der Phantasie. Aber solange die Phantasie keine Zeit hat, kann sich der Kurzschluß nicht einstellen. Folglich in solchen Situationen sich und die Crew beschäftigen und unterhalten.

wie jene Seeleute letztlich mit Wind und Wetter fertig geworden sind. Es stellten sich bei mir Beklemmungen ein, die zu vielen Beschwernissen führten. Sie setzten sich fort Tag um Tag, obschon ich immer glaubte, morgen hast du sie abgeschüttelt. Meine wachsende Angst wurde zur Gefahr. Ich konnte sie nicht klar definieren. War es nun Angst vor den Elementen oder die rationale Sorge, Bruch zu machen mit Rigg und Segel? Die Angst hing über mir wie etwas Unbestimmtes. Sie drückte sich in Fieber und Durchfall aus. Nervös und unruhig segelte ich durch diese Tage, 500 Meilen südlich des Kaps der Guten Hoffnung. Hoffnungslos. Ich hatte nicht mal die einfachsten und unbedingt notwendigen Dinge im Griff: rechtzeitig Segel zu reffen oder wieder zu setzen, ein vernünftiges Essen zu kochen, mir Medikamente aus meiner Medizinkiste zu verabreichen. Selbst ein gutes Buch schmeckte nicht. Kopfweh und körperliche Schmerzen quälten mich. Ich saß auf dem Kajütboden und war zerstört, wollte weder innen noch außen horchen. Die Angst machte mir begreiflich, daß es unablässig dem Ende zugeht. Das Leben als Galgenfrist. Dazu über Tage hinweg ein enger, dunkler Horizont, weit und breit keine Schiffahrtsrou-

Auf meinem Kap-Kurs befanden sich keine bewohnten Inseln, keine Schiffahrtsrouten. Da gab es nur das Meer, Vögel, mein Boot und ich.

ten, keine bewohnten Inseln. Ich mußte ununterbrochen Wasser lassen, obschon ich sehr wenig getrunken hatte. Ich wollte, dem inneren Drang folgend, flüchten. Nur: wohin?

Unter dem Druck der Gefahr – denn die Kap-Region ist kein Seegebiet, in dem man sich gehenlassen kann – wuchs die Intensität des Nachdenkens, des Suchens nach einem Ausweg, denn mit aller Schärfe war mir auch bewußt, daß es so nicht weitergehen konnte. Diese Kräfte machte ich mir zunutze. Ich wollte nicht in meiner selbstgewählten Ängstlichkeit ersticken. Ich notierte im Logbuch: »Ich hasse mich wegen meiner Ängstlichkeit.«

Lesen: Bücher mit angenehmen Themen helfen, die emotionale Instabilität zu dämpfen.

Um meiner Angst Herr zu werden, suchte ich mir Tätigkeiten. In den Kapstürmen hatte ich festgestellt, daß mein Boot sich am besten verhält, wenn es Segel trägt, also die Stürme vor dem Wind absegelt. Da meine Original-Sturmfock noch zu groß war, nähte ich mir eine Ministurmfock mit der Hand, auf dem Kajütboden sitzend. Dann wollte ich versuchen, regelmäßig zu schlafen, um auf diese Weise meine aufgeriebenen Nerven zu beruhigen, denn in meinem Kopf war zeitweise mehr Bewegung als auf dem Meer. Trotz aller seemännischen Ablenkungen wollte ich versuchen, optimistische Gedanken zu entwickeln – zum Beispiel Bücher zu lesen, die Humor, die Sorglosigkeit vermitteln. Und: Letztlich wollte ich jeden Tag eine Musikkassette mit aller Hingebung hören. Daneben betete ich auch, aber das erschien mir zu passiv: Nichts Konkretes tun und dann hoffen, dazu in einer Notsituation, das dünkte mir unfair.

Milchpulver in trockener Form eingenommen hilft gegen Unruhe, Nervosität und Reizbarkeit. Vitamin B1.

Mit einer gezielten Lebensweise bändigte ich den Aufstand meiner Gefühle: Morgens gab es Porridge, nach dem Mittagsbesteck warmes Essen und Tee, abends Musik und Eintragungen ins Logbuch, zwischendurch die nötigen Arbeiten und nachts möglichst Schlaf. Eine weitere Hilfe war mein Tonband, auf dem ich Dinge loswerden konnte, die mich bedrückten. Weinen, Schreien, Lachen. Ich führte lange Selbstgespräche, die mir ungemein guttaten. Spontan redete ich über Dinge, die ich dachte, die ich fühlte. Ich habe mir praktisch selbst Mut zugesprochen und damit meinen Lebensinhalt umgetrimmt. Nicht Höchstleistung sollte jetzt das Primäre sein, sondern Selbsterleben. Einfach ausgedrückt: Mann, so was erlebst du nie wieder! Das wird ein Erlebnis, das über allem steht.

Die Erstarrung löste sich. Langsam. Immer wieder mußte ich mich selbst aktivieren, um nicht ins Grübeln zu verfallen. Nur ganz sachte überwand mein Sicherheitsgefühl die ungeheure Distanz vom Kopf bis zum Bauch.

Das hat Tage gedauert. Tage, durch die ich ziemlich unmotiviert segelte. Am Ende bin ich froh, nicht durch Unachtsamkeit in ein Dilemma geraten zu sein. Natürlich gab es seelisch weiter Schwankungen. Bei Gott: Ich war nicht immer mit mir im reinen! Dazu gaben auch oft äußere Bedingungen Anlaß, z. B. die Kälte, immer so um zwei Grad Celsius in der Kajüte. Noch unerfreulicher: Die Winde wehten bei weitem nicht so beständig aus dem westlichen Sektor wie in Karten und Büchern ausgegeben. Dann die Nässe im Boot kam noch hinzu, zum Teil durch meine schlechten Isolierungsarbeiten hervorgerufen.

Ein zweites psychisches Loch gab es nach dem Passieren der antarktischen Insel Macquarie. Durch einen Beinahe-Schiffbruch beim Ansteuern dieser navigatorisch schwierigen Insel wurde ich erneut unsicher. Diesmal allerdings war es nicht unbestimmte Angst, sondern eine ganz konkrete Furcht: Furcht vor den Elementen auf dem Weg zum Kap Hoorn. Und vor allem, Furcht vor der Zeit. Dieser Berg von Zeit, der noch vor mir stand. Ich hatte zu diesem Zeitpunkt nicht mal die Hälfte an Meilen abgesegelt. Ich konnte meinen Zustand zwar klar definieren im Gegensatz zu der Angst vorher, sackte aber trotzdem ab. Die Kräfte würden nicht reichen, das spürte ich. Wieder war es mir nicht möglich, mich zu entspannen. Ich verfluchte meine psychologische Nachlässigkeit während der Vorbereitungen, positives Denken anzutrainieren. Ich weiß, ich weiß! Nur, wo sollte man die positiven Vorstellungen herholen, wenn man in der Scheiße sitzt. Wo den Erfolg sehen und nicht länger auf körperliche Mängel und Schwächen achten, wenn um einen herum alles grau und trübe ist, das Meer hochgeht und der Wind seinen unendlichen Ton pfeift – und das Barometer, dieser größte Angstmacher, auf keine menschliche Situation reagiert?

22 Der Einzel- kämpfer

»Allein segeln ist wie im Himmel sein.« (Ingeborg Ford v. Heister, Einhand-Atlantik-Seglerin)

271 Tage allein auf See. 271 Tage, das ist ein Dreivierteljahr. Kann man so lange zuverlässig segeln? Wie ist das mit dem Schlaf? Sind die Tage auf dem Meer nicht langweilig? Fragen, die mir nach der Fahrt gestellt wurden. Nachdrücklicher noch Fragen, welche die lange Isolation betreffen. Ob ich Stimmungen unterworfen war? Mich die Einsamkeit bedrückte? Und: »Wie konnten Sie 271 Tage allein sein? Ich kann mir das beim besten Willen nicht vorstellen, so lange allein zu sein.«

Dabei hatte ich bei der Planung meiner Nonstopfahrt noch 300 Tage einkalkuliert. Jetzt muß ich anmerken, daß ich ja nicht zehn Monate in der Koje gelegen und meine Zeit abgerissen habe. Ich hatte an Bord wahnsinnig viel zu tun. Neben der Hauptaufgabe, mein Boot voranzutreiben, also optimal zu segeln, noch navigieren, Essen kochen, Wachen gehen, Notizen ins Log-Tagebuch machen, Reparaturen ausführen, das Boot und mich sauberhalten und zur Entspannung lesen, das Meer und seine Tiere beobachten.

Es war in der Tat die Einsamkeit, der Aspekt, Familie und Freunde hinter sich gelassen zu haben, der mich zeitweise sehr quälte.

Schon während meiner ersten Weltumseglung, 1968, war ich bis zu 131 Tage allein auf See. So glaubte ich bei der Planung meiner Nonstop-Weltumseglung, mit dem Alleinsein, wie früher, spielend fertig werden zu können. Aber genau das,

Allein um die Erde: Nach 420 Segeltagen – mit Unterbrechungen in Häfen und Buchten – hole ich auf der Elbe die Segel ein.

die Einsamkeit, stellte sich als das größte Problem heraus. Zeitweilig in Verbindung mit miesem Wetter packte mich eine Vereinsamung, die jenseits meiner bisherigen Erfahrungen lag. Besonders bedrückend waren die Stunden der Dämmerung und während der Nachtwachen. Dazu noch: allein essen zu müssen. Das erschien mir wie eine Verdammung.

Die räumliche Dimension in der Weite des südlichen Indischen Ozeans machte mich noch kleiner und folglich einsamer. Vor Einsamkeit und dem vielen Rundumdenken bekam ich regelrecht Kopfschmerzen. Ich verkrampfte zunehmend und dachte: Nur ein Blick zu einem Menschen, ein paar nette Worte, einmal streicheln, nur sanft kribbeln lassen. Szenen aus meinem Leben gingen mir durch den Kopf. Im Traum suchten mich sämtliche Liebschaften meines Lebens heim. Halluzinationen hatte ich keine. Auch sah ich keinen Gott voraus, wie es Bergsteiger angeblich tun, vielleicht lag's daran, daß mein Ziel Kiel-Schilksee war. Eine trostlose Fassade und kein magischer Punkt wie zum Beispiel der Nordpol oder eine Bergspitze. Ganz sicher hingen meine Probleme mit der Einsamkeit damit zusammen, daß ich diesmal zu Hause Frau und Kind hatte, die auf mich warteten. Die Einsamkeit war immer dann besonders spürbar, wenn ich über vorbeikommende Schiffe oder auch Wetterstationen per Sprechfunk meine Position nach Hause hatte durchgeben lassen. Von dem englischen Versorger »Tidespring«, mit dem ich am 69. Tag einen solchen Kontakt hatte, träumte ich sogar mehrfach. Das Funkgespräch mit Macquarie sollte mich eigentlich beflügeln für das schlimmste Seegebiet, die 5000 Meilen bis zum Kap Hoorn, aber genau das Gegenteil trat ein: Ich wollte die Fahrt abbrechen.

Ich war froh, daß ich nicht ein stärkeres, ein richtiges Funkgerät mithatte, etwa so ein 400-Watt-Gerät wie Weltumsegler Meyer. Es hätte dann wesentlich mehr Gespräche gegeben, und mir wäre meine Einsamkeit nach jedem Kontakt noch viel bewußter geworden.

Ein wirksames Mittel zum Abreagieren fand ich nicht. Um wenigstens für Augenblicke mein tiefes, verzweifeltes inneres Alleinsein sozusagen in die Ecke zu stellen, schrie ich mitunter laut aus mir heraus. Trommelte mit den Fäusten auf den Kartentisch oder aufs Brückendeck. Sang und redete Quatsch. Das befreite mich. Ich hockte auf den Bodenbrettern und trank, um mein Alleinsein zu bekämpfen, viel Tee. Ich notierte Dinge, die mich beschäftigten, ins Log-Tagebuch. Aber ganz gleich, was ich da schrieb: Kontrollieren konnte meine Angaben eh kein Mensch. Das waren auch die Situationen, wo ich mir sagte: »Mensch, muß ich hier unten sein!« – ich kam mir verloren vor. Da war niemand, der kritisierte, meine Arbeit lobte oder an dem ich mich hätte abreagieren können. Keiner, der mir Beifall spendete.

Ich habe Verständnis für die, die aus Einsamkeit verrückt geworden sind.

So wechselhaft wie das Wetter mit seinen Fronten, so unterschiedlich waren meine Stimmungen. Es begann mit der Abfahrt und setzte sich bis zur Hälfte der Fahrt fort. Ich war und blieb in einem sonderbaren, verzweifelten Gemütszustand, sicher verstärkt dadurch, daß mich eine eigentümliche Atmosphäre umgab: hohe, eindrucksvolle Seen, Vögel, die keinen Pieps machten, grauer Himmel, dazu die unheimliche Weite und Stille, obschon es laut war. Ich fühlte mich, als schwebte ich im All oder auf einem anderen Planeten.

Ich fand, daß ich trotz aller bisherigen Fahrten zu wenig Sicherheit entwickelte. »Bin ich ein Angst-Weltumsegler?« notierte ich. Und: »Aber andererseits tue ich das, was ich am besten kann: segeln.«

Als ich die halbfertige »Kathena nui« von Norderney über Cuxhaven durch den Nord-Ostsee-Kanal nach Eckernförde segelte, da empfand ich Hochgefühle. Die auf Anhieb gelungenen Manöver mit dem motorlosen Boot in den engen Häfen stärkten mich mehr als viele wohlgemeinte Worte.

Die innerlichen Hochs unterwegs wurden dagegen immer seltener: nach einem guten Etmal, beim Beobachten der Albatrosse, beim Kochen eines besonderen Essens. Ich fiel zusammen, je südlicher ich kam, je kälter und rauher das Wetter wurde. Wie leicht sagt und schreibt es sich doch an Land: Ich habe vor, allein und nonstop die Erde zu umsegeln.

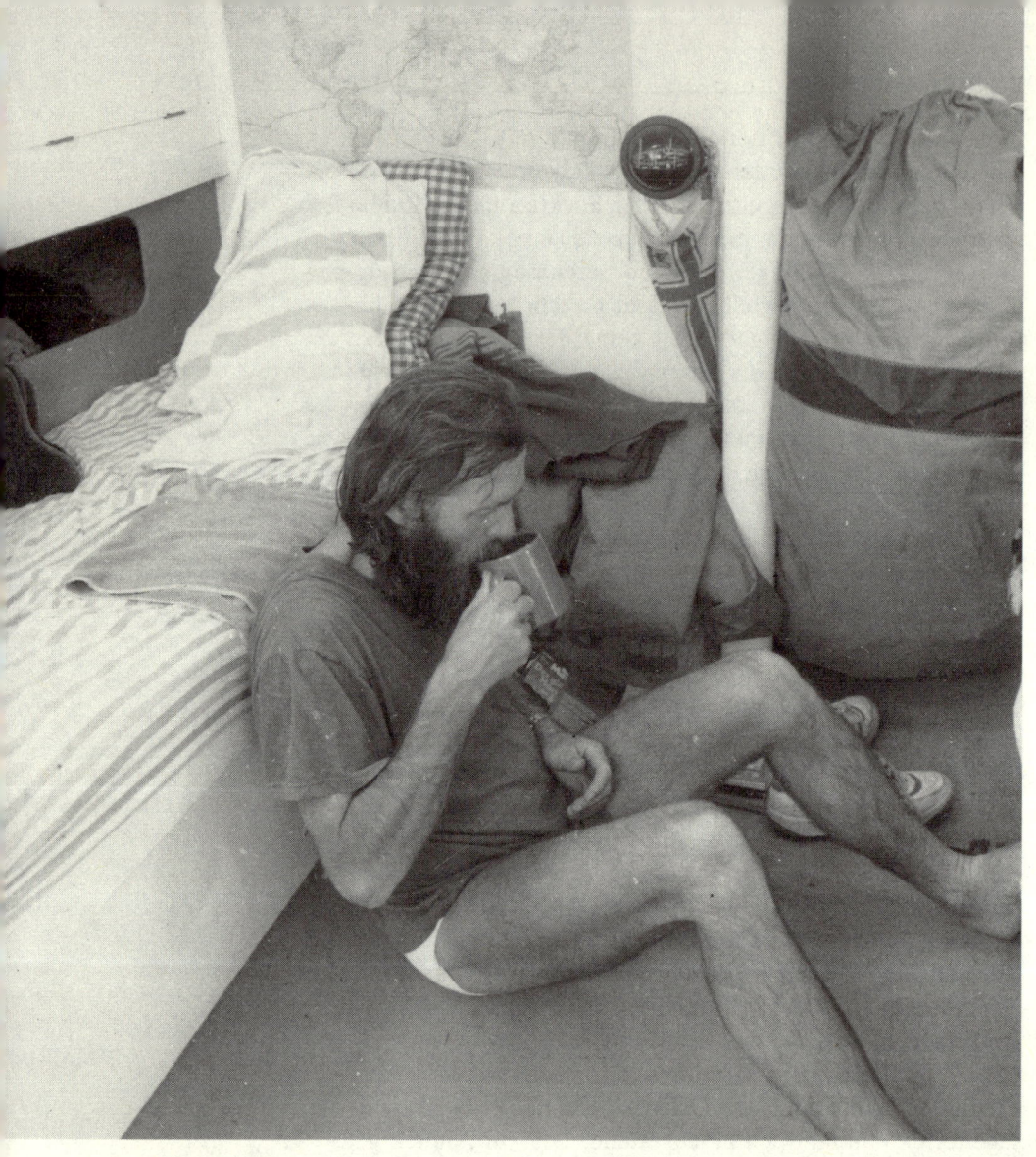

Ein wirksames Mittel gegen die Einsamkeit fand ich nicht. Viel Tee trinken, arbeiten, lesen sind Wege, die helfen.

Nach Macquarie hatte ich die schwerste Depression meiner Reise. Von da an waren meine miesen Stimmungen nur noch von kurzer Dauer. Selbst wenn das Barometer rapide purzelte, gewann ich dem Segeln südlich des 50. Breitengrades Positives ab: »Wo an Land wird später das Leben je wieder so klar sein wie hier?« Luftdruck und Speedometer bestimmten mich und meine Aufgaben, Gefühle, Stimmungen. Ich genoß meine Weiterfahrt bis zum Ende, obschon mit kurzen Unterbrechungen, wenn es gar zu arg stürmte oder die Segel in einer Flaute erbärmlich schlugen.

»I am happy«, schrie ich aus dem Luk, als ich die Falkland-Inseln einen Tag achteraus hatte. Mich packte das Gefühl, einen Tunnel verlassen zu haben, so hell war es draußen und drinnen. Aber: Nach sturmzerfetzten Tagen und vielen Niederschlägen merkte ich in meiner Euphorie gar nicht, daß ich längst zu viel Tuch stehen hatte, Backstagen nicht bediente, die Mißweisung falsch anbrachte.

Trotz dieser inneren und äußeren Schwierigkeiten: Ich segle gern allein oder, seemännisch ausgedrückt, einhand, eine Bezeichnung frei nach der Sicherheitsregel – eine Hand, das Boot zu halten, die andere, sich festzuhalten. Einhandsegeln ist eine Herausforderung, die ich brauche.

Ich bin auch überzeugt, daß ich diese Langstreckenfahrt nicht mit einem Partner geschafft hätte, mit wem auch immer, Frau oder Freund. Physisch bei der Verteilung der Arbeiten und Wachen wäre es sicher von ungeheurem Vorteil, aber psychisch in den Flauten, vor und während verhängnisvoller Sturmphasen hätte ich mich wahrscheinlich an einem Mitsegler zerrieben. Schon das Zusammenleben in der Enge hätte die Fahrt bereits in Südafrika enden lassen. Davon bin ich überzeugt.

Ich erkläre mir heute meine schwankenden Empfindungen zum Teil mit zu wenig Ruhe und Schlafmangel. Höchstens eine Handvoll Tage habe ich während der langen Fahrt nachts durchgeschlafen, ja, über lange Strecken war für mich die 35-Stunden-Woche mittwochs morgens bereits rum. Es war viel zu tun, Tag- und Nachtwachen während der Stürme in den antarktischen Breiten. Eiswachen bei diesigem und nebligem Wetter, denn ich segelte weit innerhalb des Treibeisgürtels. Innere Unruhe vor und während der Umrundung der berüchtigten Kaps. Veränderliche Winde, vor allem Böen, die häufig nachts aufzogen. Durch ständige Kurskontrolle und dadurch, daß ich tagsüber wegen Navigation, Kochen und Arbeiten an Deck keine Ruhe finden konnte, kam ich in erheblichen Schlafverzug.

Schlimm, fast mörderisch waren die Anfangs- und Endphasen des Törns – das Seegebiet von Ost- und Nordsee. Während ich bei der Ausfahrt noch einigermaßen Schlaf in halb-

Für Nachtwachen: Extreme Müdigkeit bekämpft man in der Regel mit Hallo-Wach-Pillen, gesünder sind aber rohe Peperoni oder ab und an einige Tropfen Tabasco (Pfeffergewürz) auf der Zunge.

stündigem Rhythmus fand – ich hatte einen brauchbaren Wecker in der Hosentasche und die Muße, mich hinzulegen –, gab's bei der Heimreise von Schottland bis Kiel so gut wie keinen Schlaf. Ich döste nur gelegentlich für Minuten im Cockpit, ob Tag oder Nacht, zwölf Tage zwischen Halbschlaf, Wachsein und Hellwachsein! Prisen von scharfen Gewürzen auf der Zunge sowie viel Kaffee und Tee haben mir geholfen. Nur weil ich mich so kurz vor dem Ziel wußte, war es mir möglich, all meine Kräfte noch einmal zu mobilisieren, denn auf gar keinen Fall wollte ich, daß mir kurz vor dem Ende der Reise noch etwas zustieß, ich mit einem Schiff kollidierte oder Grundberührung haben würde.

Das Schlafproblem war nicht nur in engen Gewässern und Schiffahrtsrouten groß. Alle Arbeiten an Bord waren enorm anstrengend. Immer mußte ich mich irgendwo abstützen, beim Kochen, Segelbergen oder im Schlaf. Die Bewegungen des Kurzkielers ließen mich bei allen Tätigkeiten schnell ermüden. Und man schläft ja in einer Koje beim Segeln nicht wie im frisch gemachten Bett an Land, auch nicht so tief und lange. Ein Ohr hört immer mit: Läßt die Geschwindigkeit nach, schwappen die Wellen in einem anderen Rhythmus an den Rumpf? Ist das Boot aus dem Kurs, hat der Wind eine andere Tonlage? Alles das hörte ich im Unterbewußtsein und reagierte, indem ich aufstand, um zu schauen, was sich da verändert hatte. Die notwendigen Arbeiten wurden sofort erledigt. Durch diese Unterbrechun-

Zwei Küchenwecker hatte ich an Bord. Damit sie hundertprozentig weckten, trug ich sie in der Hosentasche.

gen wurde aus einer Neun-Stunden- schnell eine Sechs-Stunden-Nacht und weniger. Sechs Stunden Schlaf waren denn auch der Durchschnitt der gesamten Reise, sechs Stunden, die ich mir im Verlauf von 24 Stunden zusammenklaubte. Zusammenhängenden Schlaf habe ich vorwiegend in den Passaten gefunden, da der Wind dort meist konstant ist.

Bei normaler Wetterlage war ich stets auf Tageseinteilung bedacht. War die Nacht nicht zu hart gewesen, begann der Arbeitstag für mich mit Sonnenaufgang, was in den Hohen Breiten sehr früh war. Ich kontrollierte sofort nach dem Aufstehen Kompaß, Kurs, Segelstellung, Wetter und trug die Daten und Beobachtungen ins Logbuch ein. Ich koppelte in der Seekarte den Kurs mit, streckte mich dann wieder aus, um meine Seite ZEIT zu lesen, von der ich einen gesamten Jahrgang an Bord hatte. Da die Zeitung sehr trokken und humorlos ist, legte ich sie bald beiseite, um etwas zu essen.

Mein anschließendes Frühstück trug deutliche Züge eines Rituals mit charakteristischen Merkmalen und festgelegtem Ablauf: Auf meinem Druckkocher kochte ich Milchkaffee

Das Schlafproblem stellt sich für Einhandsegler besonders innerhalb der Dampferrouten und in Küstennähe ein.

oder Tee und Porridge. Auf dem Kajütboden in der bequemsten Stellung drapierte ich alles auf einem Tuch, um in aller Gemütlichkeit zu essen, ohne zwischendurch aufstehen zu müssen. Nach dem Spülen nahm ich meinen »Dienstplan« zur Hand, eine Liste, auf der die Arbeiten notiert waren, die zu erledigen waren.

Am Anfang der Reise stand da: Bugnetz an der Reling flechten, Bodenbretter verschrauben, Batterie festzurren, Griffleisten am Niedergang befestigen, Holepunkte markieren, Steuerbordfenster dichten, Anker in der Achterpiek sichern, Reservewindfahnen zuschneiden. Später listete ich auf: Naht im Groß nachnähen, Proviant umstauen, neue Steuertaue in die Aries scheren, Kameras in der Sonne trocknen, Reffbändsel erneuern, Mastbeschläge kontrollieren, Fallen verkürzen, Dirk neu anspleißen, Winden schmieren, Blöcke ölen.

Das waren Arbeiten, die ich bis zum Besteck gegen Mittag erledigte. Mit Sextant, Uhr und Tafeln errechnete ich dann meinen Standort. Wieder trug ich die Daten sorgfältig ins Logbuch und die Position mit Dreieck und Zirkel in die Seekarte und steckte den neuen Kurs ab. Das war immer spannend und aufregend. Der Höhepunkt des Tages. Danach schaffte ich Ordnung. Trocknete sehr oft Kleidung, Decken, Schlafsack. Obgleich »Kathena nui« dicht war, also von außen kaum Wasser eindrang, war es erstaunlich feucht in der Kajüte. Es lag an der miserablen Isolierung.

Etwa zwei Stunden nach dem Mittagsbesteck kochte ich die Hauptmahlzeit, danach ein heißes Getränk. Das war dann schon die Stunde, in der ich in einem Buch zu lesen begann. Der Nachmittag war nur noch kurz, nachdem ab-, auf- und umgeräumt war. In der schönsten Zeit des Tages, der Abenddämmerung, schrieb ich ausführlich Tagebuch, besprach Bänder, hörte Nachrichten im Radio oder schaute einfach aufs Meer.

Mein Alltag ist damit bei weitem nicht vollständig beschrieben. Nicht hervorgehoben habe ich das Segelsetzen – und Bergen, Reffen und Schiften in Böen, Ändern der Segelstellungen, Austüfteln der besten Selbststeuereigenschaften und andere Routinearbeiten.

Einhandsegeln ist gefährlich. Ganz bestimmt. Überan-

Meine »automatische« Waschmaschine: Wäschestücke an einen Tampen laschen und achteraus mitschleppen. Drei bis fünf Stunden reichen, um sie zu säubern. Anschließend im Wind trocknen, so fallen die Salzkristalle heraus. Allerdings: Bei hoher Fahrt ist die Wäsche schnell zerrissen.

strengt und unkonzentriert, begeht man Fehler, die Boot, Leben oder beides kosten können. Der Alptraum, irgendwann von einem schnellen Frachter übermangelt zu werden, segelt mit. Aus Sicherheitsgründen sind denn auch hierzulande viele Segler, ganz im Gegensatz zu Frankreich, England, USA, gegen das Einhandsegeln eingestellt. Aber ich habe noch nie von einem Einhandsegler gehört, den ein Dampfer versenkt oder der mit anderen Segelyachten kollidiert ist. Gewiß: Da der Alleinsegler normalerweise ein kleines Boot segelt, wird er, wenn es zu einer Kollision kommt, immer der Unterlegene sein. Einhandsegeln entwickelt Findigkeit, Kraft, Mut und Selbstsicherheit und hilft einem Menschen, sich selbst kennenzulernen, wie keine andere Betätigung.

Vier Regeln als Fazit: Sie sind nicht nur hilfreich für Einhandsegler, auch für andere Grenzgänger, Abenteurer und Segler, die in eine körperliche und geistige Krise geraten sind.

1. Verschreibe dich der Routine. Normalerweise bin ich ein Typ, der gerne vieles vor sich herschiebt und nichts peinlich genau nimmt. Unterwegs wurde ich besessen, die tägliche Routine einzuhalten: Wartung, Navigation, genaueste Buchführung, Lesen, Toilette.

2. Strebe zu Tätigkeiten. Falls etwas zu Bruch gegangen ist, repariere es umgehend, egal, ob du müde bist, es Nacht ist oder schlechtes Wetter vorherrscht. Tue es auch, wenn du dich nicht danach fühlst. Wenn du die Wahl hast zwischen Passivität und Aktivität: Entschließe dich, aktiv zu sein.

3. Unterteile Aufgaben und Zeit in übersichtliche Abschnitte, die du dir zutraust. Wenn du dir die Weiterreise nicht vorstellen kannst, organisiere nur einen einzigen Tag. Wenn es stürmt und du meinst, nicht durch einen Tag zu kommen, dann plane die nächste Stunde oder halbe Stunde oder nur fünf Minuten.

4. Beziehe deine Neugierde ein. Denke daran, wie es wohl weitergeht, wenn du durch das Tief bist. Male dir erfreuliche Erwartungen aus! C'est ca!

23 Astro-Navigation einfach gemacht

»Die umfassenden Kenntnisse und Fertigkeiten in der astronomischen Navigation, die deutschen Yachtseglern als scheinbar notwendige und unverzichtbare Einzelheiten zum Befahren von Ozeangebieten mit kleinen Yachten in Fachzeitschriften und Büchern immer neu vorgelegt werden, halte ich für nutzlose Liebhaberei.« (Joachim Schult, Fachschriftsteller und Segler)

»Über den Daumen gepeilt hat er«, meinten Segler nach meiner Ankunft 1968 in Cuxhaven. Begonnen habe ich wirklich so. Den gesamten Atlantik und die karibische See überquerte ich nur mit der Breitenberechnung. Eine haarige und aufregende Art zu navigieren. Genauer: Auf meinem Ost-West-Kurs wußte ich wohl, auf welcher Breite ich mich befand, aber nicht, ob es noch 100 oder gar 300 Meilen bis zum Ziel waren. Ab Panama ist jedoch der »Daumen« endgültig einer Navigation nach Länge und Breite gewichen. Ich kaufte mir dort die erforderlichen Geräte und Tafeln, denn für den Süd-Pazifik mit seinen unzähligen Riffen und winzigen Inselchen hätte ich mir eine Navigation ausschließlich mit der Breite nicht zugetraut.

Alles, was mir ab Panama zur Verfügung stand, war: ein Trommelsextant, eine Armbanduhr mit Sekundenzeiger, ein Radioempfängergerät zum Uhrenabgleich, nautische Tafeln HO 249 und das Jahrbuch zur Berechnung der genommenen Höhen. Mit dieser Navigationsausrüstung

Mit dem Kompaß hat die Navigation angefangen. – Neben dem Niedergang montiert, ist er nicht nur geschützt, sondern auch gut ablesbar und bestens zum Peilen geeignet.

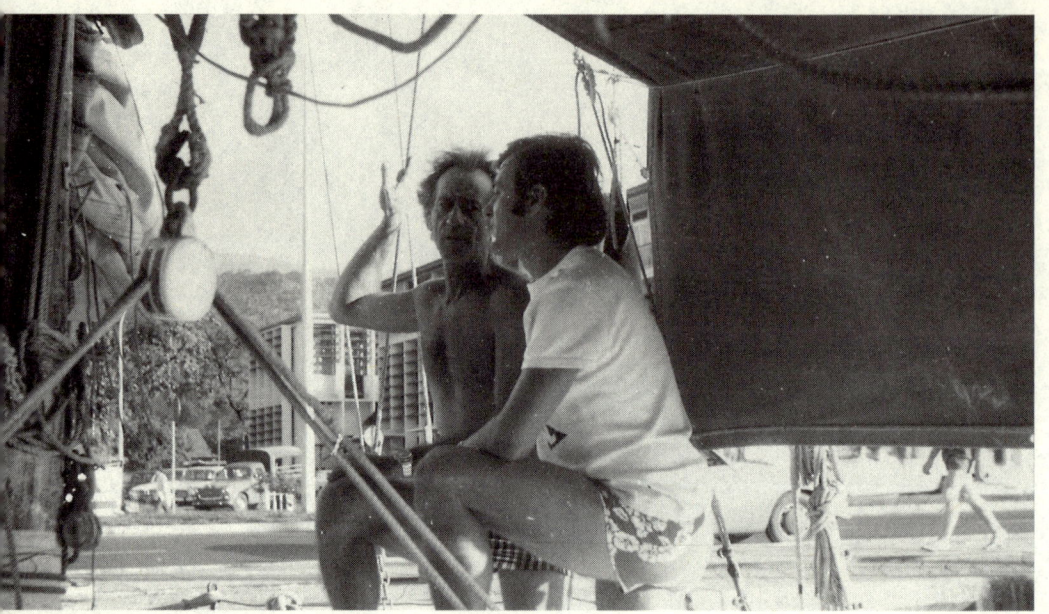

In die Astro-Navigation ließ ich mich 1966 von Bernard Moitessier einweihen. Er kam gerade von einer Weltreise zurück, als ich in Alicante lag.

Sextanten bei Gebrauch an Deck mit Leine um den Hals sichern.

machte ich auch alle weiteren Fahrten, bis zum heutigen Tag. Navigation zu Fuß nennt man das. Ich hatte also nie elektronische Geräte zur Verfügung, kein Radar, keinen Satelliten-Navigator, keinen Bordcomputer. Das war gut so. Ich wollte den Kopf frei haben für das Boot, die Natur, für mich, und meine zudem, ein Ozeansegler, der mit 5 Knoten Durchschnitt dahinschippert, ist nicht so genau auf seine Position angewiesen wie vergleichsweise ein Damper mit 20 Knoten Fahrt. Ich vermute, einige werden protestieren, aber es verhält sich in der Praxis so. Ich kam auch nie in Verlegenheit, Grundberührung fand nicht statt, und fremde Hilfe zwecks Navigation benötigte ich unterwegs ebenfalls nicht.

Nun will ich nicht verschweigen, daß ich auch in brenzlige Situationen gekommen bin. Einmal, mit Astrid, als wir das berühmte Bikiniatoll in der Südsee ansteuerten, hatten wir, weil der Himmel dicht war, keinen genauen Standort und versuchten trotzdem einen Landfall in rabenschwarzer Nacht. Als wir die Brandung voraus sahen, segelten wir direkt vierkant mit 7 Knoten Fahrt darauf zu. Nur Astrids aufmerksamem Ausguck ist es zu verdanken, daß wir dort nicht gestrandet sind. Vermutlich wären wir nicht übers Riff zum Atoll gekommen.

Ein anderes Mal, während meiner Nonstopfahrt, wäre es mit Sicherheit viel übler ausgegangen. Bei der Ansteuerung der antarktischen Insel Macquarie war schon 200 Meilen zuvor keine Standortbestimmung möglich. Es nieselte, der Himmel war von dunklen Wolken beladen. Ich wollte trotz allem versuchen, und zwar per Koppelkurs, die dortige antarktische australische Station dicht zu passieren. Macquarie sollte als Beweis dafür dienen, daß ich die Fahrt wirklich auf dieser Route gemacht habe. Und nur deswegen nahm ich das Risiko der Ansteuerung auf mich. Neben der permanent schlechten Sicht ist die Insel auch noch von Felsen und Untiefen umlagert. Ich näherte mich also mit Respekt. Sorgfältig notierte ich mir stündlich auf einem Schmierzettel: Kompaßkurs, Abdrift, Geschwindigkeit, Luftdruck – und trotzdem habe ich dort beinahe Schiffbruch erlitten. Gerade noch rechtzeitig, im Zwielicht des Morgens, konnte ich den 30 Meter hohen vorgelagerten Felsen auf meinem Kurs ausmachen.

Mir blieb nicht viel Zeit zum Staunen, denn er war nur wenige hundert Meter entfernt. In Sekundenschnelle brachte ich das Boot auf einen anderen Kurs und war frei. Bald hatte ich Funkkontakt mit der fünf Meilen südlich gelegenen Station. Erst später, als ich von allem Land klar war und am Beinahe-Schiffbruch rummalte, kam mir richtig zu Bewußtsein, daß dies das Aus gewesen wäre – bei sechs Grad Wassertemperatur und einem steil abfallenden Felsenbrocken.

Zwei haarsträubende Beispiele. Sicher. Aber bei meinen mehr als 250 Landfällen auf sämtlichen Reisen ging sonst alles glatt. Es ist ja auch nicht wichtig, ob man sein Ziel nun genau vor dem Bug erwischt oder ein paar Meilen davon entfernt. Hauptsache, man ist lange vorher darauf gefaßt. Der Kurs wird bei Sicht des Hafens, der Insel, um einige Grade geändert. Der Umweg ist nicht erwähnenswert.

Die astronomische Ortsbestimmung auf See ist im Grunde einfach – nur manche Menschen, die mehr davon verstehen, die sie gar studiert haben, machen es kompliziert. Ich und viele andere Fahrtensegler bestimmen den Standort ge-

Polaroid-Sonnenbrillen heben die Spiegelung der Wasseroberfläche auf. Mit Hilfe einer Polaroid-Brille (und nur mit dieser) lassen sich Riffe, Felsen und andere Untiefen selbst bei bedecktem Himmel vorzeitig deutlich erkennen.

Nie einen Hafen, eine Insel auf gradem, also direktem Kurs ansteuern. Den Kurs immer etwas östlich, westlich, südlich oder nördlich legen. Sollten nämlich die Sichtverhältnisse schlecht werden oder ist man der Navigation nicht ganz sicher, weiß man wenigstens, in welcher Richtung das Ziel liegt und kann sich auf diese Weise an der Küste entlang dorthin tasten.

wöhnlich mit dem astronomischen Mittagsbesteck (Sonne), bestehend aus Mittagsbreite und -länge durch eine Standhöhe am Vormittag oder Nachmittag, berechnet nach HO 249-Tafel und dem Jahrbuch.

Wie man's rechnerisch und zeichnerisch macht, möchte ich hier nicht darstellen. Es ist ohnehin in vielen Büchern beschrieben. Empfehlen kann ich das ausgezeichnete Büchlein *Astronavigation* von Bobby Schenk. Eingehen möchte ich kurz auf die notwendigen Hilfsmittel:

Neben dem Sextanten zum Messen des Winkels zwischen Horizont und Gestirn ist das wichtigste Instrument zur astronomischen Bestimmung des Schiffsortes eine genauegehende Uhr mit Sekundenzeiger. Da die Genauigkeit der Ortsbestimmung hauptsächlich von der präzisen Uhrzeit abhängt, muß sie sorgfältig kontrolliert werden – am besten mit dem Zeitzeichen aus dem Rundfunkempfänger. Ich habe trotz zuverlässiger Uhr jeden Tag das Zeitzeichen irgendeines Senders mit meiner Uhr verglichen. Hinzu kommen die mehrfach erwähnten Tafeln, HO 249, zur Berechnung der geschossenen Höhen, und das nautische Jahrbuch, um die Deklination zu erfahren.

Weitere Hilfsmittel: ein Echolot von sehr guter Qualität (VDO zeigte bis 200 Meter an). Zwei Kompasse, einer davon an Deck und so angebracht, daß es sich damit auch peilen läßt, den anderen Kompaß in der Kajüte am Schott montiert, und fast aus allen Lagen ablesbar. Ein Log, das die abgesegelten Meilen zählt und die Geschwindigkeit anzeigt. Ein Barometer, welches das schlechte Wetter ankündigt (und nervös macht) – und das gute natürlich auch.

Heutzutage sollte man sich sehr überlegen, ob es sich nicht lohnt, einen Satelliten-Navigator anzuschaffen. Ganz gleich, wie man zur Elektronik eingestellt ist, so ein Gerät, das etwa stündlich die Koordinaten anzeigt, hat viele unübersehbare Vorteile. Und jeder, der damit gearbeitet hat (ich zwar nur in der Ostsee), wird bestätigen, daß es unwahrscheinlich beruhigend ist, immer die Breiten- und Längengrade ablesen zu können. Die Fehlerquelle liegt bei plus/minus einer Kabellänge.

Moderne Satnav-Empfänger sind nur noch zigarrenkistengroß, kosten wenig mehr als der beste Trommelsextant und

---

Gesteuerte Kompaßkurse sind vor dem Eintragen in die Seekarte in rechtweisende Kurse zu verwandeln. Dasselbe gilt für Kompaßpeilungen.

Absetzen von Distanzen: Auf der Mercatorkarte ist die Seemeile gleich der in gleicher Breite gelegenen vergrößerten Breitenminute. Daher die Distanz von A nach B in den Zirkel nehmen und auf der Breitenskala (Kartenseitenrand!) auf Mittelbreite übertragen. Die zwischen den Zirkelspitzen enthaltenen Breitenminuten sind die Seemeilen.

sind sparsam im Spannungsverbrauch. Das macht sie auch für kleine Yachten interessant.

Die neuesten Modelle (Stand Anfang 88) bestimmen an jedem Punkt der Welt (zu Wasser wie zu Lande) automatisch den eigenen Standort. Die Häufigkeit der Positionsangaben richtet sich nach der Zeitspanne zwischen zwei Satellitendurchgängen. Diese Abstände sind an den Polen am kleinsten, da alle Satelliten über sie hinwegfliegen. Im Gebiet des Äquators muß man mit Abständen von rund zwei Stunden rechnen. Es kommt auch schon mal vor, daß von einem Durchgang bis zum nächsten bis zu sechs Stunden vergehen können.

Bei den Satnav-Geräten ist es nicht mehr notwendig, zur präzisen Standortbestimmung seine geschätzte Position einzugeben, ein Vorteil, den früher nur die dreimal so teuren Geräte aufwiesen. Neben der Standortbestimmung sind diese neuen Geräte noch für vielerlei »Spielereien« verwendbar. Sie können von Hand mit Daten über Kurs und Geschwindigkeit gefüttert werden. Sie können auch mit anderen Navigationsgeräten, wie elektrischem Kompaß und elektronischem Log, verbunden werden und koppeln automatisch zwischen den Satellitendurchgängen mit, sie geben die Zeit, Wendepunkte und vieles mehr.

Gefühl gehört zur Segelei wie die Butter zum Brot. Deshalb stets erst Loggeschwindigkeit oder Standort abschätzen, bevor man technischen und rechnerischen Ergebnissen Glauben schenkt. Denn: Wenn die Technik mal defekt ist, kommt's auf Gefühl an – und darauf kann man sich nur mit viel Übung verlassen.

Das altbewährte Log mit Drahtspiralen-Übertragung. Es zeigte nicht nur Meilen an, es bestimmte auch häufig die zu setzende Segelfläche.

Besonders aufregend finde ich, daß die Entwicklung von etwa 1990 an dort sein wird, wo ich sie am liebsten heute schon hätte: Die Geräte werden nur noch die Größe eines Taschenrechners besitzen, mit Trockenbatterien gespeist werden und im Preis bei 1000 Mark liegen. Einfach unglaublich diese Entwicklung, für mich und alle, die sich über Jahre mit Navigation beschäftigen.

Mit dem Thema Satelliten-Navigator wollte ich eigentlich das Kapitel Navigation abschließen. Heute mit der Post bekomme ich jedoch von einem sehr bekannten Langzeitsegler einen Brief mit folgendem Auszug: »Es nieselt, es nebelt, es ist kalt. Seit vier Tagen konnten wir schon keine ordentliche Navigation machen. Wir navigieren übrigens meist mit Mittagsfix, aus Mittagsbreite und ›longitude by equal altitude‹. Deklination und Greenwichwinkel ermitteln wir mit Hilfe des Jahrbuches und HO. Wir wagen es kaum zu schreiben. ›Monkey-Business‹, knurrte ein deutscher Kapitän mit vielen Jahren weltweiter Erfahrung in der Trampschiffahrt, derzeit Leiter einer Seemannsschule, ›mache ich auch oft.‹«

Diese Standortbestimmung ist so simpel, daß sich nur wenige Seefahrer, und wenn, dann verschämt, dazu bekennen. Das bringt mich auf die Idee, diese bemerkenswerte Navigationsmöglichkeit vorzustellen, kurz zu erläutern und die dafür notwendigen Tafeln gleich mitzuliefern. Mit Mittagsfix meint der Briefschreiber die Mittagsbreite aus der Höhe der Sonne, wenn sie kulminiert, und die Mittagslänge aus zwei gleichen Höhen der Sonne – kurz vor und nach der Kulmination. Bekannt dafür muß sein: Deklination (Breite) und Greenwichwinkel (Länge).

Die Werte sind auf den nächsten Seiten in Form von Tabellen für 20 Jahre vorausberechnet.

Wer mit diesem System navigiert, braucht nichts zu zeichnen. Er erspart sich das Hantieren mit Leerkarten, Büchern und Tabellen (außer den hier abgedruckten). Die Berechnungen ergeben unmittelbar die geographische Breite und Länge des Schiffsortes. Die Genauigkeit liegt bei ruhiger See um eine Seemeile, bei bewegtem Seegang sind mindestens drei Seemeilen Abweichung zu berücksichtigen. Nützlich ist die Methode für einen Segler, der nur gelegentlich

Auf der Nordhalbkugel steht die Sonne im Süden, auf der Südhalbkugel im Norden.

Die Mittagsbreite ist bei Azimuten in der Nähe von 90 Grad nicht möglich, da Deklination und eigene Breite hier fast gleich sind. Die Sonne steht an solchen Tagen auch den ganzen Vormittag fast Ost und den ganzen Nachmittag fast West, so daß die erhaltenen Standlinien sich nicht in genügend großen Winkeln brechen.

1 Vorausberechnung der Sextantenhöhe
2 Standort nach Länge und Breite
3 Azimut und Höhendifferenz
4 Abstand, Kurs und Se̥gelzeit
5 Kulmination
6 Mittagsbreite

mit Hilfe der Sonne einen genauen astronomischen Standort bestimmen möchte, ohne sich teure Tafelwerke und Jahrbuch anschaffen zu müssen. Ideal auch für die Crew, die einen Satelliten-Navigator an Bord hat, den Ozean überqueren und sich absichern möchte (muß), falls die Elektronik versagt. Mit diesem Mittagsfix, vorausgesetzt, ein Winkelmeßgerät und die Uhrzeit sind vorhanden, kann man beruhigt weitersegeln.

Auf den folgenden Seiten gebe ich kurze Einführungen zu beiden Berechnungen. Die Faksimile mit den Beispielen habe ich mal für Astrid angefertigt, für den Fall, daß ich »abhanden« komme.

Hier möchte ich einen neuen Nav.-Computer vorstellen: »dernavigator« mit Programm für Jahrzehnte und zu einem realistischen Preis – Programm und Rechner kosten 330 Mark. Nähere Information bei mir.

Die Mittagsbreite: Am einfachsten läßt sich die Breite aus der Höhe der Sonne zur Kulminationszeit berechnen. Um eine Meridianhöhe zu beobachten, bringt man schon vor dem Meridiandurchgang mit dem Sextanten Sonne und Kimm zur Berührung und erhält – fortwährend beobachtend – diese Berührung aufrecht, bis ein Steigen der Sonne nicht mehr wahrzunehmen ist. Die auf diese Weise beobachtete größte Höhe nimmt man zum Berechnen der Mittagsbreite. Um die Dauer der Beobachtung nach Möglichkeit abzukürzen, empfiehlt es sich, die annähernde Zeit des Meridiandurchganges vorher zu berechnen, mit Hilfe der UTC-Weltzeit. Ist man länger auf See, ist dies durch das Vortagsergebnis rasch möglich. Steht die Sonne nicht so hoch, ist es auch mit Hilfe einer um Mißweisung und Ablenkung berichtigten Kompaßpeilung möglich.

Mittagsfix aus Breite und Länge, folgend den Tafeln in diesem Buch, bestens geeignet wenn: Sextant verbogen, Satelliten Nav. defekt, nur Plastik-Sextant vorhanden.

Die Mittagslänge aus zwei gleichen Höhen: Es ist ein einfaches Verfahren, aus zwei geschossenen Höhen – vor und nach der Kulmination der Sonne – die Länge zu bestimmen. Es funktioniert auf alle Fälle, solange die Sonne scheint und das Meer nicht zu bewegt ist. Nachteilig wirkt, daß es nur zur Mittagszeit möglich ist und zwei Messungen erforderlich sind. Die Aufgabe besteht darin festzustellen, wann die Sonne sekundengenau ihren höchsten Stand erreicht hat. Aber gerade das geht nicht mit einem einzigen Sextantenshot. Wenn die Sonne kulminiert, scheint sie für mindestens zwei Minuten – je nach Höhe – stillzustehen, bevor sie wieder sinkt. Jetzt ergibt aber eine Minute Differenz für die Navigation (am Äquator 15 Seemeilen) schon ein schlechtes Ergebnis. Um die Zeit sekundengenau hinzukriegen, ist eine Messung – mindestens 15 Minuten – vor der Kulmination nötig und eine Messung danach, wenn die Sonne im Sextanten genau im selben Winkel gesehen wird. Da die Kurve der Sonne gleichmäßig und symmetrisch ist, ist die Mitte der Zeitspanne der höchste Stand der Sonne – und damit sekundengenau.

Ganz ohne Praxis geht es auch hierbei nicht. Übungen mit dem Sextanten, den Unterrand der Sonne auf den Horizont zu bringen, sind hilfreich.

Zu berücksichtigen ist die Veränderung des Schiffsortes zwischen beiden Messungen. Bei Ost- oder West-Kursen ist die Differenz bedeutungslos. Bei Nord- oder Süd-Kursen ist es anders. Segelt man der Sonne entgegen, ist für jede Meile, die zwischen beiden Messungen liegt, eine Minute am Sextanten (voreingestellter Winkel) bei der zweiten Messung hinzuzuzählen. Entfernt sich das Schiff von der Sonne, muß vor der zweiten Messung für jede Meile eine Minute am voreingestellten Sextanten abgezogen werden.

Die Faksimile habe ich mal für den Notfall angefertigt – wenn ich »abhanden« käme, sollte Astrid damit weiternavigieren.

MITTAGSBREITE –

DIE EINFACHSTE FORM DER ASTRONAVIGATION –
EINE BREITENBESTIMMUNG DURCH BEOBACHTUNG
DER SONNE IM AUGENBLICK DER KULMINATION.
Gehe etwas vor der Ortsmittagszeit mit Sextant und
Uhr an Deck und fange an, die Sonne zu beobachten.
Dabei veränderst Du laufend die Einstellung des
Sextanten (an der Trommel), um den Sonnenunter-
rand auf dem Horizont zu halten, bis die Sonne
nicht mehr höher steigt. Warte dann noch ein
bißchen, vielleicht 2 Minuten (je nach Seegang), bis
sie wieder anfängt zu sinken. Lies den Winkel
am Gradbogen ab und beginne folgende Rech-
nung (ein Beispiel):

Sextantablesung am 2. Okt. 71	83° 47'
Deklination der Sonne — " —	03° 24' S
(aus den beigefügten Tafeln)	

Sextantablesung	83° 47'
Berichtigung für 6 Fuß Augenhöhe .	+ 13'
	84° 00'
Index-Fehler am Sextant . . .	+ 09'
	84° 09'
Ziehe die wahre Höhe von 90° ab	89° 60'
Zenitdistanz	05° 51'
Deklination der Sonne	+ 03° 24'
MITTAGSBREITE =	09° 15' S

Sind Breite und Deklination gleichnamig, d. h. beide
Nord oder Süd, zähle Zenitdistanz und Deklination
zusammen, um die Breite zu erhalten. Sind sie
ungleichnamig, d. h. der eine Wert Nord und der
andere Süd, so ergibt sich die gesuchte Breite
aus ihrer Differenz. – Ende.

MITTAGSLÄNGE –

aus zwei gleichen Höhen: Eine Möglichkeit aus 2 geschossenen Höhen – vor und nach der Kulmination der Sonne – die Länge zu bestimmen. – Gehe also etwa eine halbe Stunde vor der Kulmination an Deck – mit Sextant und Armbanduhr (Anzeige innen vom Handgelenk tragen – kannst besser ablesen) – und mache einen Shot. Notiere die Zeit und warte bis die Sonne sinkt (im selben Winkel gesehen wird). Auch diese Uhrzeit aufschreiben, dann beides addieren und durch 2 Teilen. Damit hast Du die Kulminationszeit. Am 19. Dez. 1969 sah das bei mir z.B. so aus:

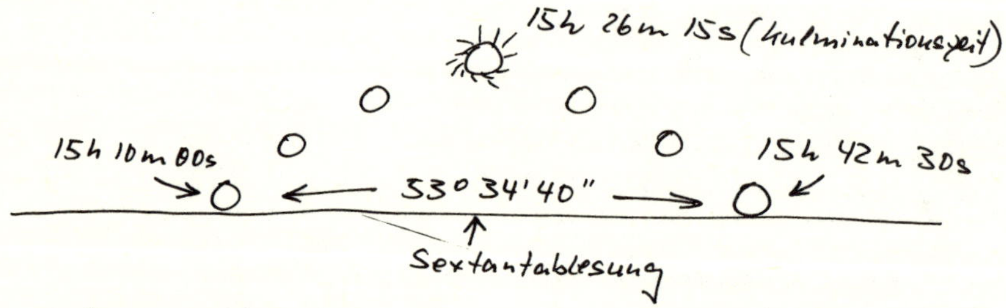

15h 26m 15s (Kulminationszeit)

15h 10m 00s ← — 53° 34' 40" → 15h 42m 30s

↑
Sextantablesung

1. Messung	15h	10m 00s
2. Messung	15h	42m 30s
	30h	52m 30s
durch 2 = Kulminationszeit	15h	26m 15s
minus 12 Stunden (West v.G.) . . .	12h	00m 00s
	03h	26m 15s
Greenwichwinkel am 19. Dez. 69		+ 02m 55s
(folge Tafel VIII)		
Wahre Zeit	03h	29m 10s

Umrechnung – Zeit in Längengrade mit Hilfe Tabelle B:

03 h = 45°
29 m = 7° 15'
10 s = 2' 30"
Länge = 52° 17' 30" WEST

Hinweis: Für den Fall, daß Wolken die Sonne verdecken könnten, mehrere Höhen in Folge schießen.

TABELLE A

Gemessener Winkel	Gesamtbeschickung für Augenhöhe								
	2^m	2^{m}50	3^m	3^{m}50	4^m	4^{m}50	5^m	10^m	15^m
11°	8,8	8,5	8,2	7,9	7,7	7,5	7,3	5,6	4,3
12	9,2	8,9	8,6	8,4	8,1	7,9	7,7	6,0	4,7
13	9,5	9,2	8,9	8,7	8,4	8,2	8,0	6,4	5,1
14	9,8	9,5	9,2	9,0	8,7	8,5	8,3	6,7	5,4
15	10,1	9,8	9,5	9,2	8,9	8,7	8,5	6,9	5,6
16	10,3	10,0	9,7	9,5	9,2	9,0	8,8	7,2	5,9
17	10,5	10,2	9,9	9,7	9,4	9,2	9,0	7,4	6,1
18	10,7	10,4	10,1	9,9	9,6	9,4	9,2	7,6	6,3
19	10,8	10,5	10,2	10,0	9,7	9,5	9,3	7,7	6,4
20	11,0	10,7	10,4	10,2	9,9	9,7	9,5	7,9	6,6
22	11,2	10,9	10,6	10,4	10,1	9,9	9,7	8,1	6,8
24	11,5	11,2	10,9	10,6	10,3	10,1	9,9	8,3	7,0
26	11,7	11,4	11,1	10,8	10,5	10,3	10,1	8,5	7,2
28	11,8	11,5	11,2	11,0	10,7	10,5	10,3	8,7	7,4
30	12,0	11,7	11,4	11,2	10,9	10,7	10,5	8,8	7,5
35	12,2	11,9	11,6	11,4	11,1	10,9	10.7	9,1	7,8
40	12,4	12,1	11,8	11,6	11,3	11,1	10,9	9,3	8,0
45	12,6	12,3	12,0	11,8	11,5	11,3	11,1	9,5	8,2
50	12,8	12,5	12,2	12,0	11,7	11,5	11,3	9,7	8,4
55	12,9	12,6	12,3	12,1	11,8	11,6	11,4	9,8	8,5
60	13,0	12,7	12,4	12,2	11,9	11,7	11,5	9,9	8,6
70	13,2	12,9	12,6	12,4	12,1	11,9	11,7	10,1	8,8
80	13,4	13 1	12,8	12,6	12,3	12,1	11,9	10,3	9,0
90	13,5	13,2	12,9	12,7	12,4	12,2	12,0	10,4	9,1

TABELLE B

Umrechnung der Zeit in Längengrade

h.	°	h.	°	m.	°	'	m.	°	'	s.	'	''	s.	'	''	s.	''	s.	''
1=	15	13=	195	1=	0	15	16=	4	00	1=	0	15	16=	4	00	0,01=	0,15	0,15=	2,25
2	30	14	210	2	0	30	17	4	15	2	0	30	17	4	15	0,02	0,30	0,16	2,40
3	45	15	225	3	0	45	18	4	30	3	0	45	18	4	30	0,03	0,45	0,17	2,55
4	60	16	240	4	1	00	19	4	45	4	1	00	19	4	45	0,04	0,60	0,18	2,70
5	75	17	255	5	1	15	20	5	00	5	1	15	20	5	00	0,05	0,75	0,19	2,85
6	90	18	270	6	1	30	24	6	00	6	1	30	24	6	00	0,06	0,90	0,20	3,00
7	105	19	285	7	1	45	28	7	00	7	1	45	28	7	00	0,07	1,05	0,30	4,50
8	120	20	300	8	2	00	32	8	00	8	2	00	32	8	00	0,08	1,20	0,40	6,00
9	135	21	315	9	2	15	36	9	00	9	2	15	36	9	00	0,09	1,35	0,50	7,50
10	150	22	330	10	2	30	40	10	00	10	2	30	40	10	00	0,10	1,50	0,60	9,00
11	165	23	345	11	2	45	44	11	00	11	2	45	44	11	00	0,11	1,65	0,70	10,50
12	180	24	360	12	3	00	48	12	00	12	3	00	48	12	00	0,12	1,80	0,80	12,00
				13	3	15	52	13	00	13	3	15	52	13	00	0,13	1,95	0,90	13,50
				14	3	30	56	14	00	14	3	30	56	14	00	0,14	2,10	1,00	15,00
				15	3	45	60	15.	00	15	3	45	60	15	00				

TAFEL I
Deklination der Sonne zur Mittleren Greenwich-Zeit (UT 1)
Für die Jahre 1986–1990–1994–1998–2002–2006

Tag	Jan.	Febr.	März	April	Mai	Juni	Juli	Aug.	Sept.	Okt.	Nov.	Dez.
	° ′	° ′	° ′	° ′	° ′	° ′	° ′	° ′	° ′	° ′	° ′	° ′
1	23 01 S	17 09 S	7 40 S	4 28 N	15 00 N	22 02 N	23 08 N	18 04 N	8 22 N	3 06 S	14 22 S	21 46 S
2	22 56	16 52	7 17	4 51	15 19	22 10	23 03	17 49	8 00	3 30	14 41	21 56
3	22 50	16 35	6 55	5 14	15 37	22 17	22 59	17 34	7 38	3 53	15 00	22 04
4	22 44	16 17	6 31	5 37	15 54	22 25	22 54	17 18	7 16	4 16	15 19	22 13
5	22 38	15 59	6 08	6 00	16 12	22 31	22 49	17 02	6 54	4 39	15 37	22 21
6	22 31	15 40	5 44	6 22	16 28	22 38	22 43	16 46	6 31	5 02	15 55	22 28
7	22 24	15 22	5 21	6 45	16 45	22 44	22 37	16 29	6 09	5 25	16 13	22 35
8	22 16	15 03	4 58	7 08	17 02	22 50	22 30	16 12	5 46	5 48	16 31	22 42
9	22 08	14 44	4 34	7 30	17 18	22 55	22 23	15 55	5 24	6 11	16 48	22 48
10	21 59	14 26	4 11	7 52	17 34	23 00	22 16	15 38	5 01	6 34	17 05	22 54
11	21 50 S	14 05 S	3 47 S	8 14 N	17 50 N	23 04 N	22 08 N	15 20 N	4 38 N	6 57 S	17 22 S	22 59 S
12	21 40	13 45	3 24	8 36	18 05	23 08	22 00	15 02	4 16	7 19	17 39	23 04
13	21 31	13 25	3 00	8 58	18 20	23 12	21 52	14 44	3 53	7 42	17 55	23 08
14	21 20	13 05	2 37	9 20	18 35	23 15	21 43	14 26	3 30	8 04	18 11	23 12
15	21 09	12 44	2 13	9 42	18 49	23 18	21 34	14 07	3 07	8 26	18 26	23 16
16	20 58	12 24	1 49	10 03	19 03	23 21	21 24	13 49	2 43	8 49	18 41	23 19
17	20 47	12 03	1 25	10 24	19 17	23 23	21 14	13 29	2 20	9 11	18 56	23 21
18	20 35	11 42	1 02	10 45	19 30	23 24	21 04	13 10	1 57	9 33	19 11	23 23
19	20 22	11 21	0 38	11 06	19 43	23 25	20 53	12 51	1 34	9 54	19 25	23 25
20	20 10	10 59	0 14 S	11 27	19 56	23 26	20 42	12 31	1 11	10 16	19 39	23 26
21	19 57 S	10 38 S	0 09 N	11 47 N	20 08 N	23 27 N	20 31 N	12 11 N	0 47 N	10 37 S	19 52 S	23 26 S
22	19 43	10 16	0 33	12 08	20 21	23 26	20 19	11 51	0 23	10 59	20 05	23 27
23	19 29	9 54	0 57	12 28	20 32	23 26	20 07	11 31	0 01 N	11 20	20 18	23 26
24	19 15	9 32	1 20	12 47	20 44	23 25	19 55	11 11	0 23 S	11 41	20 31	23 25
25	19 00	9 10	1 44	13 07	20 55	23 24	19 42	10 50	0 46	12 02	20 43	23 24
26	18 46	8 47	2 08	13 27	21 05	23 22	19 29	10 29	1 10	12 22	20 54	23 22
27	18 30	8 24	2 31	13 46	21 16	23 20	19 16	10 08	1 33	12 43	21 05	23 20
28	18 16	8 02	2 55	14 05	21 26	23 18	19 02	9 47	1 56	13 03	21 16	23 18
29	17 59		3 18	14 24	21 35	23 15	18 48	9 26	2 20	13 23	21 27	23 15
30	17 44		3 41	14 42	21 44	23 11	18 34	9 05	2 43	13 43	21 37	23 11
31	17 26		4 05		21 53		18 19	8 43		14 03		23 07

TAFEL II
Greenwichwinkel der Sonne zur Mittleren Greenwich-Zeit (UT 1)
Für die Jahre 1986–1990–1994–1998–2002–2006
Addieren (oder subtrahieren), folgend der Tabelle, um die Wahre Zeit zu finden

Tag	Jan. − m s	Febr. − m s	März − m s	April −/+ m s	Mai + m s	Juni +/− m s	Juli − m s	Aug. − m s	Sept. −/+ m s	Okt. + m s	Nov. + m s	Dez. +/− m s
1	3 29	13 37	12 32	4 03	2 55	2 20	3 39	6 14	0 06	10 10	16 20	11 03
2	3 48	13 45	12 20	3 45	3 02	2 12	3 50	6 10	0 13	10 29	16 21	10 41
3	4 26	13 52	12 08	3 27	3 09	2 02	4 02	6 06	0 32	10 48	16 22	10 18
4	4 53	13 58	11 55	3 09	3 15	1 52	4 13	6 01	0 51	11 06	16 22	9 54
5	5 20	14 03	11 42	2 52	3 21	1 42	4 24	5 56	1 11	11 25	16 21	9 29
6	5 47	14 08	11 28	2 35	3 26	1 31	4 34	5 50	1 31	11 43	16 19	9 05
7	6 14	14 12	11 14	2 17	3 30	1 20	4 44	5 43	1 51	12 00	16 16	8 39
8	6 39	14 15	11 00	2 00	3 34	1 09	4 54	5 36	2 12	12 17	16 13	8 13
9	7 05	14 17	10 45	1 44	3 38	0 58	5 03	5 28	2 32	12 34	16 09	7 47
10	7 30	14 19	10 29	1 27	3 41	0 45	5 12	5 19	2 53	12 50	16 04	7 20
11	7 54	14 21	10 14	1 11	3 43	0 33	5 20	5 10	3 14	13 06	15 58	6 53
12	8 17	14 21	9 58	0 55	3 45	0 21	5 28	5 01	3 35	13 22	15 51	6 25
13	8 40	14 20	9 42	0 39	3 46	0 09	5 36	4 50	3 56	13 37	15 43	5 57
14	9 02	14 18	9 25	0 24	3 47	0 00	5 43	4 40	4 17	13 51	15 34	5 29
15	9 24	14 16	9 08	0 09	3 47	0 16	5 49	4 28	4 39	14 05	15 25	5 00
16	9 45	14 13	8 51	0 06	3 46	0 28	5 55	4 17	5 00	14 18	15 15	4 31
17	10 05	14 09	8 34	0 20	3 45	0 42	6 00	4 04	5 21	14 31	15 04	4 02
18	10 25	14 04	8 16	0 34	3 44	0 55	6 05	3 51	5 43	14 43	14 52	3 32
19	10 43	13 59	7 59	0 48	3 41	1 07	6 10	3 38	6 04	14 54	14 39	3 03
20	11 02	13 53	7 41	1 01	3 39	1 20	6 14	3 24	6 25	15 05	14 25	2 33
21	11 19	13 46	7 23	1 14	3 32	1 33	6 17	3 10	6 46	15 15	14 11	2 03
22	11 36	13 39	7 05	1 26	3 28	1 46	6 20	2 55	7 07	15 24	13 55	1 33
23	11 51	13 31	6 46	1 38	3 24	1 59	6 22	2 40	7 28	15 33	13 39	1 03
24	12 07	13 22	6 28	1 50	3 18	2 12	6 23	2 25	7 49	15 41	13 22	0 33
25	12 21	13 13	6 10	2 00	3 13	2 25	6 24	2 09	8 10	15 49	13 05	0 03
26	12 34	13 04	5 52	2 11	3 07	2 38	6 25	1 52	8 30	15 55	12 46	0 27
27	12 47	12 54	5 33	2 21	3 01	2 50	6 25	1 36	8 51	16 01	12 27	0 57
28	12 59	12 43	5 15	2 30	2 54	3 03	6 24	1 19	9 11	16 07	12 07	1 26
29	13 10		4 57	2 39	2 46	3 15	6 23	1 01	9 31	16 11	11 46	1 56
30	13 21		4 39	2 47	2 38	3 27	6 21	0 43	9 50	16 15	11 25	2 25
31	13 30		4 21		2 30		6 19	0 25		16 18		2 54

TAFEL III
Deklination der Sonne zur Mittleren Greenwich-Zeit (UT 1)
Für die Jahre 1987–1991–1995–1999–2003–2007

Tag	Jan.	Febr.	März	April	Mai	Juni	Juli	Aug.	Sept.	Okt.	Nov.	Dez.
	° ′ S	° ′ S	° ′ S	° ′ N	° ′ N	° ′ N	° ′ N	° ′ N	° ′ N	° ′ S	° ′ S	° ′ S
1	23 02	17 12	7 45	4 22	14 57	21 59	23 08	18 08	8 28	3 01	14 17	21 44
2	22 57	16 56	7 22	4 45	15 15	22 08	23 04	17 53	8 05	3 24	14 36	21 53
3	22 51	16 39	7 00	5 08	15 33	22 16	23 00	17 38	7 43	3 47	14 55	22 02
4	22 46	16 21	6 36	5 31	15 50	22 23	22 55	17 22	7 21	4 10	15 14	22 11
5	22 40	16 03	6 13	5 54	16 08	22 30	22 50	17 06	7 00	4 34	15 33	22 19
6	22 33	15 45	5 50	6 17	16 25	22 36	22 44	16 50	6 37	4 57	15 51	22 26
7	22 26	15 26	5 27	6 40	16 41	22 43	22 38	16 33	6 14	5 20	16 09	22 34
8	22 18	15 08	5 03	7 02	16 58	22 48	22 32	16 16	5 52	5 43	16 27	22 40
9	22 10	14 49	4 40	7 25	17 14	22 54	22 25	16 00	5 29	6 05	16 44	22 47
10	22 01	14 29	4 17	7 47	17 30	22 59	22 18	15 42	5 07	6 38	17 01	22 52
11	21 52	14 10	3 53	8 09	17 46	23 03	22 10	15 24	4 44	6 51	17 18	22 58
12	21 43	13 50	3 30	8 31	18 01	23 07	22 02	15 07	4 21	7 14	17 34	23 03
13	21 34	13 30	3 06	8 53	18 16	23 11	21 54	14 49	3 59	7 36	17 51	23 07
14	21 24	13 10	2 42	9 15	18 31	23 15	21 45	14 30	3 35	7 59	18 07	23 11
15	21 12	12 50	2 19	9 36	18 46	23 17	21 36	14 12	3 12	8 21	18 22	23 15
16	21 01	12 29	1 55	9 58	18 59	23 20	21 28	13 53	2 49	8 43	18 38	23 18
17	20 50	12 08	1 31	10 19	19 14	23 22	21 17	13 34	2 26	9 05	18 53	23 21
18	20 38	11 47	1 08	10 40	19 27	23 24	21 06	13 15	2 03	9 27	19 07	23 23
19	20 26	11 26	0 44	11 01	19 40	23 25	20 56	12 56	1 40	9 49	19 22	23 24
20	20 12	11 04	0 20 S	11 22	19 53	23 26	20 45	12 36	1 16	10 11	19 35	23 26
21	20 00	10 43	0 04 N	11 42	20 06	23 26	20 34	12 16	0 53	10 32	19 49	23 26
22	19 46	10 21	0 27	12 03	20 18	23 27	20 20	11 56	0 29	10 54	20 02	23 27
23	19 33	10 00	0 51	12 23	20 30	23 26	20 10	11 36	0 06 N	11 15	20 15	23 26
24	19 19	9 37	1 14	12 43	20 41	23 25	19 58	11 16	0 17 S	11 36	20 28	23 26
25	19 04	9 15	1 38	13 03	20 52	23 24	19 45	10 55	0 41	11 57	20 40	23 25
26	18 49	8 53	2 02	13 22	21 03	23 23	19 32	10 34	1 04	12 17	20 51	23 23
27	18 34	8 30	2 25	13 42	21 13	23 21	19 19	10 14	1 27	12 38	21 03	23 21
28	18 19	8 08	2 49	14 01	21 23	23 18	19 06	9 51	1 51	12 58	21 14	23 18
29	18 03		3 12	14 20	21 33	23 15	18 52	9 31	2 14	13 18	21 24	23 15
30	17 47		3 36	14 38	21 42	23 12	18 37	9 10	2 37	13 38	21 34	23 12
31	17 30		3 59		21 51		18 23	8 49		13 58		23 08

TAFEL IV
Greenwichwinkel der Sonne zur Mittleren Greenwich-Zeit (UT 1)
Für die Jahre 1987–1991–1995–1999–2003–2007
Addieren (oder subtrahieren), folgend der Tabelle, um die Wahre Zeit zu finden

Tag	Jan. − m s	Febr. − m s	März − m s	April −|+ m s	Mai + m s	Juni +|− m s	Juli − m s	Aug. − m s	Sept. −|+ m s	Okt. + m s	Nov. + m s	Dez. +|− m s
1	3 23	13 35	12 32	4 09	2 51	2 22	3 38	6 15	0 10	10 06	16 21	11 10
2	3 51	13 43	12 21	3 51	2 59	2 12	3 49	6 11	0 09	10 26	16 23	10 48
3	4 19	13 51	12 08	3 33	3 06	2 03	4 01	6 07	0 27	10 45	16 24	10 25
4	4 46	13 57	11 55	3 15	3 12	1 53	4 11	6 02	0 47	11 04	16 24	10 01
5	5 14	14 02	11 43	2 57	3 18	1 43	4 22	5 57	1 07	11 22	16 23	9 37
6	5 40	14 07	11 29	2 40	3 23	1 32	4 33	5 51	1 27	11 40	16 21	9 12
7	6 07	14 11	11 15	2 22	3 28	1 23	4 43	5 44	1 47	11 58	16 19	8 47
8	6 32	14 14	11 00	2 05	3 32	1 10	4 52	5 37	2 08	12 15	16 15	8 21
9	6 58	14 16	10 45	1 48	3 36	0 59	5 01	5 30	2 28	12 32	16 11	7 54
10	7 22	14 18	10 30	1 32	3 39	0 47	5 10	5 21	2 49	12 48	16 06	7 28
11	7 47	14 18	10 15	1 15	3 42	0 36	5 19	5 12	3 10	13 04	16 00	7 00
12	8 10	14 18	9 58	0 59	3 43	0 24	5 27	5 03	3 30	13 19	15 53	6 32
13	8 34	14 17	9 43	0 44	3 45	0 11	5 34	4 53	3 51	13 34	15 46	6 04
14	8 56	14 16	9 26	0 28	3 45	0 00	5 41	4 43	4 12	13 48	15 37	5 36
15	9 18	14 13	9 09	0 13	3 46	0 14	5 47	4 32	4 34	14 02	15 28	5 07
16	9 39	14 10	8 52	0 01	3 45	0 27	5 54	4 20	4 55	14 15	15 18	4 38
17	10 00	14 07	8 35	0 16	3 44	0 39	6 00	4 08	5 16	14 28	15 07	4 09
18	10 20	14 02	8 18	0 30	3 42	0 52	6 05	3 55	5 37	14 40	14 55	3 39
19	10 39	13 57	8 00	0 43	3 40	1 06	6 10	3 42	5 59	14 52	14 42	3 10
20	10 57	13 52	7 43	0 56	3 37	1 19	6 14	3 29	6 20	15 03	14 29	2 40
21	11 15	13 45	7 25	1 09	3 34	1 32	6 17	3 15	6 41	15 13	14 15	2 10
22	11 32	13 38	7 07	1 21	3 30	1 45	6 20	3 00	7 02	15 23	13 59	1 40
23	11 48	13 30	6 49	1 33	3 26	1 58	6 23	2 45	7 23	15 32	13 44	1 10
24	12 04	13 22	6 31	1 45	3 21	2 11	6 25	2 29	7 44	15 40	13 27	0 41
25	12 19	13 14	6 13	1 56	3 15	2 24	6 26	2 13	8 05	15 48	13 10	0 11
26	12 32	13 04	5 55	2 06	3 10	2 37	6 26	1 57	8 26	15 55	12 52	0 19
27	12 45	12 54	5 37	2 16	3 03	2 50	6 26	1 40	8 46	16 01	12 33	0 48
28	12 57	12 43	5 19	2 26	2 56	3 02	6 25	1 23	9 07	16 07	12 13	1 18
29	13 09		5 00	2 35	2 49	3 15	6 23	1 05	9 27	16 11	11 53	1 47
30	13 19		4 42	2 43	2 42	3 27	6 23	0 47	9 47	16 15	11 32	2 16
31	13 29		4 24		2 33		6 20	0 29		16 19		2 45

TAFEL V
Deklination der Sonne zur Mittleren Greenwich-Zeit (UT 1)
Für die Jahre 1988–1992–1996–2000–2004–2008

Tag	Jan.	Febr.	März	April	Mai	Juni	Juli	Aug.	Sept.	Okt.	Nov.	Dez.
	° ′	° ′	° ′	° ′	° ′	° ′	° ′	° ′	° ′	° ′	° ′	° ′
1	23 04 S	17 18 S	7 28 S	4 40 N	15 10 N	22 06 N	23 06 N	17 57 N	8 10 N	3 18 S	14 32 S	21 51 S
2	22 58	17 0	7 05	5 03	15 28	22 14	23 01	17 41	7 49	3 42	14 51	22 00
3	22 53	16 43	6 42	5 26	15 46	22 21	22 56	17 26	7 27	4,05	15 09	22 09
4	22 48	16 26	6 19	5 49	16 03	22 28	22 51	17 10	7 05	4 28	15 28	22 17
5	22 41	16 08	5 56	6 11	16 20	22 35	22 46	16 54	6 42	4 51	15 47	22 25
6	22 35	15 50	5 33	6 34	16 37	22 41	22 40	16 37	6 20	5 14	16 05	22 32
7	22 28	15 31	5 09	6 57	16 54	22 47	22 33	16 21	5 57	5 37	16 22	22 39
8	22 20	15 12	4 46	7 19	17 10	22 52	22 27	16 04	5 35	6 00	16 40	22 45
9	22 12	14 53	4 23	7 41	17 26	22 58	22 20	15 46	5 12	6 23	16 57	22 51
10	22 03	14 34	3 59	8 04	17 42	23 02	22 12	15 29	4 50	6 46	17 14	22 57
11	21 54 S	14 15 S	3 36 S	8 26 N	17 58 N	23 07 N	22 04 N	15 11 N	4 27 N	7 08 S	17 31 S	23 02 S
12	21 45	13,55	3 12	8 48	18 13	23 10	21 56	14 53	4 04	7 31	17 47	23 06
13	21 36	13 35	2 48	9 10	18 28	23 14	21 47	14 35	3 41	7 53	18 03	23 10
14	21 25	13 15	2 24	9 31	18 42	23 17	21 38	14 16	3 18	8 16	18 19	23 14
15	21 15	12 55	2 01	9 53	18 56	23 20	21 29	13 58	2 55	8 38	18 34	23 17
16	21 04	12 34	1 37	10 14	19 10	23 22	21 19	13 40	2 32	9 00	18 49	23 20
17	20 53	12 13	1 13	10 35	19 24	23 24	21 09	13 20	2 08	9 22	19 04	23 22
18	20 41	11 52	0 50	10 56	19 37	23 25	20 59	13 00	1 45	9 44	19 18	23 24
19	20 29	11 31	0 26	11 17	19 50	23 26	20 48	12 41	1 22	10 06	19 32	23 25
20	20 16	11 10	0 02	11 37	20 03	23 26	20 37	12 21	0 59	10 27	19 46	23 26
21	20 03 S	10 48 S	0 22 N	11 58 N	20 15 N	23 27 N	20 25 N	12 01 N	0 35 N	10 48 S	19 59 S	23 27 S
22	19 50	10 27	0 45	12 18	20 27	23 26	20 13	11 41	0 12 N	11 10	20 12	23 27
23	19 36	10 05	1 09	12 38	20 38	23 26	20 01	11 21	0 11 S	11 31	20 25	23 26
24	19 22	9 43	1 33	12 58	20 50	23 25	19 48	11 00	0 35	11 52	20 36	23 25
25	19 08	9 21	1 56	13 17	21 00	23 23	19 36	10 40	0 58	12 12	20 49	23 23
26	18 53	8 58	2 20	13 37	21 11	23 21	19 22	10 19	1 22	12 33	21 00	23 21
27	18 38	8 36	2 43	13 56	21 21	23 19	19 09	9 58	1 45	12 53	21 11	23 19
28	18 23	8 13	3 07	14 15	21 31	23 16	18 55	9 37	2 08	13 13	21 22	23 15
29	18 07	7 51	3 30	14 34	21 40	23 13	18 41	9 16	2 32	13 33	21 32	23 13
30	17 51		3 53	14 52	21 49	23 09	18 27	8 54	2 55	13 53	21 42	23 09
31	17 34		4 16		21 58		18 12	8 32		14 12		23,05

TABELLE VI

Greenwichwinkel der Sonne zur Mittleren Greenwich-Zeit (UT 1)
Für die Jahre 1988–1992–1996–2000–2004–2008
Addieren (oder subtrahieren), folgend der Tabelle, um die Wahre Zeit zu finden

Tag	Jan. (−) m s	Febr. (−) m s	März (−) m s	April m s	Mai (+) m s	Juni m s	Juli (−) m s	Aug. (−) m s	Sept. (+) m s	Okt. (+) m s	Nov. (+) m s	Dez. m s
1	3 15	13 32	12 22	3 51	2 57	2 16	3 45	6 12	0 05	10 20	16 21	10 53
2	3 43	13 40	12 10	3 34	3 04	2 07	3 57	6 08	0 24	10 39	16 23	10 31
3	4 11	13 48	11 57	3 16	3 11	1 57	4 08	6 03	0 44	10 58	16 23	10 07
4	4 39	13 54	11 44	2 58	3 17	1 47	4 18	5 58	1 03	11 16	16 22	9 43
5	5 06	14 00	11 31	2 41	3 23	1 36	4 29	5 52	1 23	11 34	16 21	9 18
6	5 33	14 05	11 17	2 23	3 28	1 25	4 39	5 46	1 43	11 52	16 19	8 53
7	6 00	14 09	11 03	2 06	3 32	1 14	4 49	5 39	2 03	12 09	16 16	8 28
8	6 26	14 12	10 48	1 50	3 36	1 03	4 59	5 31	2 24	12 26	16 12	8 01
9	6 51	14 15	10 33	1 33	3 39	0 51	5 08	5 23	2 45	12 43	16 07	7 35
10	7 16	14 17	10 18	1 17	3 42	0 40	5 16	5 14	3 06	12 59	16 01	7 07
11	7 40	14 18	10 02	1 01	3 44	0 28	5 26	5 05	3 27	13 14	15 55	6 40
12	8 04	14 18	9 47	0 45	3 45	0 15	5 32	4 55	3 47	13 29	15 47	6 12
13	8 27	14 17	9 30	0 30	3 46	0 02	5 40	4 45	4 08	13 44	15 39	5 44
14	8 50	14 16	9 13	0 15	3 47	0 11	5 46	4 34	4 30	13 58	15 30	5 15
15	9 12	14 14	8 56	0 00	3 46	0 23	5 53	4 22	4 51	14 11	15 20	4 46
16	9 33	14 11	8 39	0 14	3 45	0 36	5 59	4 10	5 12	14 24	15 09	4 17
17	9 54	14 08	8 22	0 28	3 44	0 49	6 04	3 58	5 34	14 36	14 58	3 47
18	10 14	14 04	8 04	0 41	3 42	1 02	6 08	3 45	5 55	14 48	14 45	3 18
19	10 33	13 57	7 47	0 55	3 39	1 15	6 13	3 32	6 17	14 59	14 32	2 48
20	10 52	13 53	7 29	1 07	3 36	1 28	6 16	3 18	6 39	15 10	14 18	2 18
21	11 10	13 47	7 11	1 20	3 33	1 41	6 19	3 03	6 59	15 19	14 03	1 48
22	11 27	13 40	6 53	1 32	3 28	1 54	6 21	2 48	7 21	15 28	13 47	1 18
23	11 43	13 33	6 32	1 43	3 24	2 07	6 23	2 33	7 41	15 37	13 31	0 48
24	11 59	13 25	6 17	1 54	3 18	2 31	6 25	2 17	8 02	15 45	13 14	0 18
25	12 14	13 15	5 59	2 05	3 13	2 32	6 25	2 01	8 23	15 52	12 56	0 11
26	12 28	13 05	5 40	2 15	3 06	2 45	6 25	1 44	8 44	15 58	12 37	0 41
27	12 41	12 56	5 22	2 25	3 00	2 57	6 25	1 27	9 04	16 04	12 18	1 11
28	12 54	12 45	5 04	2 34	2 52	3 10	6 23	1 10	9 25	16 09	11 58	1 40
29	13 05	12 34	4 45	2 42	2 45	3 22	6 22	0 52	9 44	16 13	11 37	2 09
30	13 16		4 28	2 50	2 37	3 34	6 20	0 34	10 04	16 17	11 15	2 38
31	13 26		4 09		2 28		6 18	0 15		16 20		3 07

TAFEL VII
Deklination der Sonne zur Mittleren Greenwich-Zeit (UT 1)
Für die Jahre 1989–1993–1997–2001–2005–2009

Tag	Jan.	Febr.	März	April	Mai	Juni	Juli	Aug.	Sept.	Okt.	Nov.	Dez.
	° ′ S	° ′ S	° ′ S	° ′ N	° ′ N	° ′ N	° ′ N	° ′ N	° ′ N	° ′ S	° ′ S	° ′ S
1	23 01 S	17 5 S	7 34 S	4 34 N	15 5 N	22 4 N	23 7 N	18 01 N	8 16 N	3 12 S	14 27 S	21 48 S
2	22 56	16 48	7 11	4 57	15 23	22 11	23 2	17 46	7 54	3 35	14 46	21 57
3	22 50	16 30	6 48	5 20	15 41	22 19	22 58	17 30	7 33	3 59	15 05	22 6
4	22 43	16 12	6 25	5 43	15 59	22 26	22 53	17 14	7 10	4 22	15 23	22 15
5	22 37	15 54	6 01	6 5	16 16	22 33	22 47	16 58	6 48	4 45	15 42	22 23
6	22 30	15 36	5 39	6 28	16 33	22 39	22 41	16 42	6 26	5 8	15 59	22 30
7	22 22	15 17	5 16	6 51	16 49	22 45	22 35	16 25	6 4	5 31	16 17	22 37
8	22 14	14 58	4 52	7 14	17 6	22 51	22 28	16 8	5 41	5 54	16 35	22 43
9	22 6	14 39	4 29	7 36	17 22	22 56	22 21	15 51	5 18	6 17	16 52	22 49
10	21 57	14 20	4 5	7 58	17 38	23 0	22 14	15 34	4 56	6 39	17 9	22 55
11	21 48 S	14 0 S	3 42 S	8 20 N	17 53 N	23 5 N	22 6 N	15 16 N	4 33 N	7 02 S	17 26 S	23 0 S
12	21 38	13 40	3 18	8 42	18 9	23 9	21 59	14 58	4 10	7 25	17 42	23 5
13	21 28	13 20	2 54	9 4	18 24	23 13	21 50	14 40	3 47	7 47	17 59	23 9
14	21 18	13 0	2 31	9 25	18 38	23 16	21 41	14 21	3 24	8 08	18 14	23 13
15	21 7	12 39	2 7	9 47	18 52	23 19	21 31	14 3	3 1	8 32	18 30	23 16
16	20 56	12 18	1 43	10 8	19 6	23 21	21 22	13 44	2 38	8 54	18 45	23 19
17	20 45	11 58	1 20	10 29	19 20	23 23	21 12	13 25	2 15	9 16	18 59	23 22
18	20 33	11 37	0 56	10 50	19 34	23 24	21 1	13 6	1 51	9 38	19 14	23 23
19	20 21	11 15	0 32	11 12	19 47	23 26	20 51	12 46	1 28	9 59	19 28	23 25
20	20 7	10 54	0 8 S	11 32	19 59	23 26	20 40	12 26	1 5	10 21	19 42	23 26
21	19 53 S	10 32 S	0 15 N	11 52 N	20 12 N	23 27 N	20 28 N	12 6 N	0 42 N	10 43 S	19 56 S	23 26 S
22	19 40	10 11	0 39	12 13	20 23	23 26	20 16	11 46	0 19 N	11 4	20 9	23 26
23	19 26	9 49	1 3	12 33	20 35	23 26	20 4	11 26	0 5 S	11 25	20 21	23 26
24	19 11	9 26	1 26	12 53	20 46	23 25	19 52	11 6	0 29	11 46	20 34	23 25
25	18 57	9 4	1 50	13 12	20 57	23 23	19 39	10 45	0 52	12 7	20 45	23 24
26	18 41	8 42	2 13	13 32	21 8	23 22	19 26	10 24	1 16	12 27	20 57	23 22
27	18 26	8 19	2 39	13 51	21 18	23 20	19 13	10 3	1 39	12 48	21 8	23 20
28	18 11	7 58	3 0	14 10	21 28	23 17	19 0	9 42	2 02	13 8	21 19	23 17
29	17 55		3 24	14 29	21 37	23 14	18 45	9 21	2 25	13 28	21 29	23 14
30	17 39		3 47	14 47	21 46	23 10	18 30	9 0	2 49	13 48	21 39	23 10
31	17 22		4 10		21 55		18 16	8 38		14 07		23 6

Greenwichwinkel der Sonne zur Mittleren Greenwich-Zeit (UT 1)
Für die Jahre 1989–1993–1997–2001–2005–2009
Addieren (oder subtrahieren), folgend der Tabelle, um die Wahre Zeit zu finden

Tag	Jan. −	Febr. −	März − / +	April − / +	Mai + / −	Juni + / −	Juli −	Aug. − / +	Sept. − / +	Okt. +	Nov. +	Dez. + / −
	m s	m s	m s	m s	m s	m s	m s	m s	m s	m s	m s	m s
1	3 35	13 41	12 27	3 55	2 57	2 20	3 42	6 12	0 00	10 15	16 20	10 58
2	4 03	13 47	12 13	3 37	3 04	2 11	3 54	6 08	0 19	10 34	16 22	10 35
3	4 31	13 54	12 01	3 20	3 11	2 01	4 05	6 04	0 38	10 53	16 22	10 12
4	4 59	14 0	11 48	3 02	3 17	1 50	4 16	5 59	0 58	11 11	16 21	9 48
5	5 26	14 5	11 35	2 45	3 23	1 39	4 27	5 54	1 18	11 29	16 20	9 23
6	5 52	14 9	11 20	2 28	3 28	1 28	4 37	5 48	1 38	11 47	16 18	8 58
7	6 18	14 13	11 06	2 10	3 32	1 17	4 47	5 41	1 58	12 04	16 15	8 32
8	6 44	14 16	10 52	1 54	3 36	1 06	4 56	5 34	2 20	12 21	16 11	8 06
9	7 09	14 18	10 37	1 37	3 39	0 55	5 05	5 26	2 40	12 38	16 07	7 39
10	7 34	14 19	10 22	1 21	3 42	0 43	5 14	5 17	3 01	12 54	16 01	7 12
11	7 58	14 19	10 06	1 5	3 44	0 31	5 22	5 08	3 22	13 09	15 55	6 45
12	8 22	14 18	9 50	0 49	3 45	0 19	5 30	4 59	3 42	13 25	15 48	6 17
13	8 45	14 17	9 34	0 33	3 46	0 06	5 37	4 48	4 04	13 39	15 40	5 49
14	9 07	14 15	9 17	0 18	3 46	0 07	5 44	4 38	4 25	13 53	15 31	5 20
15	9 29	14 12	9 01	0 3	3 46	0 19	5 50	4 26	4 46	14 07	15 21	4 52
16	9 49	14 09	8 44	0 11	3 46	0 32	5 56	4 14	5 07	14 20	15 11	4 23
17	10 10	14 05	8 26	0 25	3 44	0 44	6 01	4 02	5 29	14 33	15 00	3 54
18	10 29	14 00	8 8	0 39	3 42	0 57	6 06	3 49	5 50	14 45	14 47	3 24
19	10 48	13 54	7 51	0 53	3 40	1 10	6 10	3 36	6 11	14 56	14 35	2 55
20	11 06	13 48	7 33	1 5	3 37	1 23	6 14	3 22	6 33	15 07	14 21	2 25
21	11 23	13 41	7 15	1 18	3 34	1 37	6 17	3 07	6 54	15 17	14 06	1 55
22	11 40	13 34	6 58	1 30	3 30	1 49	6 20	2 52	7 15	15 26	13 51	1 26
23	11 56	13 26	6 39	1 42	3 25	2 02	6 22	2 37	7 36	15 35	13 35	0 56
24	12 10	13 17	6 20	1 53	3 20	2 15	6 23	2 21	7 57	15 43	13 18	0 26
25	12 25	13 8	6 02	2 4	3 15	2 28	6 24	2 05	8 18	15 50	13 00	0 04
26	12 38	12 58	5 44	2 14	3 09	2 41	6 25	1 48	8 38	15 57	12 41	0 34
27	12 50	12 48	5 26	2 24	3 02	2 53	6 25	1 31	8 59	16 03	12 22	1 03
28	13 02	12 37	5 07	2 33	2 55	3 06	6 24	1 14	9 19	16 08	12 02	1 33
29	13 13		4 49	2 44	2 48	3 18	6 22	0 56	9 38	16 12	11 41	2 02
30	13 23		4 31	2 2	2 40	3 30	6 20	0 38	9 58	16 16	11 20	2 32
31	13 32		4 13		2 32		6 17	0 20		16 18		3 10

24 Fit sein und die Gesundheit

»Es ist statistisch erwiesen, daß selbständig Tätige weit weniger krank werden als angestellte Arbeitnehmer.« (Ergebnis einer AOK-Statistik)

Wer auf Langfahrt geht und monatelang in abgelegenen Gebieten kreuzt, sollte sich medizinisch umsichtig darauf vorbereiten. Selbstverständlich sind eine gut sortierte Bordapotheke, ein gründliches Durchchecken beim Arzt und das Absolvieren eines Erste-Hilfe-Kurses. Wichtiger als medizinisches Wissen und Medikamente ist jedoch unterwegs das Gefühl: Ich bin gesund, ich bin fit. Und: Mir darf gesundheitlich nichts passieren. Diese Suggestion hilft ungemein. Doch das ist leichter gesagt als getan. Ich bin ein gutes Beispiel dafür.

Ich legte in Kiel mit denkbar ungünstigen Voraussetzungen für meinen Nonstoptrip ab: Unter Normalgewicht, wegen der vielen Arbeit und der Anspannung vor der Abreise, und mit gequetschtem Daumen und Zeigefinger. Die beiden abblätternden Nägel bereiteten mir bis zum Kap der Guten Hoffnung Schwierigkeiten. Gewöhnlich hielt ich sie zwar mit Heftpflaster geschützt, aber das Pflaster dämpfte die Stöße nur geringfügig. Bei Nässe und wenn ich an Deck gefordert wurde, konnte ich wegen der schmerzenden Fingerkuppen nie richtig zufassen. Und das nicht nur bei der Arbeit und mit den Segeln, sondern auch beim Kochen oder wenn ich hastig ins Ölzeug schlüpfen mußte.

Allein segeln in den Hohen Breiten heißt sich aussetzen. Anfangs, in den Brüllenden Vierzigern, setzte ich mich nicht nur Gefahren und Stimmungen aus, die durch rasch aufein-

Obschon ich für die Nonstopfahrt sehr gut mit Medikamenten ausgerüstet war, griff ich höchst selten in die Kiste. Aspirin und andere banale Schmerzmittel waren alles, was ich nahm.

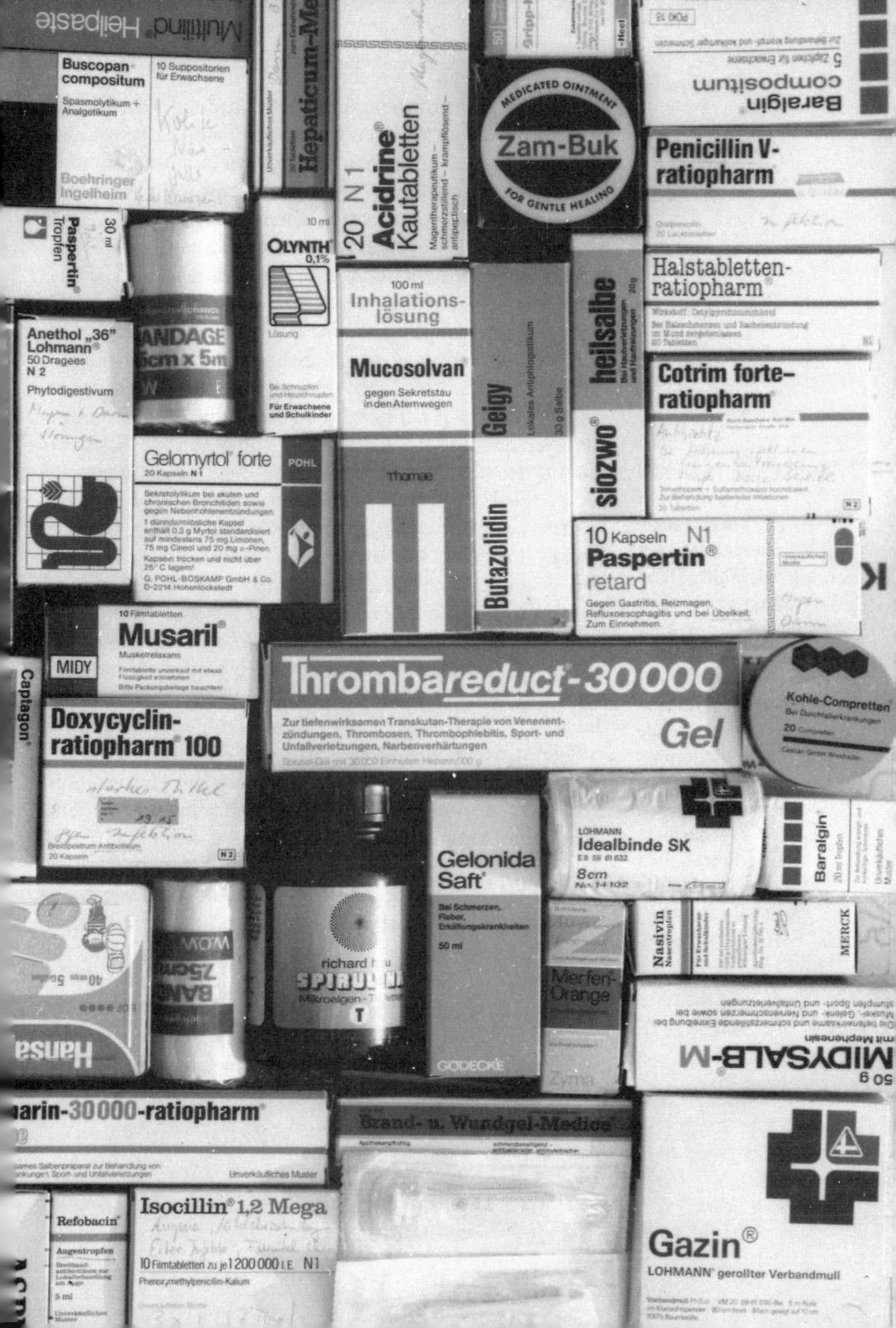

anderfolgende Sturmtiefs verursacht wurden, viel nachhaltiger wirkten die unregelmäßigen Lebens- und Eßgewohnheiten. Die Folge waren häufiges Übelsein, Darmkrämpfe, Kopfschmerzen, Glieder- und Herzbeschwerden. Ich schlief in so kurzen, aber tiefen Intervallen, daß ich jedesmal beim Wachwerden nicht wußte, wo ich war. Das nötige Selbstvertrauen kam mir abhanden, und die dadurch entstehenden Depressionen ließen meinen Körper fiebern. Der lähmende Eindruck meiner ungewohnten, angstmachenden Umgebung brachte mich aus dem Gleichgewicht.

Obschon ich für diese Fahrt sehr gut mit Medikamenten ausgerüstet war, griff ich nur nach Aspirin und anderen einfachen Schmerzmitteln. Meine Aversion gegen Medikamente konnte ich auch in dieser Situation nicht überwinden. Ich suchte mit Hausmitteln wie Haferschleim und Honig, Hefeextrakt und Fastenkuren meine Schwächen zu bezwingen. Ich bekämpfte das Fieber kannenweise mit Tee (schwarzem Tee, Kamille, Fenchel, Hagebutten) – in der Hoffnung, nach dem »Ausschleusen« würde es mir besser gehen.

Ich fühlte mich elend und sah auch so aus. Hinzu kam die Kälte, die sich im südindischen Ozean eingestellt hatte. In der Kajüte um 2°C. Das war verdammt kalt und drückte auf die Moral. Außerdem versuchte ich, mir das Frieren mit möglichst wenig Kleidung wegzutrainieren, mich abzuhärten, meinen Organismus diesen monatelang einwirkenden Reizen Kälte und Wind anzupassen, um mich gegen eine allgemeine Anfälligkeit für Krankheiten, besonders Erkältungen zu schützen.

Ausreichend Kleidung gegen die schneidende Windkälte hatte ich dabei – dreimal Faserpelz und zweimal Ölzeug. Desgleichen Faserpelz- und Wollsocken, wobei ich die wollenen mehr schätzte. Sie waren besser zu tragen und hielten meine Füße einigermaßen warm, denn wer über Tage hinweg eiskalte Füße gehabt hat, weiß das zu schätzen. Bei den wollenen Pullovern verhält es sich genauso. Es ist mir unverständlich, warum viele Seesegler Faserpelzkleidung bevorzugen. Nach dieser Fahrt meine ich grundsätzlich: Wolle unter windabweisender Kleidung ist durch nichts zu ersetzen.

Überhaupt habe ich nach 110 Tagen innerhalb der antark-

Trotz Chemiefasern ist für mich der wertvollste Wärmespender nach wie vor Wolle. Sie ist weicher, wärmt besser und fühlt sich gut an. Die natürliche Kräuselung der Wollfaser sorgt für eine hervorragende Luftspeicherung. Zusätzlich besitzt Wolle die Eigenschaft, die verdunstete Körperfeuchtigkeit aufzunehmen. Auch in nassem Zustand hält Wolle noch warm.

tischen Breiten etwas gegen Chemiefasern. Eingepackt darin begann ich zu schwitzen und fühlte mich miserabel. Die Stoffe atmeten einfach nicht. Die ungewohnte Nässe am Körper jagte mir Furcht ein, zum Beispiel vor einer Lungenentzündung. Dies besonders in den Augenblicken, und die gab's genug an Bord, wenn ich bei einer aufkommenden Bö eilig aus dem Schlafsack hüpfte und naßgeschwitzt an Deck stürzte. Der Schlafsack aus Polyester verkraftete die Feuchtigkeit von innen nicht. Nach einiger Zeit behalf ich mich damit, daß ich den Schlafsack einseitig benutzte und die Feuchtigkeit somit in die Matratze ging.

Schlimmer noch empfand ich die Körpernässe in meinem gefütterten Ölzeugkombi, wenn ich etliche Stunden darin in Bewegung war. Die nasse Kleidung leitete die Kälte besser. Ich war schneller erschöpft mit der Folge, daß die Aufmerksamkeit und die Konzentration nachließen. Ich verfluchte das moderne Zeug.

Ich haderte mit meiner Gesamtsituation. Kälte, Knochenarbeit, Zweifel: das war einfach zu viel. Um die Zeit las ich dann noch, daß für den Frierenden die Resignation lebensgefährlich werden kann, weil die Seele abschweift zum Koller und man ohne Gesprächspartner die Gefahren unterschätzt. Zusätzliche Befürchtungen, die ich erst überwinden konnte, nachdem ich meinen persönlichen Knockdown hatte, kurz vor der Hälfte des Törns.

Plötzlich war vieles ganz anders. Regelmäßig trieb ich Gymnastik (Stemmübungen, Klimmzüge), reinigte meinen Körper, aß bewußter, versuchte dem Körper zu helfen, seine Symbiose wieder herzustellen und durchzuhalten. Mit meiner inneren Gesundheit ging es dann rapide bergauf. Eine Zeitlang machte mir zwar wegen der hohen Luftfeuchtigkeit Wolf zu schaffen, das sind Entzündungen zwischen den Zehen, in den Kniekehlen, an den Unterarmen und zwischen den Beinen, die schlecht heilen. Durch die ständige Berührung mit salziger Wäsche brannten sie und heilten erst wieder, als ich die Wärme des Atlantiks erreicht hatte. Ich behandelte die Wunden mit antibiotischer Creme und Gazetüchern. Ernstlich krank wurde ich nicht. Jedenfalls nicht so, daß ich unbedingt einen Arzt gebraucht hätte. Prellungen, Kopfstöße am Großbaum, Hautverbrennungen beim

Wärmend wirkt nicht nur das Kleidungsstück an sich, sondern auch die Luft zwischen Stoff und Körper. Erkenntniss: Die Wetterbekleidung so kaufen, daß sie bequem und locker sitzt, damit sich eine ordentliche Lufthülle darunter bildet. Auch Gummistiefel ein bis zwei Nummern größer kaufen.

Kalte Füße im Schlafsack: Fußende erhöhen, damit die wärmste Luft in den Fußteil steigt.

Kochen blieben nicht aus, liefen aber immer glimpflich ab.

Auch hatte ich keine Schmerzen an den Zähnen, die ich vor der Abfahrt gründlich hatte nachsehen lassen. Um sicher zu gehen, bei zwei verschiedenen Zahndoktoren. Trotzdem: Als Ergebnis meiner vielen Reisen habe ich einen Mund voll schlechter Zähne oder Lücken. Wo war ich nicht schon überall beim Zahnarzt: Galapagos, Timor, Bombay, Rangoon, Neuseeland, Thursday Island, Davao... Und alle Zahnärzte waren schnell mit der Zange bei der Hand. »Was, Sie wollen monatelang übers Meer segeln? Da muß der Zahn raus.«

Zähneputzen mit Meerwasser. Stärkt und desinfiziert das Zahnfleisch.

Schwerwiegende gesundheitliche Probleme sind rar auf See. Nie lernte ich eine Bootscrew kennen, die im Krankheitsfall einen Doktor auf die Schnelle benötigte. Das muß an der Luft liegen, an der eigenen Beweglichkeit, am entspannten Lebensstil, der die teuflischen Geister von unserem Körper fernhält. Und trotzdem, die typische Frage an Land: »Was macht man, wenn...?« Ja, was macht man, wenn ein Knochen bricht? Schienen selbstverständlich und den nächsten Hafen ansteuern. Blinddarmentzündung: mit Antibiotika behandeln (nächster Hafen), ebenso bei Darmentzündungen, Kopfverletzungen. Man sollte daran denken, auch Seekarten von Nebenrouten einzupacken für den Fall, einen Nothafen ansteuern zu müssen. Astrid und ich haben vor den Reisen den Blinddarm entfernen lassen.

Wunden, die nicht heilen, mit Neo-Balestol (Gewehröl) behanden. Oder: täglich einen Löffel Marmite (Hefeextrakt) essen. Hilft! Wirkt!

Es ist im übrigen auch nicht so, daß es, sobald man die Zivilisation verlassen hat, keine ausreichende medizinische Versorgung gibt. Selbst in der Weite des Südpazifiks ist auf jeder Inselgruppe ein Doktor aufzutreiben. Nicht mit »Werkzeug« und Kenntnissen nach deutschen Vorstellungen, aber was soll's. Selbst Frauen mit gynäkologischen Krankheiten finden ihren Arzt.

Ein kleines Kind an Bord bedeutet nicht unbedingt Gefährdung seiner Gesundheit. Unser Sohn Kym, der mit uns dreieinhalb Jahre segelte und nicht nur die »reine« Südsee, auch Borneo, Ceylon, Arabien kennt, war – Gott sei Dank – nie so krank, daß wir uns hätten Sorgen machen müssen. Insgesamt mußten wir mit ihm nur viermal den Arzt aufsuchen: wegen der Zähne, wegen einer längerwährenden Ruhr in

den Philippinen und wegen Wundinfektionen, die nicht abheilen wollten. Also das Übliche. Dabei achteten wir weder auf gewaschenes Obst noch auf entkeimtes Trinkwasser. Wir haben alle drei gegessen und getrunken, wie es sich ergab: in staubigen Straßenlokalen, bei Einheimischen unterm Blätterdach, aus einer Schüssel am Strand mit Fischern. Womöglich entwickelten unsere Körper im Laufe der Reise entsprechende Abwehrkräfte.

Die Malaria ist immer noch furchterregend und verbreitet sich neuerdings wieder stärker. Wir haben in den jeweiligen Gebieten regelmäßig einmal die Woche – sonntags, das kann man sich am besten merken – vorbeugend Malariatabletten (Resochin) geschluckt. Diese Prophylaxe sollte einen Monat, bevor man in das betreffende Land kommt, begonnen und mindestens einen Monat nach Verlassen fortgeführt werden. Es gibt viele Arten von Malaria und

Schampoo eignet sich zum Waschen mit Seewasser hervorragend. Es säubert nicht nur Haare, Körper und Kleidung, es schäumt sogar im Meerwasser.

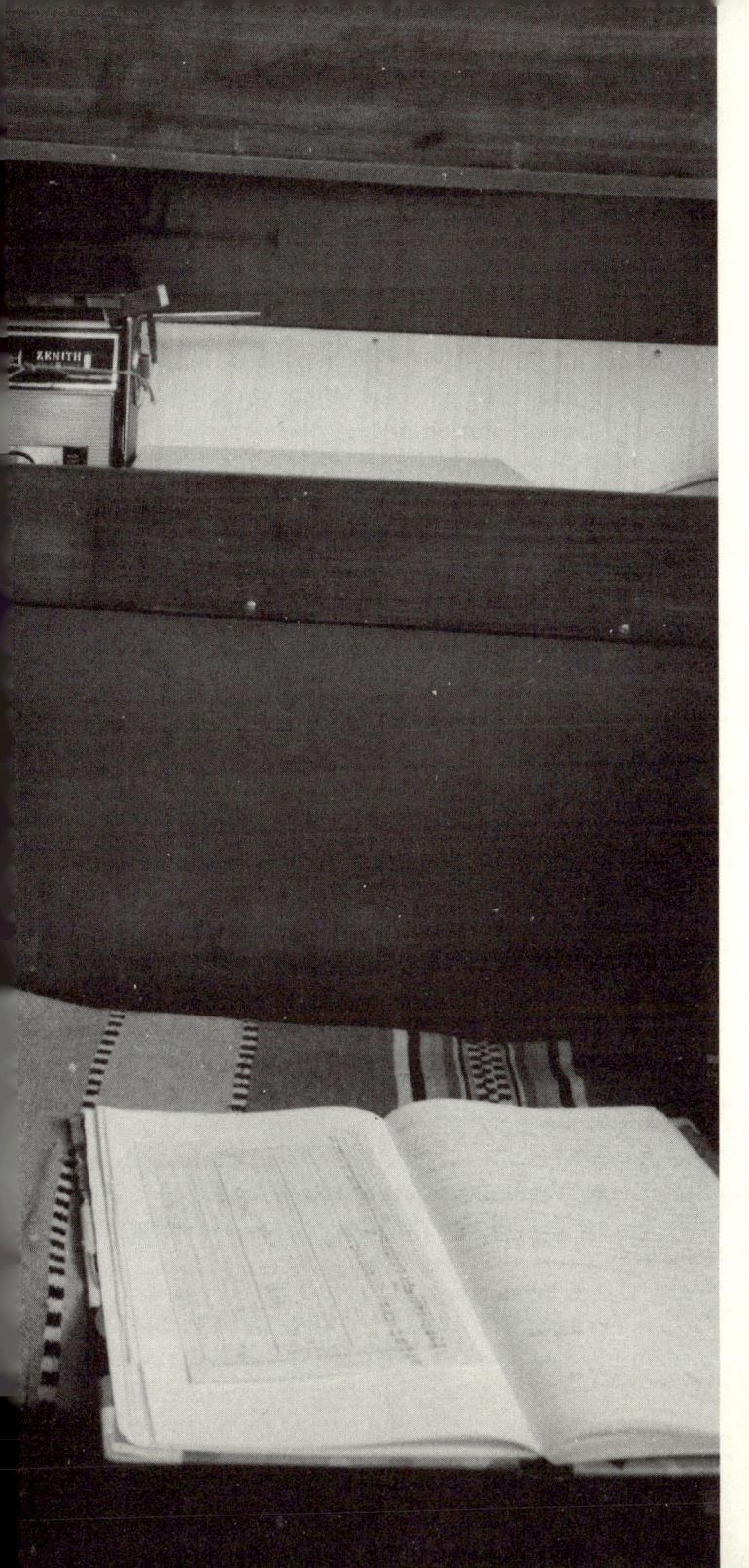

Kalt, stürmisch und
dann noch seekrank.
Das ist strapaziös. Für
die meisten Frauen ist
ein jahrelanger Törn
mit einem kleinen
Boot sowieso eine
harte Sache.

ebenso viele Tablettensorten, die dagegen schützen sollen. Daher ist man besser beraten, keine mitzunehmen und sich an die Tabletten zu halten, die in dem jeweiligen Land genommen werden. Selbst in einer einzelnen Inselgruppe Neuguineas mußten wir die Tablettensorte wechseln. Die für Madang waren nicht stark genug für das Gebiet um Kavieng.

Wenn sich eine Erkältung anbahnt, hilft das altmodische Kalium Permanganat. Ein paar von diesen winzigen lila Kristallen in Wasser auflösen und damit mehrmals am Tage gurgeln. Wenn damit rechtzeitig begonnen wird, geht man lästigen Erkältungskrankheiten aus dem Wege.

Schutzimpfungen gegen Cholera, Gelbfieber und Pocken zu Hause zu erledigen ist nicht unbedingt nötig. Wo was erforderlich ist, erfährt man unterwegs. In den meisten Ländern, die man bei einer Weltumseglung berührt, ist nämlich nichts zwingend. Nur die Schutzimpfung gegen Tetanus ist überall notwendig.

Das häufigste Unbehagen bereitet einem das tropische Geschwür. Der kleinste Kratzer, ein Stoß am Straßenrandstein entwickelt sich rasch zu einem Infektionsherd, der schlecht heilt. Hier ein paar Regeln: Jede Verletzung sollte man als ein potentielles Problem betrachten, das haben wir im Laufe unserer vielen Segeljahre gelernt. Nach einigen mißlichen Erfahrungen wurden wir sehr vorsichtig. Jeder Hautkratzer wurde behandelt, mit Urin (sofort) oder Mercurocrome, dann mit antibiotischem Puder versorgt und – sehr wichtig – trocken gehalten. Muß man trotzdem mal ins salzige Seewasser, sofort mit Süßwasser abspülen und wieder pudern. Polynesier behandeln Korallenschnitte und andere Wunden mit Limonensaft, den sie direkt in die Wunde träufeln.

Täglich ein halbes Glas Meerwasser trinken ist gut für den Ozeansegler. Es führt dem Körper wichtige Mineralien zu: Natrium, Kalzium und Kalium.

Wir mußten uns noch mit einem anderen Problem auseinandersetzen. In dem heißen feucht-tropischen Klima gedeihen Hautpilzentzündungen. Nur gut, daß wir eine Anti-Pilz-Creme besorgt hatten. Eine deutsche Ärztin, die auch mit dem Segelboot unterwegs war, sagte uns, daß viele Frauen und Mädchen an diesen Pilzentzündungen litten, häufig im Bereich der Vagina. Ein Bad mit Essig und Wasser könnte dies kurieren, falls sich der Pilz jedoch weiter ausbreite, müsse ein Arzt aufgesucht werden.

Nicht vergessen dürfen wir, daß unser Körper in heißen Gegenden mehr Flüssigkeit benötigt, wir also viel Wasser trinken müssen. Um den Salzverlust durch das Schwitzen auszugleichen, haben wir täglich ein halbes Glas Meerwasser getrunken. Auch Salztabletten sind gut für jeden, dem es

an Energie fehlt (sich schlapp fühlt) und der leichte Kopfschmerzen hat.
Gefährlich kann es werden, wenn man einen giftigen Fisch
gefangen hat. Immer erst von den Eingeborenen den eigenen Fang begutachten lassen, bevor man ihn in die Pfanne
wirft. Fisch ist manchmal an der einen Küste der Insel genießbar, während er auf der anderen Seite, nur wenige Meilen entfernt, giftig ist. Das liegt an der unterschiedlichen
Nahrungsaufnahme der Fische. Große, auf See gefangene
Fische sind generell nicht giftig. Wenn nach einer Fisch-
mahlzeit leichte Magenbeschwerden auftreten, die Lippen
taub werden, die Lymphdrüsen anschwellen, sollte man an
diesem Platz auf keinen Fall mehr Fisch essen.

Ein Essen mit Fischern
in Ko Pipi / Thailand:
Kym hat überall
gegessen und
getrunken, ohne
gesundheitlich
darunter zu leiden.

Je nach den eigenen Bedürfnissen und der Art des Törns wird der Inhalt der Bordapotheke sehr unterschiedlich sein. Im wesentlichen führt der gesundheitsbewußte Segler folgendes mit:

1. Verbandmittel: elastische Binden, verschiedene Mullbinden, Verbandmull (steril), Heftpflaster, großes Brandwundenverbandspäckchen, Dreiecktuch.
2. Geräte: Fieberthermometer, Schere, Pinzette, Sicherheitsnadeln, Wärmflasche.
3. Medikamente zur äußeren Anwendung: Wundantiseptikum, Brandsalbe, Salben gegen Verstauchungen, Mentholsalbe.
4. Medikamente zur inneren Anwendung: Tee, Schmerzmittel, Halstabletten, Hustenbonbons, Antibiotika, Magen- und Darmmedikamente, Kohletabletten, Wurmmittel, Augen- und Ohrentropfen, Gewürznelken gegen Zahnschmerzen (wirken betäubend).
5. Ein Gesundheitslexikon, noch besser ein Fachbuch mit medizinischen Erklärungen wie zum Beispiel »Der Hausarzt«.

Und denken wir auch daran, Mittel gegen Seekrankheit einzupacken. Es gibt eine ganze Reihe bewährter Medikamente, es kommen immer neue hinzu, deshalb sollte sich jeder beim Arzt beraten lassen. Nur: Wer von der typischen Reisekrankheit langanhaltend befallen wird, dem würde ich keine Medikamente empfehlen. Für die Dauer eines längeren Törns wäre die Einnahme gefährlich. Der Betroffene wird mit der Zeit unter dem Einfluß dieser Mittel träge, seine Bewegungen werden unsicher, insgesamt schädigt die Dauereinnahme seine Gesundheit.

In der Handelsschiffahrt war ich beim ersten bewegten Seegang auf jedem neu angeheuerten Schiff seekrank. Der gesamte Mageninhalt ging regelmäßig über die Reling. Sich hinzulegen und auszuruhen gab's damals nicht. Ich erinnere mich, daß ich beim Rudergehen zwischendurch immer einen schnellen Sprint zur Brückennock einlegte, um mich zu übergeben, ohne daß der wachhabende Steuermann es bemerkte. Mir war das ziemlich peinlich. Aber mit der Zeit war ich gegen jedes Wetter gefeit.

Besonders schlimm sind jene dran, die sich nicht übergeben

Seekrankheit: Während eines längeren Seetörns möglichst Medikamente dagegen meiden – machen müde, unsicher, lustlos. Lieber durch Liegen, trockenes Brot Essen, Schlafen auskurieren oder, wenn das nicht geht, konzentriert das Schiff steuern, ordentliche Arbeiten ausführen, Horizont beobachten.

können und denen trotzdem kotzübel ist. Astrid gehört
dazu. Bleich, mit Rändern unter den Augen, ohne jeglichen
Willen, ohne Appetit »reitet« sie die Seekrankheit ab. Dieses Manko, sich nicht übergeben zu können, verstärkt die
Seekrankheit natürlich noch. Heute wundert mich eigentlich sehr, daß Astrid nie die Nase voll hatte vom Segeln,
nicht einfach alles hingeschmissen hat und in einen Flieger
nach Hause gestiegen ist.

Bei der Seekrankheit wird ein ganzer Symptomenkomplex
durch eine Reizung des Gleichgewichtsapparates im inneren
Ohr hervorgerufen: Übelkeit, Schwindel, Benommenheit.
Wem schon auf dem Rücksitz eines PKW auf der Land-
straße übel wird, der wird sich auch immer auf See schwertun. Ähnliche Symptome machen sich auch bemerkbar bei
Müdigkeit, Angst, Überanstrengung, Alkoholeinfluß.
Auch jemand, der nach einer durchfeierten Nacht in See
sticht, legt mit schlechten Voraussetzungen ab. Ein weiterer
Fehler ist, auf nüchternen Magen alle Arbeiten auf einmal
erledigen zu wollen: Anker einholen, Segel setzen, Dingi
verstauen, Aufräumen an Deck. Das schlägt bei den meisten bei bewegter See gleich durch. Also, der Seekrankheit
kann man besser durch gute Vorbereitung begegnen. Vor
dem Törn: leichte Nahrung zu sich nehmen, warm anziehen,
ausgeruht in die See gehen, keine Bedenken vor dem Seestück haben. Während des Törns: nicht gleich in der Kochecke oder im Motorenraum hantieren. Lieber draußen in
der frischen Luft aufhalten. Hilfreich ist auch, den Horizont
beobachten, trockenes Brot kauen, liegen, schlafen usw.
Weltumsegler Burghard Pieskes Tip bei Seekrankheit, »eins
mit dem Paddel auf den Po und raus an Deck zur Arbeit«, ist
wohl nicht jedermanns Sache.

**Wichtiger als
medizinisches Wissen
und Medikamente ist
unterwegs das Gefühl:
Ich bin gesund und fit.
Und: Mir darf
gesundheitlich nichts
passieren. Diese
Suggestion hilft
ungemein.**

25 Ernährung an Bord

»Sorge machte mir das Dahinschwinden meines Getränkevorrats. Ich hatte aus Australien reichlich mitgenommen – Gin, Brandy, Rum und ein Faß Whitbread Bier, alles unter den Bodenbrettern verstaut. Leider hatte das Faß keine Skala, die den Inhalt anzeigt. Jedesmal, wenn ich mir ein Bier zapfte, hatte ich eine Mordsangst, es könnte das letzte sein. Wahre Tantalusqualen!« (Sir Francis Chichester, britischer Weltumsegler)

Nachdem ich von meinem Vorhaben, die Erde nonstop zu umsegeln, nicht abzubringen gewesen war, wollte Astrid auch zur Ernährung Nützliches beitragen. Schließlich wollte sie mich nicht nur zurück, sondern auch gesund zurück haben. Da mir über Monate hinweg jegliches frische Obst und Gemüse fehlen würde, kochte sie für mich ein: Apfelmus, Pflaumen, Stachelbeeren, Marmeladen, 30 Gläser Fleisch und verschiedene Gemüsesorten. Diese eingeweckten Produkte sollten Vitaminmangel entgegenwirken, mich also vor Muskelschmerzen, Zahnfleischbluten und Skorbut schützen.

Da wir immer wieder zum Thema Einkochen befragt werden, hier die Einzelheiten.

Da ich diesmal alleiniger Esser war, hatte Astrid kleine Gläser (500 Gramm) verwendet, die mit Deckel und Schraubring verschlossen wurden. Glas und Ring sind wieder verwendbar, Deckel kann man nachkaufen. Voraussetzung für erfolgreiches Einkochen von Fleisch ist der Kauf von sehr guter Qualität. Man kann es roh oder gekocht konservieren. Sie hat die gekochte Methode vorgezogen, da, wie allgemein bekannt, das Fleisch noch erheblich »einläuft« und so-

Frisch gefangener Fisch ist eine fabelhafte Ergänzung in der Bordküche. Ich mußte da leider immer passen, weil ich allergisch auf Fisch und alles Meeresgetier reagiere.

mit von gekochtem Fleisch mehr ins Glas paßt und es vor allem einen besseren Geschmack entwickelt.

Beides, Gehacktes und kleine Gulaschwürfel, wurde kurz angebraten, etwas gesalzen und mit einer kleinen Menge Fleischsaft in die Gläser gefüllt. Eigentlich eine einfache Angelegenheit. Aufmerksamkeit ist allerdings geboten, wenn man die Gläser verschließt. Der Deckel wie der Glasrand sollten absolut sauber sein, der kleinste Fleischrest, zum Beispiel in den Rillen, verhindert die Konservierung.

In unserem Einkochtopf standen die Gläser im Wasserbad. Astrid stellte den Thermostathebel auf »Kochen«, und nach der Erhitzungszeit ließ sie Gulasch und Gehacktes 75 Minuten kochen. An einem nach innen gewölbten, durch das Vakuum gehaltenen Deckel war erkennbar, ob der Einkochvorgang erfolgreich war.

Außergewöhnlich hohen Vitamin-C-Gehalt weisen Zitrusfrüchte, Sauerkraut und Zwiebeln auf. Damit wurden Seeschlachten gewonnen!

Für die Lagerung an Bord habe ich die Schraubringe auf den Gläsern gelassen. Gerne hätte Astrid ihre Einkocherei noch mehr ausgedehnt, mehr Fleisch, mehr Gemüse und Obst konserviert, aber sie war in der Vorbereitungszeit für meine große Fahrt nicht nur für die Verproviantierung zuständig.

Ihre Arbeit war erfolgreich: Von den dreißig Gläsern Fleisch, die mit auf die Reise gingen, hat sich nur eines geöffnet, obschon einige zweimal über den Äquator schaukelten (Temperaturen in der Kajüte bis zu 38 °C).

Sie freut sich natürlich, wenn sie heute mein Logbuch aufschlägt und liest: »16 Uhr. Mein Weihnachtsessen: trockener Reis, Gehacktes, mit Zwiebeln, Knoblauch, Rosinen, Curry und Tabasco gewürzt. Apfelmus dazu. Danach viel Kaffee.«

Konservieren von frischen Eiern: drei Sekunden in kochendes Wasser tauchen. Sie halten dann drei Monate.

Diese gute Verpflegung half mir in der Tat über manche schlechte Stimmung hinweg, denn meine übrigen rund 600 gestauten Konserven schmeckten recht eintönig, wie eben »tote« Nahrung so schmeckt. Zudem fehlt es diesen Dosen meist am Notwendigsten, den Vitaminen. Und Vitaminmangel kann bei einem so langen Törn das Befinden stark beeinträchtigen.

Obschon wir uns nicht von einem Ernährungswissenschaftler zwecks optimaler Ernährung beraten ließen, kam ich körperlich einigermaßen gut über diese neun Monate. Zu gerne würde ich heute wissen, wie meine gesundheitliche Verfassung nach der Ankunft war, körperlich wie seelisch. Alles wird ja neuerdings untersucht. Ich denke, ich hätte eine gute Testperson abgegeben nach der langen Isolation, aber weder ein Arzt noch ich interessierten sich damals dafür. Auf jeden Fall: Es ging mir in den ersten Wochen nach meiner Rückkehr prächtig.

Daß es so war, lag hauptsächlich daran, daß ich besonders auf eine Handvoll Produkte von hohem Nährwert vertraute, die mir Energie und Vitamine zuführen sollten. Da waren gut geräucherter Speck und Schinken. Ich schwelgte darin nach der Faustregel: je größer die Kälte, desto fettreicher die Nahrung. Im Schnitt aß ich täglich drei große Zwiebeln, zum Teil auch roh wie einen Apfel, um meinen Vitamin-C-Bedarf zu decken.

In meinen Proviantvorräten fehlten natürlich nicht die Knoblauchknollen. Knoblauch steigert die Widerstandskraft gegen Infektionen, vernichtet schädliche Darmbakterien und kräftigt das Kreislaufsystem. Er verbessert außerdem den Geschmack der Speisen. Da Knoblauch sehr ergiebig ist, brauchte ich nur ein bis zwei Zehen pro Mahlzeit, die habe ich erst beigegeben, wenn das Gericht fast fertig gekocht war. Auch führte ich hochwertiges Trockenobst mit – Pflaumen, Äpfel, Rosinen – und Haferflocken, von denen ich regelmäßig aß.

In der reinen antarktischen Luft braucht der Körper nicht so viele Vitamine wie sonst. Das wußte ich, deswegen habe ich keine ausgesprochenen Vitamintabletten genommen, sondern nach einiger Zeit meine Spirulinatabletten genommen. Spirulina ist ein reines Naturprodukt, eine Microalge aus dem Texcoco-See in Mexiko, und enthält 70 Prozent pflanzliches Eiweiß, Vitamine, Mineralstoffe und Spurenelemente. Vor allem Eiweiß schien mir wichtig zu sein, es dient der Kräfteerhaltung des Körpers. Überschüssiges Eiweiß wird verbrannt und liefert die notwendige Energie.

Gemieden habe ich »weiße« Nahrung – Zucker, Mehl, Süßigkeiten, Kekse. In neun Monaten habe ich ein Kilogramm Zucker verbraucht. Überwiegend verwendete ich Honig zum Süßen.

Erstaunt hat mich, daß die vakuumverpackten Speck- und

Obst und Gemüse luftig stauen. Zwiebeln und Knoblauch ab und an der Sonne aussetzen. Möhren habe ich für meine Nonstopfahrt in Sand eingelegt. Sie hielten trotz hoher Luftfeuchtigkeit über hundert Tage.

Man soll nicht alle Eier in einem Korb heimtragen – nach diesem Prinzip lagere ich meine Vorräte: Wasser und Proviant werden in vielen Behältern an verschiedenen Plätzen gestaut.

Schinkenstücke die vielen Monate überstanden haben, ohne zu verderben. Genauso Zitronen, in Aluminiumfolie eingewickelt (90 Tage), Möhren, in Erde eingelegt, und Kartoffeln, luftig in einer Holzkiste gelagert.

Gegessen habe ich – soweit möglich – zweimal täglich. Morgens Porridge, dazu eine Scheibe Dosenbrot. Nach der Ortsbestimmung um die Mittagszeit das Hauptgericht, bestehend aus Reis und einer Dose Fleisch, Gemüse und immer Zwiebeln, schonend gedünstet, oder Nudeln und..., oder Kartoffeln und... mal eine Suppe. Dann ging der Speisezettel wieder von vorne los. Das klingt so, wie es war – langwei-

Süßwasser ist immer zu wenig an Bord. Mit einem Tuch übers Cockpit gespannt und mit einer Pütz unterm Großbaum fing ich Regenwasser auf.

lig. Bei Sturm beschränkte ich das Kochen auf ein Minimum – das heißt, ich kochte gar nicht. Schlimmer jedoch als die Eintönigkeit des Essens war die Tatsache, immer alleine essen zu müssen.

Ich habe viel Tee getrunken, zuviel eigentlich. Teetrinken verleitet nämlich zum Sinnieren. Und gelegentlich Rum, Cognac, Wodka als Longdrink. Das war sehr bekömmlich, entspannte und enthielt auch noch Nährstoffe. Leider hatte ich insgesamt nur fünf Flaschen Hochprozentiges an Bord. Dann trank ich Kaffee und Milch, angerührt aus Milchpulver. Milchpulver aß ich, etwa um die Mitte der Fahrt – als ich unsicher war, ängstlich, zweifelnd – löffelweise. Es war für mich Nervennahrung mit hohem Vitamin B1-Gehalt.

Proviant brachte ich reichlich wieder mit zurück, jedenfalls von dem nicht sonderlich schmackhaften. Von der Menge her gesehen, hätte ich noch drei Monate auf See bleiben können. Wahrscheinlich ist mein geringer Verbrauch auch auf die fortwährende Bewegung zurückzuführen. Bewegung, und davon hatte ich wirklich genug, ist ja auch ein Teil Ernährung.

Bei der Vorbereitung der Reise wußten Astrid und ich, daß es Schwierigkeiten mit dem Trinkwasser eigentlich nicht geben sollte. Wir bunkerten 300 Liter in die beiden Tanks der »Kathena nui«. Das würde zwar nicht für die geplanten 300 Tage reichen, ich rechne auf See immer zwei bis drei Liter pro Person, aber auf meiner Route ist es möglich, ausreichend Regenwasser aufzufangen. Doch schon nach gut einem Monat Unterwegssein hatte ich mein Trinkwasserproblem. Dummerweise hatte ich kurz vor der Abfahrt, auf Anraten von Experten, meinen Alutank mit Farbe (dreimal) ausgestrichen. Das war ein schlimmer Fehler. Das Wasser stank bald erbärmlich. Mir blieb nichts anderes übrig, als den gesamten Rest (150 Liter) abzupumpen und zu veraasen. Zum Glück hatte ich noch die 100 Liter im zweiten Tank, ebenfalls aus Aluminium, aber unbehandelt, und das Wasser darin war einwandfrei. In den Doldrums und den Roßbreiten gelang es mir dann, den größten Teil (120 Liter) wieder aufzufüllen. Ich tat dies mit einem Tuch, übers Cockpit gespannt, war jedoch erfolgreicher mit einer Pütz unterm Großsegelbaum. Später, in den Hohen Breiten, regnete es

Trinkwasser sparen: Kartoffeln mit Meerwasser, Reis und Nudeln mit 40 % Meerwasseranteil kochen. Den Körper nicht direkt der Sonne aussetzen. Nach Möglichkeit weniger bewegen.

Trinkwasserzusätze, die das Wasser keimfrei halten, meiden. Sie mögen für sich allein ungefährlich sein, können aber in Verbindung mit anderen Substanzen Allergien hervorrufen. Außerdem ist es völlig unnötig, da Wasser erwiesenermaßen mindestens hundert Tage in den üblichen Tanks genießbar bleibt.

zwar häufig, nur war das aufgefangene Wasser ungeeignet für meinen Tank, weil zu viele Salzkristalle in der Luft und auf dem Segeltuch waren.

Ich hatte zwar kein Faß Bier wie Sir Francis an Bord, dafür aber zusätzliche Flüssigkeit aus 64 Dosen Bier, reichlich Saft und einige Flaschen Wein und Champagner. Zu keinem Zeitpunkt habe ich also dürsten müssen.

Die Planung meiner Verproviantierung erleichterten mir Einkaufslisten von früheren Fahrten. An Bord der zehn Meter langen »Kathena faa« konnten wir für vier Monate Proviant mitnehmen. Fast unglaublich, wenn ich überlege, was wir hier an Land alles in vier Monaten aus dem Supermarkt anschleppen. Als Stauraum für die Dosen und Packungen nutzten wir die Backskisten unter den Kojen und den Raum unter der Kochecke. Alles schön sortiert. Da gab es ein Fach für Fleischiges, eines für Obst- und Saftdosen, das ganze Frühstückszubehör wurde in einer speziellen Ecke gelagert. Die Bilge schied als Stauraum aus, sie war genau wie der bei »Kathena nui« zu flach.

Als wir zu dritt unterwegs waren, gab es auch bei Schlechtwetter täglich eine warme Mahlzeit, und wenn es nur eine aufgewärmte Dose Suppe war. Solche Essen, bei Sturm auf

Kokosnüsse sind in verschiedenen Reifestadien genießbar und überaus nahrhaft. Die Trinknüsse müssen in der Krone gepflückt werden.

dem Kajütboden hockend, die Schüssel zwischen den Beinen eingeklemmt, bleiben unvergeßlich.

Es gab damals aber auch das andere Extrem, eine reichliche Mahlzeit direkt aus der Natur: »Gleich nach dem Frühstück gehe ich mit der langen Machete auf die Insel. Mit einem einzigen Hieb schlage ich den saftigen Stengel einer Bananenpflanze durch und schleppe die grüne Staude an Bord, um sie unterm Großbaum reifen zu lassen. Danach klettere ich auf eine der hohen Kokospalmen und: schwuppdiwupp klatschen die Trinknüsse in den weichen Sand. Gegen Mittag geht es mit der Harpune ›Island style‹ zum Riff, um Fische zu speeren. Astrid und Kym suchen derweil Treibholz für ein Feuer am Strand, um die gespeerten Riffische auf der Glut zu rösten.«

Diese Zeilen aus meinem Logbuch verdeutlichen die idyllische Robinsonade in einsamen Buchten. Ansonsten ist die Kocherei auf einer Segelreise weit weniger romantisch. Im Brennpunkt ist und bleibt die Pantry. Dreimal am Tage dre-

Astrid ließ sich gern von den Insulanern zum Fischessen einladen.

Kühlen ohne Kühlschrank: Gefäße (Dosen, Flaschen) mit einem nassen Tuch umwickeln und dem Wind aussetzen. Kühlt durch Verdunstung.

hen sich alle Augen zum Kocher hin. Bei unseren Südseereisen ging es ständig um Reis, Corned Beef, Produkte vom Land: Kokosnüsse, Bananen, Kasava, Süßkartoffeln, und Meeresgetier aller Art, auch wenn ich letzteres wegen meiner Allergieanfälligkeit nicht mitgegessen habe. Astrid erkundigte sich bei den Eingeborenen nach den heimischen Zubereitungsmöglichkeiten, und so, nach den jeweiligen lokalen Rezepten zubereitet, wurde es an Bord gegessen, auch von Kym, obwohl er gerne seiner Lieblingsbeschäftigung nachgegangen wäre – dem Dosenöffnen.

Hier eine Kostprobe von acht Rezepten:

1. Reis und Curry
   Reis, Fleisch (Geflügel, Rind, Schwein, Lamm) oder Fisch, Zwiebeln, Knoblauch, Rosinen, Apfelmus, Gewürze.
   Zwiebeln, Knoblauch leicht andünsten. Rosinen, Apfelmus, eventuell Karotten und Gewürze hinzufügen. Mit zwei Tassen Brühe und angebratenem Fleisch auffüllen und garen lassen. Wichtig: Curry von Anfang an mitkochen.

2. Gebratene Brotfrucht
   Brotfrucht in feine Scheiben schneiden und in der Pfanne rösten. Zwiebelscheiben und Gewürze dazutun. Man kann auch, wie bei Kartoffeln, die Brotfruchtstücke erst in Salzwasser kochen und dann braten.

3. Scones-Brötchen
   Zwei Tassen Mehl, zwei Teelöffel Eipulver, zwei Teelöffel Backpulver, Milch, Salz, ein Eßlöffel Öl.
   Teig anrühren, eine Viertelstunde gehen lassen, Brötchen formen und in heißer Fettpfanne fünf Minuten auf jeder Seite bei geschlossenem Deckel backen.

4. Pfannekuchen »sauer«
   Mehl, Eier (Eipulver), Milch, Salz, Zwiebeln, Tomaten, Speck (Wurst), Gewürze.
   Teig in die Pfanne schütten und mit Zwiebeln, Tomaten, Wurst belegen, würzen und in der offenen Flamme bakken. Wenden.

Seitenrandtexte:

Wer mit Petroleum kocht, sollte einen Wasserkessel mit doppelter Ummantelung benutzen. Das Wasser darin bleibt weitaus länger heiß.

Ein nasses/feuchtes Tuch unterm Geschirr verhindert das Rutschen; es erleichtert somit Kochen und Essen bei bewegter See.

Kakerlaken an Bord können zur Plage werden. Einhalt gebieten durch mit Süßmilch gefüllte Wassergläser. Über Nacht stapeln sich die Schaben darin zentimeterdick.

5. »Kathena«-Porridge
   Ein Teil Milch, drei Teile Wasser zum Kochen bringen,
   Prise Salz, eventuell Rosinen, halb Haferflocken, halb
   kernige Flocken dazutun, mit Honig süßen. Kurz aufko-
   chen lassen. Servieren.

6. Gebackene Bananen
   Bananen schälen und mit Zitronensaft beträufeln, etwas
   Zucker darüberstreuen und einige Minuten durchziehen
   lassen, danach in Paniermehl wenden und in viel heißem
   Fett backen. Mit Puderzucker bestreuen.

7. Kym-Bonbons
   Zwei Tassen Zucker, etwas Butter, ca. zwei Tassen gera-
   spelte Kokosnuß, ein Eßlöffel Essig.
   Alle Zutaten acht Minuten kochen, immer rühren. Vom
   Feuer nehmen und schlagen, bis die Masse dick ist. Auf
   einen gefetteten Teller legen und in Vierecke schneiden,
   damit man die Masse nach dem Erkalten brechen kann.

8. Poisson Cru – Marinierter, roher Fisch
   Ein Kilo weißer Fisch ohne Gräten, eine Tasse frischer
   Limonen- oder Zitronensaft, je eine halbe Tasse ge-
   hackte Zwiebeln und Schalotten, gehackte Pfefferscho-
   ten, zwei Teelöffel Salz, eine Tasse Kokosnußmilch.
   Fisch in Würfel schneiden, mit Zitronensaft, Zwiebeln
   und Salz in eine Schüssel geben und abgedeckt mindestens zwei Stunden marinieren. Gelegentlich umrühren.
   Der Fisch ist undurchsichtig und fest, wenn er »gar« ist.
   Eventuell länger marinieren. Probieren und dann die
   Fischstücke abtropfen lassen, mit Schalotten, Pfeffer-
   schoten und Kokosnußmilch mischen. Man kann jetzt je
   nach Geschmack Sellerie, Möhren und anderes Gemüse
   hinzugeben.

26 Das Log-Tagebuch

»Vielleicht versuchst Du selber, ein Logbuch zu führen, das mehr als die äußere Witterung aufzeichnet.« (Hans Leip)

Das Logbuch ist ein Schiffstagebuch. Darin wird das Leben eines Schiffes dokumentiert. In der Berufsschiffahrt ist gesetzlich vorgeschrieben, täglich über alle nautisch wichtigen Beobachtungen und Vorkommnisse in vorgegebener Form Buch zu führen. In Rechts- und Versicherungsfragen hat dieses Journal Beweiskraft. Dem Vergnügungssegler steht es frei, Schiffsführung, Kurse und Wetter aufzuzeichnen. Will er allerdings am jährlichen Fahrtenwettbewerb des deutschen Seglerverbands teilnehmen, ist ein Logbuch die Bewertungsgrundlage. Ferner dient es als Seemeilenbestätigung für den Erwerb eines Küsten- und Hochseesegelscheins.

Schon an Bord meiner ersten »Kathena« führte ich von Beginn an Logbuch. Nicht um irgendwelche Preise zu gewinnen – daß es so was gab, wußte ich damals ohnehin nicht –, sondern ausschließlich, weil ich das Bedürfnis hatte, das Leben an Bord festzuhalten. Gleich am ersten Abend notierte ich beim Schein einer Petroleumlampe: »Ich habe ein Schiff! Wie bin ich glücklich! Ein langersehnter Wunsch ist in Erfüllung gegangen. Der Lohn jahrelanger Arbeit. Ich bin Herr über ein eigenes Schiff. Endlich kann ich tun und lassen, was ich will, kann überall hin, denn das Boot sieht sehr seetüchtig aus. Und ich habe mein Zuhause immer bei mir. Nur das Segeln – das muß ich noch lernen.«

Das Logbuch faszinierte mich wirklich, denn ich begriff schnell, daß die aufgeschriebenen Erlebnisse noch wichtiger waren als die nautischen Fakten. Ich notierte nicht nur auf

Es ist ratsam, ein Log-Tagebuch zu führen. Neben sachlicher Knappheit und Sinn für das Praktische, sollten die Eintragungen auch persönliche Empfindungen enthalten.

Log von KATHENA NUI   Datum 3. Jan. 85
von KIEL   nach KIEL

h	Wind	Sa	Ba	WdW	KK	WK	Segel	Fahrt/Log	Bem
1100	W	7	5	1007	0	115	85	T + SK	514	Wechsel Segel und Besam Skan
1400	–''–		6	1005	0	–''–		–''–		
1000	–''–		6	1003	0	–''–		–''–	557	14 kn einmal am Log fi...
1200	W	8	6	1001,5	0	7/5	–''–		–''–	566	
1540	WSW	9	7			100		–''–		5-8 kn
1900	WSW	9	7	1012	0,m	115	85	FiSK	605	reffe SK, nach Reff 5-6 kn
2100	SW	9	7	1013	0,m	110	80	–''–	615	in Böen 10 und mehr

Hn   48°10'S   Etmal   132   Sch Tier   Luftt. 90%
Standp. 48/10°12'E Gesamt 12993   Sch Strom   MsSw 55°W

118. Tag – Donnerstag

Oh! Puh! Schlimm. Wind. See. Fahrt. Heute in der
Früh surften wir für länger mit 14 kn. Hab' ich auch
noch nicht erlebt.
Nachmittag steigert sich Wind + See. Ich ringe mich dazu
zu reffen weil einfach die Fahrt – 6,7,8 kn – zuviel,
zu gefährlich ist. Aber auch nach dem Reff steigt die
Nadel noch oft auf 6 und darüber.
Beim Arbeiten auf dem Vordeck werde mir Angst
und Bange. Diese See hab' ich mit einem meiner
Boote noch nicht besegelt. Mehrmals während der
Arbeit klammerte ich mich an Mast. Finger danach
eiskalt rot + blau. Säuftige Welle schmeißt eben aller
über die Kajüte. Luke ist von ihm verrammelt
?? : Stetig bläst er weiter. Ich liege in der BB-Koje –
abgedroschen und müde, geistig geschlagen, aber ich
denke auch: das Boot ist gut, es liegt fantastisch in 'dieser'
See.

VON PHUKET   NACH GALLE

h	Wind	See	Ba	Wet	Hx	WK	Segel	Fahrt	Log	Bem
0235	NNW 3				255	258	G₁ + Fo I			Rote Feuer v. Gr. Basses an St. B.
0600	NW 1-2						— " —			Wind wird schwächer, ruhige See, fast südl. v. Gr. B. Feuer.
0820	N 0-1	3	1027	◐			G₁ + G₂e		87,6	6 Sm südl. v. Great Basses liegen wie in einer Flaute, Küste sichtbar
1400	0	2	1027	O	270	267	G₁		5	Motoren für 2h 50 min
1700	SSW 1-2	2	1025	O	265	262	G₁ + G₂e	3,0	21	Küste ca. 7m in Nord, Einige Schiffe
2120	— " —	2		◐	150		— " —			Wende (zu dicht unter Land)
2300		2		◉	250	247	— " —			Wende. Regenbö danach SE leicht

Mitter ca 10 Sm SW   Etmal   129   Sm,   Strom merkbar SSW   Nur in Nähe Little Basses
Mit Lä von Gr. Basses Gesamt 1080 Sm   Mot 2h 50 min   Mi SW 3° W

15. Tag
Bewölkt. Flaute. A. zeigt ein finsteres Gesicht. (first Telse ist etwas naß geworden). So wachen ich um 08h auf. Gingen streng Wache.
Grüngelber geringelte schwarze Schlange am Boot. 1½ m lang

KATARAGAMA PK, 1395 ft, 350° K. Peilung, lg 97

Treiben in leichtem SW dahin. Strom zero - entfernter. Hari Oldren, die wir peilen hier 2 km parallel zur Küste, aber WSW sehend. Nach den Spaghetti-essen wird uns dies zu dumm — wir motoren, um den Berg nicht immer aus der selben Richtung zu sehen.

DIESE LOGBUCHGLIEDERUNG HABE ICH MIR ZU BEGINN
MEINER ERSTEN FAHRT AUSGEDACHT UND – MIT GE-
RINGEN ABWEICHUNGEN – WÄHREND ALLER FAHRTEN
BEIBEHALTEN.

Log von   Dat

von   nach

h	Wind	See	Ba	Wet.T	KK	WK	Segel	FdW	Log	Bem.
Uhrzeit	Windrichtung und Windstärke nach Beaufort	Seegang	Barometerstand	Wetter und Wolken nach Code Luft- und Wassertemperaturen	Kompasskurs	Wahrer Kurs – nach Mißweisung und Abdrift berichtigt.	Segelführung – Striche unter den Abkürzungen bedeuten Reffs	Fahrt durchs Wasser – in Knoten	Logstand	Bemerkungen (Knot.) zu: Böen, Segelmanöver, Landmarken, See- zeichen, Peilungen, ungewöhnliche Wetter- und Strömungssituation.

M.Pos ↑   Etmal   sm,   Töre ↑   Luff. ↑
                   Gesamt ↑   sm,   Strom ↗   ↑   Mißw.   ↑

Mittagsposition
nach Länge und
Breite. Koppel=
postion wird
unterstrichen.

Tages- und
Gesamtdistanz
in Seemeilen.

Vögel und
Fische, die
sich in der
Nähe zeigen.

Luftfeuchtig-
keit.

Mißweisung

Meeresströmung
(meistens geschätzt)

See, ich setzte die Eintragungen in Buchten und Häfen fort. Jedoch nicht in der vorgegebenen Form, die sehr sachlich und primär auf nautische Daten und Gegebenheiten konzentriert ist – Kompaßkurs 260 Grad, rechtweisender Kurs 248 Grad, Nordwind 4, 16.00 h, Groß und Genua gesetzt. Freimütig setzte ich Notizen über persönliche Beobachtungen und Regungen hinzu.

Etwa auf »Kathena« am 27. August 1967:

»Ich glaube, ich resigniere. Hätte mir eigentlich mehr Energie und Ausdauer zugetraut. Sollte in meinem Alter standhafter sein. Das bißchen Kraft, was mir noch verblieben ist, vergeude ich mit Zweifeln an mir selbst. Gemütsverfassung wechselt ständig zwischen himmelhochjauchzend und zu Tode betrübt. Der klare, kalte Realismus fehlt mir!« Und nach Passieren der Meeresenge Torresstraße: »Gehe zwischen Hammond Rock und Turtle Head durch. Cirka zehn Meter Abstand an Steuerbord, Strömung hat mich fast dagegen gedrückt. Da konnte ich feststellen, wie stark der Strom war – nach Bobby Island ist die Anspannung fort, mir ist ganz leicht, Appetit ist groß. Esse gleich sechs Eier.«

So war dann auch schon mein zweites Buch kein originales Logbuch mit vorgedruckter Tabellierung für die nautischen Daten, sondern ich besorgte mir ein leinengebundenes Kassenbuch im DIN-A4-Format, das ich zum Log-Tagebuch umfunktionierte. Jeder Tag hat darin mindestens eine Seite, und jede Seite ist halbiert. Die obere Hälfte nimmt eine Art Tabelle mit säuberlichen Trennstrichen ein, die ich selber ziehe. Darin werden nautische Eintragungen festgehalten: Uhrzeit, Wind, Barometer, Kurs, Temperaturen, Geschwindigkeit, Position und dergleichen mehr. Auch Tiere, die mir an dem Tag begegnen, kommen in die obere Rubrik. Und Trinkwasserverbrauch. Die untere Hälfte stand für meine ganz privaten Eintragungen zur Verfügung, für manchmal ungezügelte Notizen über meine Gefühle, Gedanken, Einfälle, Naturbeobachtungen. Und es gab Tage, je nach Lust, Begebenheit und Zeit, da gingen meine Notizen über mehrere Seiten hinweg. Skizzen kamen gelegentlich dazu – eine Landmarke, Routenkarten, Ankerbuchten, ein Vogel.

Log-Tagebuch schreiben. Bänder besprechen. Damit wird man Dinge los, die einen unterwegs beschäftigen. Nach Jahren gelesen, sind es faszinierende Dokumente. Beim Notieren nicht das Ambiente vergessen, auch im Moment peinlich wirkende Situationen nicht verschweigen.

Nautische Daten wurden alle paar Stunden festgehalten. Der Tagebuchteil füllte sich meistens erst richtig in der Abenddämmerung – der schönsten Zeit des Tages auf dem Meer. Außergewöhnliche Wetterbedingungen und Stimmungen wurden unmittelbar festgehalten. Hier eine Notiz vom März 1968 im Nordatlantik:

»Verkrampft liege ich quer in der Koje und lausche dem Heulen im Rigg. Wind und See nehmen noch ständig zu. Die Seen brechen sich gefährlich. Füllen in regelmäßigen Abständen das Cockpit. Mein Treibanker, aus Canvas, hält das Boot mit dem Heck gut zu den anrollenden Seen. Ab und zu prüfe ich die Leine, auf der ein unheimlicher Druck steht. Durch den undichten Niedergang strömt Wasser.

Ich mag nicht mehr schöpfen. Nicht essen. Nichts tun. Über meinem Kopf im Bücherbord liegt eine englische Bibel (noch vom Voreigner), ich blättere, ich lese, ich blättere..., ich beruhige mich damit. Es nimmt die Angst, obschon ich kaum verstehe, was ich da lese – so unkonzentriert bin ich. Das Boot, das Boot... all mein Denken.«

Solche Sequenzen, 20 Jahre später gelesen – es läuft mir kalt den Rücken runter. Im Sturm, in der Verkrampfung beruhigt dieses Gekritzel und hält Situationen fest, die man sonst längst vergessen hätte. Auf der Nonstopreise halfen mir die Logbücher nicht nur, Ereignisse zu bewahren, sondern auch zu bewältigen. Ich wurde darin Dinge los, die mich beschäftigten. Kommt es nach einer Reise zu Veröffentlichungen, staunt man, wieviel mehr Log-Tagebücher noch geben. Sie sind die unmittelbare Quelle der Erinnerung. Sie bringen durch Daten und Stichworte auch Erlebnisse ins Bewußtsein zurück, die nicht drinstehen. Und beabsichtigt der Segler, ein Buch zu schreiben, erlebt er mit Hilfe der Aufzeichnungen die Reise ein zweites Mal und bekommt auch noch über Jahre hinweg Geld dafür, Geld für die nächste Reise.

Besonderen persönlichen Wert hat ein eigens geführtes Gästebuch.

Segler, die viel in Häfen rumhängen, kennen die Situation: Man wird an Bord eingeladen, bekommt einen kühlen Drink in die Hand gedrückt, lehnt sich damit entspannt auf der Sitzbank zurück, und gleich darauf wird einem ein ge-

Ein kanadisches Ehepaar, das mit Trimaran und 4 flüggen Töchtern reiste. Mehrfach trafen wir sie zwischen Tahiti und Neuseeland.

bundenes Buch unter die Nase gehalten: »Schreiben Sie mir bitte was rein?«

Jeder Fahrtensegler weiß, was ein Gästebuch ist. Es ist eine Ansammlung von sinnigen und unsinnigen Texten, die in der Regel von Bordbesuchern reingeschrieben werden. Eine alte Sitte, die sich bis heute über alle Moden hinweggesetzt hat und nicht nur auf deutschen, sondern auf Booten aller Nationen gepflegt wird. Überschwenglich, geradezu pathetisch sind die meisten der Eintragungen und Erklärungen in so einem Buch: »Mast und Schotbruch bis Deutschland, wo ich auf Euren Besuch hoffe...« oder »Vielen Dank für einen wunderschönen Tag«, »Das Beste der Vergangenheit soll das Schlechteste für Deine Zukunft sein«.

Worte, die wahrscheinlich bis in die ferne Zukunft das Gerüst eines jeden Gästebuches bilden werden. Da fragt man sich, wieweit sich Schreiber und Schreiberin ihrer Aussagen bewußt waren, denn meistens handelt es sich weder um Freunde noch um gute Bekannte. Hin und wieder findet man selbstgefertigte Zeichnungen, sind Karten eingeklebt. Dieser Drang nach sentimentaler Offenheit ist nicht nur in privaten Gästebüchern zu finden. Auch berühmte Yachtclubs legen Gästebücher aus. In Bilbao/Panama, in Port Said, Gibraltar und so weiter haben sich viele bekannte Segler verewigt und sich nicht nur einer Pflicht entledigt, sondern Mühe investiert. Künstlerische Zeichnungen finden sich da, Skurriles wird notiert. Da ahnt man, was ein Gästebuch sein könnte.

Auch Astrid und mir erschien es reizvoll, ein solches Gästebuch zu führen. Heute, zu Hause, blättere ich es gern durch. Es ist fast voll: 122 Eintragungen von drei Fahrten, sehr abwechslungsreich. Zwischen Schriften, Fotos und Zeichnungen kann man sich noch an Leute, Schiffe und Begebenheiten erinnern. Und das allein ist ein guter Grund, ein solches Buch zu führen. Wir haben allerdings Sorge getragen, daß nur die wirklich guten Bekannten hineinkamen, Segler und Landleute, denen wir einige Tage verbunden waren. Nur so ist es möglich, daß man sich anhand alter Eintragungen an die Menschen erinnert.

DE GRASSE

INTREPID CAPTAIN OF
CANADIAN TRIMARAN → TRYSTE Ⅲ
FACED WITH SEVERE
NAVIGATIONAL HAZARD.

UNDAUNTED BY SIMILIAR EMERGENCIES
LE CAPITAINE ERNEST HAIGH, WITH THE AID OF
HIS CREW: VAL (FEMME), ET CAROL, ANNE, SUSAN, NICOLA (FILLES)
HAS SUCCESFULLY SAILED THIS FINE CRAFT FROM SALTSPRING ISLAND
BRITISH COLUMBIA TO PAPEETE, WHERE 'KATHENA' WAS RE-MET.
(IT SHOULD BE NOTED THAT 'KATHENA' HAS ALSO MADE A SPECTACULAR
VOYAGE WITH ONLY ONE HULL) 'TRYSTE' PREVIOUSLY MET 'KATHENA'
IN HIVA OA AND THE GALAPAGOS.

WE ARE BOUND FOR NEW ZEALAND, WHICH WE UNDERSTAND
IS SOMEWHERE NEAR AUSTRALIA?

27 Zu Ende – was nun?

»Für den Seemann Erdmann ist Segeln nicht Beruf, sondern Berufung. Er hat sich um Geld nie große Sorgen gemacht. Allenfalls war für ihn seglerischer Erfolg der Schlüssel zum Leben.« (Harald Schwarzlose, YACHT)

Alles war anders nach der Nonstopfahrt. Ich schwamm in einem Meer von Euphorie. Ich weiß noch, daß ich bei der Ankunft versuchte, die mir peinlich feuchten Augen zu verbergen. Die YACHT empfing mich mit einem Boot auf See. Der STERN holte sich die belichteten Filme bereits am Steg ab, kaum daß ich festgemacht hatte. Abends stand ich im Kreis meiner Familie im eigenen Haus unter der heißen Dusche. Drumherum Freunde, Bekannte, Blumen, Telegramme, Anrufe. Ja, es war wirklich eine Rückkehr, wie ich sie nie zuvor erlebt hatte!

Wieviel komplizierter war doch der erste Landtag nach den anderen Reisen. Astrid hatte kein Elternhaus, ich keine Familie im Westen. Abgebrannt in jeder Hinsicht mußten wir jedesmal fürs erste bei Freunden unterschlüpfen. Und von dort aus alles weitere organisieren: in Eile eine günstige Wohnung mieten (damals noch ein Problem), auf die schnelle Geld verdienen (immer ein Problem). Die ersten Wochen waren sündhaft teuer. Das verdiente Geld reichte gerade für die ersten Anschaffungen wie Kleidung, Auto, Miete, Einrichtung. Behördengänge und Papierkram kamen hinzu. Der neue Anfang war umständlich. Dazu die Umstellung vom jahrelangen ungebundenen Leben auf einen tristen Alltag mit normaler Kleidung und Brieftasche. Allemal starteten wir im grauen Düsseldorf, Astrids Heimat.

Ich (und später wir) hatten aber noch Glück bei dieser Eingewöhnung. Wir konnten zunächst für uns selber arbeiten.

Begeisterung auf beiden Seiten: Die YACHT-Crew, weil sie mich in der offenen Ostsee fand. Bei mir, ich stand wenige Meilen vor meinem Ziel Kiel.

Nach der Reise folgte wieder der triste Alltag. Die ersten Wochen nach der Südseefahrt »überlebten« wir in einem Düsseldorfer Apartement. Besonders übel war Kym dran, der acht Tage später eingeschult wurde.

Das heißt, wir haben unsere Erlebnisse verkauft, ein Buch geschrieben, wir waren im Yachtgewerbe tätig (drei Jahre Charter gefahren). Aber so zielbewußt und mit Elan, wie wir uns an die Verwirklichung unserer Reisen machten, so amateurhaft haben wir uns vermarktet. Ich ging immer mit schweißnassen Händen in Redaktionsräume. Einmal brachte ich einem Chefredakteur gar Blumen mit, um meine Schüchternheit dahinter zu verbergen.

Eine Erfahrung haben wir gemacht: Danach bleibt danach. Astrid hat nie wieder in ihren Beruf als Sportlehrerin gefun-

den. Ich habe mich nie wieder richtig eingefügt. Das freie
Leben mit einem Boot hat mich verdorben. Ich bewundere
die Weltenbummler, und da gibt es viele, die nach einer dreijährigen Weltumseglung sofort wieder in ihren alten Beruf
hüpfen. Das stelle ich mir furchtbar vor. Acht Stunden Arbeit an einem Stück Tag für Tag, dann umgeben von Vorge-
setzten und Kollegen. Dazu gehört auch ein Durchhaltevermögen.

Um den »Neuanfang« mit Wohnung und so weiter engültig
zu vermeiden, haben wir uns vor einigen Jahren ein Haus an
der Schlei mit viel Land gekauft. Mit dem Hintergedanken,
daß dies abseitsgelegene kleine Haus als Basis dient, zu der
wir immer zurückkönnen, wenn wir noch mal segeln gehen.
Und wenn nichts mehr läuft, davon leben zu können.

Wenn ich heute auf die ersten Monate nach den 271 Tagen
meines Nonstoptörns zurückblicke, komme ich zu der Erkenntnis, daß unsere ländliche Idylle sich schon bezahlt gemacht hat. Der Zivilisationsschock war diesmal im Vergleich zu den anderen Eingewöhnungen weniger spürbar,
spielte zumindest keine besondere Rolle. Außerdem war
Astrid mir sehr behilflich. Sie sorgte nicht nur für mein
Wohlbefinden, sondern kümmerte sich auch um finanzielle
Dinge und Termine und organisierte, so gut es möglich war,
den Tag. Sie war es aber auch, die mich zu Aktivitäten antrieb und verhinderte, daß ich in nutzlose Nostalgie versank.
Das Leben ging weiter.

Eine Weltumseglung zu vermarkten ist heutzutage ungleich
schwerer als noch vor einem Jahrzehnt. Aber nach dem
Nonstoptörn war alles ganz anders: Obwohl weder Astrid
noch ich irgendwelche Anstrengungen machten, erstickten
wir diesmal fast unter dem Ansturm der öffentlichen Neugier.

Als erster meldete sich der STERN. Ich hatte das Glück, wie
nach jeder Fahrt, mit Bildern und Text exklusiv in diesem
Magazin zu erscheinen. Das ist nicht nur gut wegen des Ho-
norars, mit dem man einen Buchplan in aller Ruhe verwirklichen oder den beruflichen Wiedereinstieg mit Muße planen kann. Es ist auch weniger mühsam und zeitaufwendig,
als wenn man sein Material mehreren kleinen Zeitungen
und Zeitschriften zuschicken muß. Aber in jedem Fall: Wer

Veröffentlichungen angeboten bekommt, soll die Chance nutzen, der Abdruck bringt in der Regel leicht verdientes Geld. Auflagenhohe Magazine zahlen ein Seitenhonorar von rund 1000 bis 2000 Mark. Die Fachpresse zahlt 300 Mark pro Seite.

Man sollte nicht schon bei der Planung der Fahrt an die Vermarktung denken, besser, und so verhalte ich mich, später an die publizistische Auswertung denken. Natur und Geschehnisse schon unterwegs nur nach der Verwertbarkeit zu beurteilen kann die Reise zerstören. Mit Fotografieren und Schreiben während des Fahrtensegelns Geld zu verdienen ist ein hartes Geschäft. Ich weiß, wovon ich rede, denn ich kenne die Probleme des Publizierens seit 1965.

Gut einen Monat nach der Kieler Ankunft begann ich, die Erlebnisse in ein Buch umzusetzen. Gesundheitlich nicht so fit, wie ich zunächst glaubte, durchlebte ich die 271 Tage ein zweites Mal. Ich spürte Fieber, eine durchweg körperliche Schwäche. Zwei bis drei Seiten täglich schaffte ich, da ich mich eng an meine Notizen hielt. Nach der ersten Niederschrift korrigierte ich das Manuskript, und dann war Astrid dran. Sie strich, ergänzte und übte herbe Kritik. Da wir beide auf unseren Ansichten bestehen, sind das immer harte Auseinandersetzungen, die weh tun. Danach ging das sauber getippte Manuskript zur Lektorin in den Verlag. Ja, Schreiben ist Arbeit. Aber die Arbeit mit den Wörtern fasziniert mich immer aufs neue. Und den Preis für die Qual gaben dann die Leser, die mit einer Flut von Briefen auf die *Magische Route* reagiert haben.

Manuskript, Zeichnungen, Bildauswahl und Layout waren zu meiner eigenen Überraschung in der vorgegebenen Zeit fertig. Ich mußte den Termin einhalten, weil meine »Kathena nui« auf der größten Bootsmesse ausgestellt wurde, mitsamt Rigg, Segeln und Treppe zur Besichtigung der Kajüte. Und ich wollte das fertige Buch dorthin mitbringen – eine ideale Bühne, Boot, Reise und Mann einem interessierten Publikum vorzustellen.

Rückblickend unverständlich, warum wir zögerten, als die Messeleitung uns einen Stand anbot und sogar bei der Abwicklung des Bootstransports helfen wollte. Astrid fuhr extra nach Düsseldorf und schaute, ob der Platz passend sei

Journalistische Arbeiten nicht mit Rückporto anbieten. Es verleitet Redakteure, das Material kaum gesichtet zurückzuschicken. Telefonnummer nicht vergessen – Redakteure sind schreibfaul.

und sich nicht in der hintersten Ecke der letzten Halle befand. Der eigentliche Grund meines Zögerns war vielleicht meine »alte« Schüchternheit vor einem großen Publikum. Meine Abneigung, Fragen beantworten zu müssen. Warum? Weshalb? Ist so ein Törn nicht verrückt, sinnlos? Sich also rechtfertigen zu müssen. Etwas, das ich auch für Geld nicht gerne tue.

Es wurde dann ein einmaliger Erfolg. Für die Messe – und für mich. Daß sich so viele interessierte Messebesucher die Zeit für die Besichtigung der »Kathena nui« nahmen, hatte ich nicht erwartet. Und für mich ist die Vorstellung des Buches »Die magische Route« ein höchst ergreifender Moment gewesen.

Die Bootsmesse brachte das nächste Rad ins Rollen: Bildvorträge und Diskussionen. Geplant hatte ich so was nach dieser Fahrt nicht. Sich auf die Bühne zu stellen und immer dasselbe zu erzählen ist absolut nicht mein Ding. Ich bin und will es auch nicht sein, kein leidenschaftlicher Unterhalter. Aber die zu erwartenden Honorare und das Interesse überzeugten mich. Mir erschien es aber trotz allem nicht einfach, Nur zögernd sagte ich zu, mein Schiff auf der Düsseldorfer »boot 86« auszustellen. Es war dann, Dank der Messe-Organisation, ein gedrängelter Erfolg.

diese Nonstopfahrt mit nichts als einem Boot, einem Mann und dem Meer in einem 90 Minuten-Vortrag abwechslungsreich und spannend zu gestalten. In monatelanger Arbeit stellte ich mit Hilfe eines Freundes eine Dia-Tonbildschau zusammen. In meiner Vorrede heißt es: »Ich habe heute Abend 420 Dias mitgebracht, die ich nebenher, aber mit viel Mühe und erheblichem Aufwand allein unterwegs gemacht habe. Dazu benutze ich Tonbandeinspielungen von der Reise, besprochen bei unterschiedlichsten Stimmungs- und Wettersituationen. Das Ganze kommentiere ich während der Vorführung live, also direkt, und da müssen Sie bei mir mit Versprechern rechnen.«

Die Kosten für diese Tonbildschau: 20 000 Mark für eine 4 × 5 Meter Leinwand, Diaprojektoren, Lautsprecher, Verstärker und für die Überblendtechnik ein computergesteuertes Tonbandgerät. 10 000 Mark für das Zusammenstellen, das Bearbeiten und Duplizieren der Dias. Ich habe immer alles dabei, um nicht auf Hausmeister angewiesen zu sein.

Diese Vorträge verlangen meine volle Konzentration. Vorher der zweistündige Aufbau der Geräte, anschließend – meistens in Eile – der Abbau. Zwischendurch immer strahlen, neugierige Fragen beantworten, die technische Seite im Griff haben, und Witz, Ironie und Schau dürfen auch nicht fehlen. Ich halte mich da an die Spielregeln anderer: Roald Amundsen, Thor Heyerdahl, Graf Luckner, Kapitän Kircheiß und andere haben es ebenso gemacht – sich dem Publikum mit ihren Reiseerfahrungen in großen Sälen zur Verfügung gestellt. Die YACHT hat mich mal in den Süden der Bundesrepublik begleitet und schrieb darüber: »Erdmanns Lichtbildvortrag über ›Die magische Route‹, seine jüngste und mit Sicherheit eindrucksvollste Reise, steht – streng professionell gesehen – in einem fast schon peinlichen Gegensatz zu der pingeligen Perfektion, mit der er vorher die Leinwand und die Projektoren ausgerichtet hat. Er spricht (in freier Rede) über Bilder in seinem Kopf statt über die auf der Leinwand...

Dann kommen da Bilder, von Wolken und Regenwänden etwa – oder von Wellenbergen im kaum befahrenen südlichen Ozean, kommentarlose Bilder von einer Urgewalt, die auch im Schwarzwald ankommt.

Dazwischen Szenen, wie sie nur der total emotionale und von allen geliebte Erdmann bringen kann. Zum Beispiel Weihnachten in der Wasserwüste: eine flackernde Kerze, mit der Schraubzwinge am Kartentisch befestigt, dazu Hausmusik von einer Kassette, die ihm Freunde mit auf die Reise gegeben haben, und dann eine ganz weiche Blende auf sein bärtiges, sehnsüchtig auf eine Schotwinde gestütztes Gesicht...«
Die Düsseldorfer Messe brachte uns noch einen Kunden: Eine Uhren- und Schmuckfirma mietete »Kathena nui« für eine Tournee durch 91 deutsche Städte. Unter dem Slogan »Dugena präsentiert Höchstleistungen« stellte sie das auf einen Trailer verladene Schiff vor den jeweiligen örtlichen Fachgeschäften auf und gab es zur Besichtigung frei. Da stand mein Boot dann einen Tag, aufgebockt samt Stummelmast und den orangeroten Sturmsegeln. Die Schoten angeknallt. Das Deck, die Kajüte belagert von Neugierigen.
Ich war 20mal dabei und fuhr oft deprimiert von dannen. »Wo ist das Klo?« war die am häufigsten gestellte Frage. Oder: »Kochen können Sie hier auch?«, »Aber doch nicht allein? Wozu dann drei Kojen?« Fehlen durfte natürlich auch nicht die Frage: »Wann geht's wieder los?« Es gab nur wenige, die die Umstände einer so langen Alleinreise einigermaßen in ihren Kopf kriegten.
Das war schon ein gewisser Ausverkauf von »Kathena nui« und mir. Mancher Uhrenhändler veranstaltete eine Tombola und verkaufte Getränke. In Niebüll spielte der Marinechor, in Gunzenhausen «Der Gustl», eine bayerische Einmannkapelle. Kinder waren schnell vertraut mit dem Boot. Es gab welche, die blieben den ganzen Tag über an Bord. Mit glänzenden Augen betrachteten sie jedes Detail, legten sich in die Koje und wären am liebsten mitgefahren.
»Kathena nui« wurde in diesen Sommermonaten auf dem Hänger sehr strapaziert. 320 000 Zuschauer hat die Dugena gezählt. Die Werbeaktion war einmalig. Ein Schiff, das auf dem Seeweg um Kap Hoorn gesegelt war und jetzt auf dem Marktplatz stand, das hatte es noch nicht gegeben. Ich habe die Aktion auch deshalb akzeptiert, weil ich mir von der Firma erhoffte, daß sie mein nächstes Vorhaben unterstützt. Und: Wäre die Dugena nicht gekommen, hätte ich in diesem Sommer mehr Tomaten produzieren müssen.

28 Einhand-filmer Erdmann

»Der Film ›Die magische Route‹ erhält für die eindrucksvolle und gelungene filmische Umsetzung der Gesamtreise den zweiten Preis in der Profi-Kategorie. Von dieser herausfordernden Fahrt hat Erdmann einzigartiges Filmmaterial mitgebracht: Bilder, die aus einer Mischung von Draufgängertum und Sensibilität leben. Neben Aufnahmen aus dem mitgeschleppten Beiboot hatte er noch andere ungewöhnliche Kameraeinstellungen – zum Beispiel, schon einmalig, mitten im Atlantik sein Boot, die ›Kathena nui‹, unter voller Besegung an der Kamera vorbeiziehen zu sehen. Überzeugend sind die Selbstaufnahmen des Einhandfilmers bei unterschiedlichen Stimmungs- und Wettersituationen sowie Sturmsequenzen von erschreckender Realität.« (Jury-Entscheid, Int. Segelfilmfestival, 1987)

Eine Art Drehbuch. Mit Hilfe eines Freundes für Vortrag und Film erstellt. Der Spannungsbogen ergab sich aus dem Ablauf der Reise selbst.

Meer, Schiff und Segel verlangen danach, gefilmt zu werden. Nirgendwo sind Bewegung und Licht so abwechslungsreich wie an Bord eines Segelbootes. Ein Segeltörn ist eine optische Delikatesse, weil die Projektionsbilder stets voller Aktion sind: Gischt, die über den Bug fegt, anlaufende Sturmseen, Wolken, die rasch vorbeiziehen, Windfähnchen, killende Segel, ein Vogel der sich an Bord niederläßt, Fliegende Fische und letztlich die Crew, wie sie sich an Bord einrichtet und auf See lebt. Trotz der opulenten Möglichkeiten gibt es wenige Segler, die dieses filmische Spektrum gelungen übermitteln. Da wird geschwenkt auf Teufel komm raus, vor und zurück gezoomt, obschon die Bewegung im Bild schon stark ist. Detailaufnahmen, die einem Film den idealen Rahmen geben, fehlen meist völlig. Und dies nicht

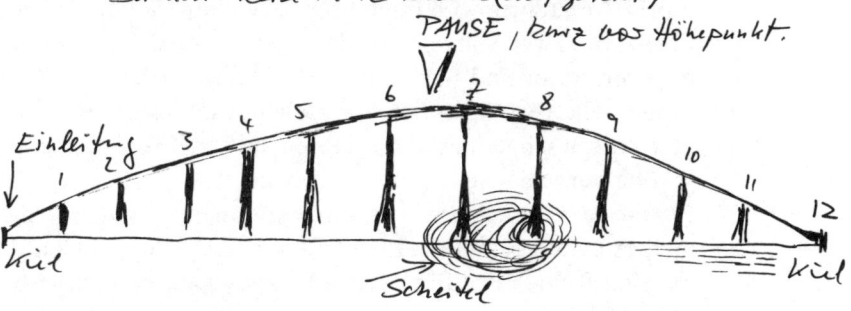

EINLEITUNG: Kaleidoskop / Überflugbilder (5-6 sek/St.)
Danach: Reise in 12 Blöcke (aufgeteilt)
PAUSE, kurz vor Höhepunkt.

1. Nonstop rundum / Windjammerroute / Windschema darstellen. Sturm - Eis - Flaute, danach Schiff ausgewählt.

2. Abschied. Atlantik erreicht. Bordroutine stellt sich ein. Passatsegeln. Letzte Arbeiten am Boot.

3. Kalmengürtel / Wasserprobleme / Trindade

4. Rein in den Wind / Verlassenheit / Furcht / Miese Stimmung unter Deck / Nw. Albatrosse (stumm) Wolken tief. Seen!!

5. Südl. Ind. Ozean / Stimmung / Sturm / Weite / Weihnachten / Macquarie ansteuern wg. Post (Nachweis Crowhurst), Risiko wg. Felsen / Untiefen / kein Feuer / Dunst / Nebel.

6. Fast schiefgegangen. Doch noch fit! Glück gehabt / Funkerei. Aber kein Mensch zu sehen. Landnähe macht unruhig.

7. Totale Depression als Folge / Schock / Übermüdung / menschl. Alleinsein - angesichts der plötzlich unendl. erscheinenden Durststrecke (5000 sm) → Kap Hoorn. VISION SÜDSEE lange Blende (3x mit eigenen Booten). Also: Aufgabe-NZ

8. Der einsame Entschluß: weitermachen. Essen, Gymnastik etc. zwecks berappeln. Einführung des Sonntags (weiß. Hemd, Chichester Reflexionen)

9. Das packende Seestück (lang?) 4 Wo. Segeln im Sturm. Vögel. Befreit. Einmalige Natur, großartiges Boot. Eiskalte Wachen.

10. KAP HOORN. Spannung steigt. Diego R. links/rechts? Leichte Nacht am berühmten Kap H. Absturz. Barometer. Reiß Dich zus.

11. Segel / Fotografieren / Filmen / Schreiben. Wal. Sargasso Einsamkeit / Taube. Endspurt! Shetlands + Nordsee.

12. Rückkehr. Rund Staaten. Telegramm. FLAUTE! Spannung fast unerträglich. Erste Schiffe. Astrid/Kym. Hafen. Hühner.

nur in Amateurproduktionen für Segelclubs, sondern auch Profis, die zwar Spitzenfilme über die Heide drehen, kommen mit Meer und Segeln einfach schlecht zurecht. Keine Frage: Alle vermögen richtig zu sehen. Mehr noch: Sie sind gewohnt zu schauen, zu beobachten, und weil Segeln so eine schöne bunte Sache ist, filmen sie auch.

Zu dieser Feststellung war ich gekommen, bevor ich mit meiner ersten Filmkamera auf Reisen ging. In Clubs hatte ich eine Reihe Segelfilme bewußt angeschaut und aufgesogen. Dabei mir kritisch notiert, was ich anders machen wollte, denn ich stand gerade vor einem langen Südseetörn. Von der dreieinhalbjährigen Reise habe ich dann einen abendfüllenden Super-8-Tonfilm »Gegenwind im Paradies« mit 86 Minuten Laufzeit mitgebracht.

Ich begann ziemlich überstürzt mit der Filmerei. Erst wenige Tage vor der Abfahrt kaufte ich die Kamera: eine Nizo. Ich wollte nicht nur phantastische Sonnenuntergänge und sagenhafte Südseestrände einfangen, sondern auch alle Widrigkeiten einer Segelreise zeigen, dazu die Fremde mit ihren Menschen, die vielfältige Schönheit der paradiesischen Inselwelt, das Leben an Bord. Ein Bilderlogbuch sozusagen. Die Kamera hat es dann auch tatsächlich gebracht.

Die filmischen Spielregeln und sonstigen Informationen für den Umgang mit einer Kamera holte ich mir aus Filmbüchern. Auf 110 Super-8-Kassetten mit Kodachrome-Film speicherten wir unsere Eindrücke und Erlebnisse. Alle belichteten Filme sandte ich von unterwegs zu Kodak nach Stuttgart, und von dort gingen sie zu einem Freund, der sie bis zu unserer Rückkehr sorgfältig aufbewahrte. Nicht ein einziger Film – große Überraschung! – ging verloren. Der Versand klappte bestens, selbst von den winzigsten Postämtern aus. Die Filme, ob unbelichtet oder belichtet, wurden in großen, teils mit Reis gefüllten Blechdosen gelagert. Eine Kühlmöglichkeit hatten wir an Bord nicht, und Reis bindet wenigstens die hohe Luftfeuchtigkeit.

Ich filmte ausschließlich mit 24 Bildern pro Sekunde statt der oft üblichen 18 Bilder. Warum? Wegen der Ruhe im Bild, denn kein Mensch kann eine Kamera ruhig genug halten, wenn bei Seegang voll gesegelt wird. Das war wohl

Die Perspektive, wie der Bug das Wasser zerschneidet, berauschte mich. Davon filmte ich aus der Nock des Spibaumes zig Meter.

einer der Gründe, weshalb mein Film über dem Standard rangierte. Hinzu kommt, daß ich kaum »gestellte« Szenen drehte, nicht zoomte und schwenkte. Ich widmete mich der Filmerei auch mit großer Konzentration, verstand sie nicht als Hobby, sondern wollte etwas Kreatives schaffen, schöpferisch sein.

Die großen Panoramen – ich nenne sie auch Fernwehbilder – mied ich, wenn sie nicht durch einen betonten Vordergrund gegliedert werden konnten. Zwei- oder dreimal pro Kassette ging ich richtig nah ran, lenkte den Blick durch den Kamerazoomer auf Naheliegendes. Diese Groß- und Nahaufnahmen erreichten 16-mm-Qualität. Die Zuseher ermüden nicht so schnell, weil solche Bilder einem buchstäblich entgegenkommen und nicht verlangen, daß sich der Betrachter das eigentlich Sehenswerte auf der Leinwand zusammensucht. Die Filmszenen geraten eindeutiger, wenn man sich beim Blick durch den Sucher bemüht, alles augenfällig Überflüssige wegzulassen. Diese Motive »zum Anfassen« bringen es.

Den Standort und mit ihm die Perspektive wechselte ich

häufig. Einmal wurden Szenen beim Schwimmen dicht über der Wasseroberfläche gefilmt, dann stieg ich samt Kamera in den Masttopp, oder ich hängte mich an die Nock des Großbaums. Meine Frau hat mich beim Navigieren abgelichtet, ich sie bei gestenreichen Unterhaltungen mit Eingeborenen. Nur die »Außenaufnahmen«, die unser Boot in voller Fahrt zeigen, wurden vorbereitet. Sie entstanden vom Beiboot aus, während Astrid das Boot segelte. Einmal, im Indischen Ozean, wurde mir ziemlich mulmig, während ich da allein im Schlauchboot hockte und Astrid im großen Bogen und mit gutem Wind um mich herumsegelte. Leichter waren diese Ganzaufnahmen unter vollen Segeln vom Strand aus; da kletterte ich schon mal in eine Palmenkrone und filmte mit Palmwedeln als Gliederung oder bestieg einen Berg.

Die Nizo wurde in all den Jahren keineswegs besonders geschont. Im Gegenteil, sie widerstand Luftfeuchtigkeit, salziger Gischt, Regen und brütender Hitze. Um die Einheimischen auf den Pazifischen Inseln nicht gleich mit Kamera und Objektiven zu erschrecken, brachten wir sie niemals im Alukoffer an Land, sondern in einer unauffälligen Basttasche oder bloß in ein Stück Pareutuch gewickelt.

Jedem, der auf eine Segelfahrt geht, empfehle ich, wenigstens eine Filmkamera mitzunehmen. Da ja Super-8 heute out ist, kann es auch Video sein, nur sollen die Geräte sehr empfindlich auf die besonderen oben erwähnten Verhältnisse an Bord reagieren. Eine Kamera muß sein, nicht nur wegen der eigenen Erinnerungen, sondern auch, um anderen ein Schauvergnügen zu bereiten und damit an dem Erlebnis teilhaben zu lassen. Hätte ich mir auf früheren Fahrten nicht die Mühe mit den Aufnahmen gemacht, so hätte ich die Nonstopfahrt, von der in diesem Buch immer wieder die Rede ist, nicht finanzieren können. Die abendfüllenden Filmvorträge brachten für mein letztes Segelunternehmen die Hälfte aller Mittel ein.

Fatal war nur: Bei der Vorbereitung zu diesem Unternehmen selbst hatte ich diesen Aspekt nicht so richtig gewürdigt. Ich zog also wahrhaftig nur mit einer einzigen Kamera los – auf eine Fahrt, die sich nie wiederholen würde. Ich schäme mich fast, das zu gestehen; denn zu allem Übel flog diese Kamera auch noch beim ersten Kap samt Stativ auf die

Damit die Vorsegel beim Bergen nicht ins Meer rutschen, im Bugbereich ein Netz an die Reling flechten. Es ist nicht nur nützlich bei seemännischen Arbeiten, sondern liefert zudem noch einen interessanten Vordergrund für Fotomotive.

Nase. Ich hielt zwei Teile in den Händen, in der einen das Gehäuse, in der anderen die Elektronik. Daß ich, der sich mit Feinmechanik nicht auskennt, es trotzdem schaffte, alles wieder richtig zusammenzusetzen, erscheint mir noch heute wie ein Wunder.

Ich fuhr mit lediglich 1200 Meter Film los. Das war der zweite Fehler. Ich hatte einfach kein Geld mehr für weiteres Material. Um daraus nun das Beste zu machen, vor allem um Stimmungen aufzuspüren, trainierte ich filmisches Sehen. Wenn ich eine bestimmte Atmosphäre einfangen wollte, hielt ich zunächst nach optischen Zeichen und Symbolen Ausschau, die diese Stimmung versinnbildlichten. Falls sie mich animierte, stellte ich Daumen und Zeigefinger beider Hände zu rechten Winkeln und legte diese zu einem Rahmen zueinander. Dann betrachtete ich mein Bild. Na, lohnt es sich? Wenn ich nun immer noch jene Stimmung nicht nur fühlte, sondern auch zu sehen meinte, dann war die Aufnahme reif. Ich hätte natürlich auch gleich durch den Sucher schauen können. Nur: Man ist nach meiner Erfahrung dann unkritischer, weil der Rahmen einschränkt und man sich vor allem die Mühe gemacht hat, die Kamera in Position zu bringen. Diese »Fingerrahmentechnik« mag sich albern anhören, hat mir aber allerhand Mühe und – wichtiger – Filmmeter erspart.

Für meine »magische Route« rechnete ich mit vielen Nässetagen. Um dann auch an Deck ohne Hatz filmen zu können, nahm ich mir eine Spritzwasserumhüllung von Ewa-Marine mit. Mit ihr war es möglich, bei Sturm länger an Deck auszuharren. Dabei war ich häufig klatschnaß, die Kamera blieb jedoch trocken. Die Tonaufnahmen machte ich extra mit einem Recorder, schnitt sie später unter die Bilder: Geräusche von Wind, See, Gischt, klappernden Tassen, ein pfeifender Wasserkessel, aber auch herbe Flüche. Ich meine, die Tonqualität kommt so entschieden besser rüber.

Wichtig ist zunächst, die Kamera beim Arbeiten an Deck mit dem Körper zu sichern. Ein Tau tat es bei mir. Um den Hals geschlungen, konnte ich mich selbst bei holpriger See voll der Kamera mit beiden Händen widmen. Und auch komplizierte Kamerapositionen ausprobieren, denn die üblichen Einstellungen – von vorn nach achtern und umgekehrt – sind schnell erschöpft. Ich hängte mich außenbords, in Luv, in Lee, mal achteraus und dann wieder vorn. Um Perspektiven zu bekommen, die so wirken, als ob einer von einem begleitenden Boot filmte, laschte ich die Kamera an das Ende eines Bootshakens, beschwerte sie mit einem Handlot und hielt sie bei rauschender Fahrt über die Seite, möglichst dicht über die Wasseroberfläche. Das gab irre Bilder – bei Weitwinkeleinstellung. Reizvoll sind auch die Lichtreflexe, die in der Kajüte wandern.

Und immer war ich darauf bedacht, zusammenhängende »Blöcke« zu bilden – fünf oder sechs Einstellungen, die zueinander passen. Zum Beispiel das Thema Ablegen: Festmacher von den Klampen lösen, Knoten öffnen, Segellaschings lösen, Fallen loswerfen, Tauwuhling einfangen, zum Schluß Leinen aufschießen, und dann kann schon das segelnde Boot gezeigt werden. Diese »Blockbildung« finde ich ungemein wichtig, um Lebendigkeit zu erzeugen durch Perspektivenwechsel – mal ganz nah ranzugehen, mal halbtotal.

Auch auf der magischen Route habe ich auf Stativ, Zoom und Schwenks weitgehend verzichtet, habe fast immer »aus der Hand« geschossen. Schräg ist nur das Schiff. Die Kamera wie einen Sextanten pendeln lassen, um einen möglichst ebenen, geraden Horizont zu bekommen. Die Schiffsbewegungen mit den Beinen ausgleichen. Mit dem Stativ habe ich nur bei Selbstaufnahmen gearbeitet, dafür hatte ich einen zwei Meter langen Kabelauslöser. Ich wurde im Laufe meiner langen Fahrt immer mutiger mit der Kamera, montierte sie im Beiboot und schleppte dieses achteraus. Ich bin sicherlich einer der wenigen Alleinsegler, der sein Boot auf diese Weise in der Weite des Ozeans unter vollen Segeln von außenbords gefilmt hat. Eine Sequenz, die herzustellen sehr mühsam war, aber heute – zu Hause betrachtet – ungemein aufregend wirkt. Ich ruderte damals mit dem Dingi ein Stück voraus und ließ die »Kathena nui« vorbeisegeln, um sie dann wieder einzuholen. Natürlich war »Kathenas« Geschwindigkeit gering – knapp ein Knoten.

Der Schiffsbug ist immer eine imposante Einstellung. Ob genau von vorn, wie er das Wasser schneidet (Nahbild) oder von achtern, wie er das Wasser wegdrückt: diese Konturen,

diese Schaumflocken, und das alles noch im leichten Gegenlicht! Das gibt Bilder, an denen ich mich nie sattsehen kann,
denn jede Sekunde vermittelt den Eindruck anders, niemals
wiederholt er sich ganz genau. Ich kann stundenlang – auch
ohne Kamera – an Deck liegen und dieses Schauspiel beobachten, ohne dabei zu ermüden. Einfach phantastisch! Und
das soll man nicht auf Film bannen? Also mitbringen! Anderen eine Freude machen.

Es gibt noch viele andere effektvolle Einstellungen: durch
die Fenster Sturmseen oder die rauschende Fahrt am
Schiffsrumpf mit großer Brennweite zu filmen. Beim Blick
durchs Fenster möglichst Kamera dicht an die Scheibe halten, um Spiegelungen zu verhindern. Aufpassen muß man
bei zu viel Sonne. Wasser und weiße Segel erzeugen starke
Lichtreflexe. Mir konnte das ziemlich egal sein, denn ich
fuhr eine rot-weiß gestreifte Genua, meine Sturmsegel
waren orange, und die Wetterkulisse war überwiegend
grau.

Ich habe die Chronologie beim Schneiden meines Films
über die magische Route beibehalten. Eine Zwei-Minuten-
Einführung bringt ein Kaleidoskop aus Filmschnipseln, die
ich thematisch nirgendwo richtig einfügen konnte. Darauf
folgt ein Spannungsbogen, der Erlebnis und Information
vermischt. Daß mir letztlich die Verfilmung der Reise – ein
Boot, ein Mann, 271 Tage Meer und dreimal Land aus der
Ferne – so kurzweilig gelungen ist, liegt nicht nur an dem
mitgebrachten Material, sondern auch an der Schnittfolge,
den Toneinspielungen und dem persönlichen Kommentar.

Ich habe ja im Laufe meiner Seglerjahre eine Reihe von Ehrungen und Auszeichnungen bekommen, aber diese Film-
anerkennung berührte mich bisher am meisten. Das war
eine Anerkennung, die schöpferisches Arbeiten voraus-
setzte. Und das macht mich ein wenig stolz.

29 Nie. wieder – Fragen und Antworten

»Meine wahre Trauminsel ist Hamburg – das habe ich nach vier Jahren Weltumseglung herausgefunden.« (Die Hamburger Seglerin Heide Voigt)

Der Bildvortrag ist beendet. Im Saal geht das Licht an. Ich bedanke mich beim Publikum. Und da ist sie schon, alptraumgleich und zum 922stenmal die zermürbende Frage: »Wann geht es wieder los?« Sie ist und bleibt die Standardfrage, seit ich 1980 begonnen habe, Bilder öffentlich zu zeigen und zu kommentieren. Wenn es gleich die erste Frage ist, die mir gestellt wird, reagiere ich schon mal schroff: »Ich glaube, Sie haben einen falschen Vortrag gebucht. Sie haben doch gesehen (Handbewegung zur Leinwand), ich bin eben erst angekommen.«

Doch in der Regel antworte ich ausführlich, jedenfalls so gut ich kann. Schließlich habe ich Vortrag und Diskussion im Programm. Und da sich meine Story auf der Leinwand sehr emotionell auf das Erlebnis bezieht, kommt das Sachliche während der Vorführung zu kurz. Außerdem handelt es sich nicht um einen Lehrvortrag.

Die Sehnsucht, mit eigenem Boot Inseln anzusteuern, Kaps zu runden, steckt in vielen Menschen. Die Sehnsucht in den Süden ist besonders groß.

In diesem Kapitel habe ich beschlossen, Fragen zu beantworten, die bisher nicht behandelt wurden, Fragen in der Form, wie sie mir das Publikum im Laufe der Jahre stellte. Mal kurz und trocken, mal leidenschaftlich und ausführlich will ich darauf eingehen, genauso, wie es bei den Veranstaltungen ist.

Frage: War Ihr Boot versichert? Waren Sie es?
Antwort: Keines meiner oder unserer Schiffe war je versichert. Früher war es unbezahlbar: Die Prämie war mehr nach Himmelfahrt als nach Seefahrt berechnet. Inzwischen ist der Versicherungsmarkt flexibler geworden. Jede Segelyacht, die auf Ozeanfahrt geht, kann mit akzeptablen Prämien versichert werden. Käme es bei mir nochmals zu einer Langfahrt, würde ich mein Boot nur auf Totalschaden und Bergungsschaden versichern, denn das ist das eigentlich Kritische, wenn das Schiff weg ist und man vor dem Nichts steht. Einzelne Reparaturen lassen sich schon irgendwie finanziell hinkriegen.
Wir selbst waren krankenversichert: bei der AOK als freiwillige Mitglieder. Die Abrechnung von unterwegs wurde einfach gehandhabt. Wir bezahlten zunächst die Arztrechnung, schickten dann die Belege zur Kasse, wo sie uns gemäß den AOK-Sätzen vergütet wurden. Eine zu empfehlende Möglichkeit.

Frage: Wie ist das mit der Sozialversicherung?
Antwort: Wir hatten weder Lebens- noch Sozialversicherung. An den laufenden Kosten wären alle meine Fahrten gescheitert. Da muß man bereit sein, im Alter auf eine gute Rente zu verzichten – weil man sich in der Jugend die große Freiheit gegönnt hat.

Frage: Wie sind die Kontaktmöglichkeiten zu den Menschen? Zum Beispiel in der Südsee?
Antwort: Die Chance, unterwegs mit Insulanern in näheren Kontakt zu kommen, war immer gegeben. Allerdings segelten wir zu Zeiten, als noch nicht so viele Yachten unterwegs waren. Ich habe neulich gehört, daß sich auf einigen Südseeinseln die Bewohner verstecken, weil Besuche von Seglern sich häufen.
Die Kontaktknüpferin war immer Astrid. Sie ist sehr sprachbegabt und sehr neugierig und hat vor allem die unbedingte Motivation zur Fühlungnahme mit den Menschen, die wir auf unserer Route trafen. Mit dieser Neigung hatte sie auch im Handumdrehen einige Vokabeln der lokalen Dialekte oder Sprachen parat, und das honorierten die

Das Wasser sauber halten. Möglichst wenig Reinigungsmittel an Bord benutzen. Abfälle gehören nicht ins Meer, insbesondere Kunststoff-Verpackungen und andere schwer verwesende Gegenstände. Diese Abfälle kann man bei schönem Wetter, auch unterwegs, einfach in einer Keksdose verbrennen.

Leute. Man behandelte uns als willkommene Gäste, hatte Zeit für uns, lud uns ein. Es gab Gespräche, und so erfuhr man stets vom Leben der Einheimischen. Astrid war auch nicht zimperlich, aß und trank die angebotenen Speisen, selbst wenn die Zubereitung noch so garstig aussah. Ich bin da etwas heikler.

Englisch und Französisch sind die Hauptsprachen der Fahrtensegler. Wer sie beherrscht, wird bestimmt nicht an Land einsam seine Kreise ziehen müssen. Ob in der Karibik, im Pazifik oder Indischen Ozean, überall wird man Menschen treffen, die eine dieser Sprachen verstehen. Eine der witzigsten Sprachen ist Pidgin-English, gesprochen in Papua Neuguinea und auf den Solomon Islands. Hier einige Beispiele zur Belustigung: Ein Hubschrauber heißt »mix master belong Jesus Christ« und eine Säge »push him he go, pull him he come«. Unsere Lieblingsvokabel: In Neuguinea wird ein Regierungsgebäude »house bullshit« genannt.

Das eigene Segelboot ist an und für sich schon ein idealer Kontaktpunkt. Die Eingeborenen interessierten sich für das Boot, wie man darauf lebt, und für die Route. Denn meistens hat auch ihr Leben viel mit dem Meer zu tun. Gerne kamen sie an Bord, schauten sich die Kajüte an und ließen sich die Segeltechnik erklären. Wir palaverten über Familie ebenso wie über Preise und Produkte, zeigten Bilder von uns und der Heimat. Zigaretten und Getränke wurden immer freudig angenommen. Wenn eine Insulanergruppe den ganzen Nachmittag an Bord hockt, kann es schon mal langweilig werden, denn irgendwann sind alle Themen erschöpft. Dann organisierten wir Wettkämpfe am Strand: Schwimmen, Ball- und Frisbee-Spiele.

Während unserer Südseefahrt war es unser Sohn, der häufig die Verbindung mit den Landleuten herstellte. Sind die Einheimischen zurückhaltend, sollte man ruhig auf sie zugehen, Auskünfte erfragen, Interesse zeigen. Es wird nicht immer als aufdringlich betrachtet.

Interessant ist es auch, europäische »Kolonialisten« zu treffen. Sie sind in der Regel für Abwechslung zu haben. Ist eine gegenseitige Zuneigung vorhanden, kann das eine feine Sache für beide Seiten sein. Einmal lädt man die Gäste an Bord ein und macht eventuell einen Segelausflug, zum anderen

Likiep Anchorage, ein Atoll der Marshall-Inseln. Zehn kleine Mikronesier kommen für eine Feier an Bord.

Wer mit Kind reist, sollte eigentlich nie Kontaktprobleme mit Einheimischen haben.

wird man selber eingeladen, kann die Waschmaschine der Gastgeber benutzen und bekommt die Gegend gezeigt. Ich erinnere mich noch sehr gut an unseren Besuch 1970 auf der winzigen pazifischen Insel Futuna, wo wir noch beim Ankermanöver zum Mittagessen eingeladen wurden – der ersten Einladung von neun in fünf Tagen. Nicht zu glauben, was uns ein paar Franzosen, die die Insel verwalteten, alles geboten haben!

Frage: Wenn Sie zu Insulanern kommen – was bringen Sie als Gastgeschenk mit?
Antwort: Erst mal uns – mit einer positiven Einstellung. Neugierig und begeisterungsfähig. Willkommen, ob zum Tausch oder als Geschenk, sind immer Lebensmittel: Reis, Tee, Zucker, Konserven. Für die Kinder Spielzeugautos, Bleistifte, Schreibblöcke, Bonbons, Kekse. Begehrt sind Frotteehandtücher, T-Shirts, Seife. Wir hatten davon zu Beginn genügend an Bord, und später haben wir auf den großen Märkten in Suva, Tahiti, Madang Neues dazugekauft. Ebenso bedruckte Stoffe, die sich um den Körper schlagen lassen. Solch ein Pareu im Tausch für eine Bananenstaude war beliebt. Im Laufe der Jahre haben wir festgestellt, daß so etwas lieber genommen wird als Geldscheine, für die die Eingeborenen nicht gleich Verwendung haben.
Ein kleines Mitbringsel für alle Gelegenheiten: Angelhaken, Zigaretten, eine Dose Corned Beef, Bonbons.
Eine Polaroid-Kamera bringt unheimliche Freude. Das Sofortbild ist eine unvergeßliche Erinnerung an den Besuch – bei Farbigen wie bei Weißen.

Frage: Und was bringen Sie sich von der Weltumseglung mit?
Antwort: Bilder im Kopf, die schönen Erlebnisse überwiegen natürlich. Bilder im Schuhkarton und die Gegenstände, die wir an der Küste finden: Knochen, seltene Steine, Treibholz, Muscheln, Korallen, Fischerglaskugeln. Von den Märkten oder im Tausch mit Dorfbewohnern: Masken, Schnitzereien, Flechtmatten, Modellkanus. Von der Südseefahrt brachten wir große Briefumschläge mit, worauf von jedem angesteuerten Staat, insgesamt 26, eine Briefmarke (samt Poststempel) aufgeklebt ist.

Dem Eingeborenen im Busch von Santo brachte ich als Gastgeschenk Seife mit. Doch sie erwies sich als schlechte Handelsware. Keiner wollte sie haben. Die Leute in den Bergen waschen sich nicht, sind von Natur aus wasserscheu.

Trauminseln?
Verschwiegen und
zugänglich zugleich?
Im Indo-Pazifik gibt es
sie. Wirklich.

Frage: Haben Sie nie den Wunsch gehabt, in der Südsee zu bleiben? Oder haben Sie keine Trauminsel gefunden?

Antwort: Der Südpazifik ist voll davon, wirklich. Da gibt es die herrlichsten Inseln der Welt. Das sauberste Wasser. Und nette Menschen. Aber vor allen Dingen das Klima! Der stetige Passat kühlt und macht das Leben auf einer Südseeinsel angenehm. Nur – und das ist der Punkt: Die Aufenthaltsgenehmigung für einen festen Wohnsitz ist schwierig zu bekommen. Es gibt keine Inselarchipele, auf denen man sich ohne weiteres niederlassen und einen Beruf ausüben kann. Ausnahmen gibt es nur, wenn vielleicht gerade ein bestimmter Beruf gefragt ist.

Die andere Seite: Hat man sich nun dort eine Existenz aufgebaut, kann es passieren, daß durch politische Umstände alles verlorengeht und man trotz Genehmigung ausgewiesen wird. In Fidschi, Samoa und den Marschall-Inseln schützt auch nicht unbedingt eine Heirat mit einem einheimischen Mädchen davor. Und letztlich bleibt man immer der Europäer.

Meine Trauminsel ist noch immer das Boot, auf dem ich gerade lebe. Die »Insel« ist sogar beweglich, im Gegensatz zu den schönsten Paradies-Inseln. Sehr schöne und nutzbare

Inseln sind für mich Kapingamarangi, Futuna, Tokelau, Chagos und – noch eine Insel, die ich kenne: ein Atoll im Pazifik, nur eine Meile im Durchmesser, mit einem Paß von 1,80 Meter Wassertiefe und damit einem hurricansicheren Ankerplatz. Neben den Kokospalmen wachsen dort Bananen und Papayas. Die winzige Insel ist abgelegen und unbewohnt. Die Position möchte ich nicht preisgeben, ich möchte sie für uns reservieren – als letzte Zuflucht.

Frage: Ist das Bordleben für ein Kind nicht eine Vergewaltigung?

Antwort: Wir sehen keine wesentlichen Probleme darin, wenn ein Kind in Kyms Alter (drei bis sieben) längere Zeit an Bord eines Segelbootes lebt. Es lebt für den Moment und wird bestimmt nicht wegen dieser Lebensweise zum Einzelgänger oder Außenseiter. Die Lebensbedingungen an Bord

Die Südsee: Eine üppige Pflanzenwelt. Fantastische Riffe. Wenige Menschen.

wirken sich wohl bei jedem Kind unterschiedlich aus. Aus einem übersensiblen Stadtkind wird unserer Auffassung nach sicher kein robustes Naturkind werden. Nach unserer Erfahrung meinen wir aber: Boot und Familie sind füreinander geschaffen.

Als wir unsere Reise durch die Südsee vorbereiteten, haben wir bewußt für den Anfang wenige Seetage eingeplant. Wir wollten unserem Sohn die Seefahrt nicht vergraulen und ihn nicht zu schnell aus einer gerade an Land gewonnenen Spielatmosphäre herausreißen. So segelten wir im ersten Jahr mit der »Kathena faa« nur etwas mehr als 5000 Meilen, verbrachten auch nur 40 Nächte auf See. Oftmals lagen wir vier Wochen und mehr an einem Ankerplatz, denn auch ein Kind in Kyms Alter benötigt einige Tage, bevor es sich mit den Kindern anfreundet und richtig spielt. Kinder zum Spielen gab es immer an diesen kilometerlangen »Sandkästen«.

Die Seezeit wurde von Kym als etwas Unumgängliches angesehen. Hatte er seine Traurigkeit beim Abschiednehmen nach kurzem Schlaf abgelegt, fühlte er sich pudelwohl. Es störte ihn offensichtlich nicht, wenn er sich bei abrupten Bewegungen des Bootes heftig stieß oder draußen beim Pipimachen von der überkommenden Gischt naßgespritzt wurde. Er sagte umgekehrt auch nie etwas, wenn wir in eine ruhige Lagune hineinsegelten und der Seegang plötzlich gleich Null war. Offenbar behelligte ihn das ständige Abstützen auf dem bewegten Boot, das Festhalten und unbequeme Spielen nicht. Zu beobachten gab es auf See nicht viel für ihn. Nur in Flauten tummelten sich Fische an unserem Boot, die er mit Neugier verfolgte.

Kym hatte auch Aufgaben: Ordnung halten im Vorschiff, das er allein bewohnte; Schoten zu Schnecken aufschießen; Fischschleppleine prüfen; Kompaßkurs ansagen – die Zahlen konnte er schnell lesen; und die Konservendosen für die Mahlzeiten aus den verschiedenen Backskisten herauskramen. An Deck half er später begeistert Segel zu setzen und Schoten dichtzuholen. Von der Seekrankheit blieb er immer verschont.

Wir können über unsere Fahrt mit Kym nur Positives berichten. Nach der Reise konnten wir einen gesunden, aufge-

In einsamen Buchten befestigen wir unseren Bootsmannstuhl in der Palmenkrone, und schon war eine Schaukel fertig.

weckten Jungen in die Schule schicken, der sich auch mit Pflanzen und Tieren gut auskannte und mit Hammer und Messer umzugehen wußte. Überhaupt: Es ist nicht wahr, daß man ein Kind auf einer Reise wie der unseren großen Strapazen aussetzt.

Ich möchte nach unseren Erfahrungen Mut machen zu Segelreisen mit Kindern. Patentrezepte für den idealen Umgang an Bord gibt es nicht. Jeder muß es selbst ausprobieren. Uns hat es jedenfalls viel Spaß gemacht, mit Kym zu segeln. Am meisten Eindruck gemacht hat uns die große Kinderliebe der Insulaner. Oft bekam unser Junge kleine Geschenke, eine gekochte Kasava, ein Stück Fisch oder eine Kokosnuß. Für ihn schien es auch nie eine Sprachbarriere zu geben. Irgendwie kam der Kontakt mit fremden Kindern relativ schnell zustande – durchs Zuschauen beim Fischen oder beim Mitmachen von einfachen Ballspielen am Strand.

Frage: Welches war Ihre schönste Reise?
Antwort: Das kann ich schlecht sagen. Jede Reise für sich allein war für mich etwas Außergewöhnliches. Und so steht auch jede Reise für sich, eine immer wieder neue Mischung aus Neugier, Erlebnis, Abenteuer, Herausforderung. Womöglich war die erste Weltumseglung – allein – die erinnerungsträchtigste. Unbekümmert segelte ich über die Meere. Die Reise machte ich aus reiner Liebe zur Segelei und zur Natur. Da war nichts überzogen, nichts unnatürlich. Wie sehr ich im Einklang mit meinem Vorhaben lebte, verdeutlicht, daß ich während der gesamten Fahrt nur drei Filme verknipst habe.

Eine Frau an Bord: Sie wird kein Gefühl für das Boot erwerben, wenn sie nur in der Pantry arbeitet oder in der Sonne sitzt.

Frage: Da Ihre Frau Hochsee-Erfahrungen hat, überrascht mich, daß Sie einer Allein-Nonstopfahrt zugestimmt hat.
Antwort: Zum besseren Verständnis möchte ich vorwegschicken, daß wir uns nicht in einem Büro oder sonstwo im Beruf kennengelernt haben, sondern auf Booten im Hafen von Gibraltar. Sie segelte mit ihrer Mutter. Ich war damals auch Einhandsegler.

Vermutlich wußte sie, als ich mit meinem Nonstop-Plan zu

Astrid bei der
Ansteuerung
Whangarei /
Neuseeland. Sie war
bereits Seglerin, bevor
ich überhaupt wußte,
was Schot und
Pinne ist.

ihr kam, daß es schlimmer ist, mit einem Mann zusammen-
zuleben, der sich einen großen Wunsch nicht erfüllt hat, obschon er die Möglichkeit dazu hatte, als die Sorgen durchzustehen, ihn durch das Risiko dieser Reise zu verlieren. Bei
jeder Gelegenheit, die an einen ungewöhnlichen Törn erin-
nerte, wäre ich aufgesprungen, und sie hätte zu hören bekommen: »Wäre ich doch damals...«
So ohne weiteres hat sie meinem Vorhaben nicht zugestimmt. Es war allerhand Überzeugungsaufwand notwendig. Ich wäre auch enttäuscht, wäre es nicht so gewesen, daß
sie gleich begeistert zugestimmt hätte. Für sie war die Fahrt
sicher schwer zu ertragen, denn es ist immer leichter zu gehen, als verlassen zu werden.

Frage: Hat die lange Fahrt Sie verändert?
Antwort: Das ist schwer zu beurteilen. Nein. Nicht bemer-
kenswert. Die Bewältigung der Einsamkeit hat mir eine persönliche Sicherheit gegeben, ich sehe heute viele Dinge
cooler – abgeklärter. Ich bin ruhiger geworden. Das Hochseesegeln hat mich gelehrt: Ich bin so stark und mächtig, wie
ich mir von Situation zu Situation zu sein erlaube.

Frage: Hat es Sie gekränkt, beim Schlimbach-Preis übergangen worden zu sein?

Antwort: Daß ich den Preis nicht bekommen habe, das ärgert mich nicht. Aber daß ich bei der Preisverteilung im Kieler Yacht-Club dabeisaß und mir diese fadenscheinigen Begründungen anhörte, statt aufzustehen und zu sagen: »Shut up, ihr...«, das ärgert mich inzwischen sehr.

Die Geschichte war nämlich folgendermaßen: Als ich am 6. Juni 1985 mit »Kathena nui« in Kiel-Schilksee einlief, standen tausend Leute am Kai und klatschten begeistert. Dies geschah mitten in der Woche und ohne, daß man genau wußte, wann ich ankommen würde. Das war ein berauschendes Erlebnis. So viel Zustimmung hatte ich zu meinem Unternehmen – nonstop und allein – nicht erwartet.

In diesem Rausch des Erfolges, und weil auch alles andere

Ehrungen interessieren Astrid wenig. Sie hat mir auch abgeraten, mich zu bewerben.

sehr gut lief, ließ ich mich von meinem Segelverein (Cuxhaven) überreden, mich um den Schlimbach-Preis zu bewerben. Das ist ein Wanderpreis, der alljährlich im Kieler
Yacht-Club von Juroren aus den »führenden« norddeut-
schen Segelvereinen »für die beste hochseeseglerische Leistung des Jahres« vergeben wird. Eine Sache, mit der ich
eigentlich überhaupt nichts mehr zu tun haben wollte. Auch
hätte ich wissen müssen, daß die Schlimbach-Jury und ich
nicht zusammenkommen können, denn unsere Bekannt-
schaft hat schon eine lange Geschichte.

Bereits meine erste Bewerbung 1969 wurde boshaft abgetan: »Kein Verein, kein Patent, keine Vorbereitung.« Ich
war ein wilder Segler, wie man die Nichtorganisierten
nannte. Dabei hätte ich mich über den Preis als jugendlicher
Segler wirklich gefreut. Das war damals etwas ganz Großes,
so eine Weltumseglung. Das allgemeine Interesse kann man
sich heutzutage gar nicht mehr vorstellen. »Kathena« war
die zweite deutsche Yacht, die es geschafft hatte. Ich der
erste Deutsche, dem es allein gelungen war. Von einem auf
den anderen Tag wurde ich bekannt. Unheimlich viele
Leute stürzten sich neugierig auf mich, wollten wissen, wie
ich – seemännisch und navigatorisch ein Autodidakt – die
Fahrt ohne jegliche Unterstützung bewältigt hatte. Die Be-
wunderung war damals echt – und ich war stolz, es ohne
erwähnenswerte Probleme und aus eigenem Antrieb geschafft zu haben – und zeigte das auch. Neben den bekannte-
sten Fernsehsendungen mußte ich zu Wim Toelke ins Aktu-
elle Sportstudio – samt meiner »Kathena«. Aufgebockt
vorm Studio, mit gesetzten Segeln und Gischt aus der Feuer-
wehrspritze wurde ein Interview auf hoher See vorge-
täuscht. Das war witzig und machte allen Spaß. Dennoch –
über die seglerische Anerkennung aus Kiel hätte ich mich
sehr gefreut. Und ich glaube heute, daß ich dem Fahrtensegeln auf meine Art schon damals entscheidende Impulse gegeben habe.

Zu der Preisverleihung 1986 wurden wir eingeladen, und mit
der Einladung wußte ich, daß ich wiederum am Preis »vor-
beigesegelt« war. Mit Astrid und Freunden fuhr ich nach
Kiel. Die Zeremonie im Yacht-Club wollten wir uns mal an-
sehen. Es war dann eine einzige Beweihräucherung und

Grundregeln des Wegerechts auf dem Wasser: Backbordbug vor Steuerbordbug. Lee vor Luv. Und: Segel vor Dampf. Bei der letzten Regel es bitte nicht so genau nehmen und der Schiffahrt immer Vorfahrt gewähren, denn sie ist ja nicht zum Vergnügen unterwegs – im Gegensatz zu uns. Also: Rechtzeitig und vor allem deutlich und ohne Zaudern ausweichen.

Selbstverteidigung der Vergabekriterien. Die Jury nannte sich stolz »Gottväter« und verkündete: »Was wir beschließen, ist Evangelium.«

Einer der Gründe für die abschlägige Entscheidung war sonderbarerweise meine Seemannschaft. Zum Beispiel meine Erkenntnis, nachdem ich den Englischen Kanal mit Nebel und starkem Schiffsverkehr durchquert hatte: »Da segelst du nicht wieder allein durch.« Weiter meine Erwähnung, »daß ich kurz vor der Hälfte der Fahrt aufgeben will«, mein »Absturz vom Wellenberg«, daß ich »Angst gehabt habe«. Zum Schluß der Ausführungen, vorgetragen vom Juryvorsitzenden, hieß es: »Und Glück hat er gehabt. Bei der Vergabe unseres Preises, so meinen wir, darf der glückliche Ausgang als Argument nicht herhalten...«

Sportlich betrachtet, ist das absurd. Die Glücksfrage habe ich gezielt als letzten Satz in meinen Unterlagen vermerkt: »Sicher hatte ich Glück, aber Glück ist auch eine Frage des Geschicks...«

Die YACHT hat das dann später kommentiert: »Was lernen wir an diesem Abend im Festsaal des Kieler Yacht-Clubs: Glück hat einer nicht zu haben, der den Schlimbach-Preis gewinnen will. Sollte er es doch für sich in Anspruch nehmen, muß er es schon im besten Sinne seemännischer Tradition organisiert haben.«

Nach 150 000 Seemeilen ist Seemannschaft für mich selbstverständlich, ohne daß ich sie immer wieder neu aufschreibe. Aber mit dieser Seemannschaft habe ich auch das Selbstbewußtsein, Gefühle der Angst und Unsicherheit zuzugeben. Das ist für die Schlimbach-Jury nicht akzeptabel. »Der Mann war psychisch nicht in Ordnung« und »Angst hat er gehabt« – das reichte, um die Preisverleihung zu verhindern. Darüber kann ich nur lachen.

Frage: Wenn Sie die Fahrt nicht gemacht hätten, würden Sie sie jetzt unternehmen?

Antwort: Das ist eine hypothetische Frage. Aber ich würde sagen: ja. Die Neugier war riesengroß. Sind die Stürme wirklich so schlimm und die Wellen so mörderisch wie in Büchern geschildert? Und kann ich so lange mit mir allein kämpfen, ohne Kontrolle, ohne Zuschauer? Wenn ich

Schwierigkeiten habe, wie sehe, wie erlebe ich mich? Wie kann ich mich selbst besiegen? Überhaupt: dieses Zeit- und Raumgefühl, diese Distanz, weit weg von allem ohne Sprechverbindung. Ich wollte noch einmal brennen und gefordert werden. Alles zusammen würde ich nicht missen wollen.

Frage: Ist der Kurzwellenempfang brauchbar und nützlich?

Antwort: Zweifellos ist ein Kurzwellenempfänger ein wichtiges Verbindungsmittel zur Heimat. Und als Navigationshilfsmittel für das genaue Zeitzeichen unentbehrlich.

Wenn man auf den Weltmeeren segelt, braucht man gelegentlich die Kommunikation über den Äther. Natürlich gibt es unterschiedliche Perioden. Nach dem Start zu einer Weltumseglung stehen andere Dinge im Vordergrund: Vieles Neue stürzt auf einen ein. Man ist mit Stauproblemen beschäftigt. Und man hat sich ja eben erst gelöst vom heimatlichen Informiertsein, da bin ich auf nichts neugierig.

Bei mir wurde nach dem ersten Ozean die Kommunikation notwendig. Ich hörte Rundfunk abends mehr als am Tage, wahrscheinlich weil in der Dämmerung die Stimmung dafür empfänglicher war. In den langen Nachtwachen hielten Sendungen mich munter und verkürzten zugleich die Zeit.

Dann gab es auf meiner langen Reise wieder Zeiten, da interessierte mich über Wochen hinweg überhaupt nichts, weder Politik und Zeitgeschichte noch Sport und Musik. Ich erlebte das Segeln und mich so stark, daß ich keinerlei Verlangen spürte und im Unterbewußtsein wohl fühlte: Dabei läßt du dich nicht stören.

Überwiegend hörte ich Deutsche Welle, einen Staatssender, der für Deutsche im Ausland produziert wird und sein Zweistundenprogramm täglich sendet. Auch BBC aus London, schon deshalb, weil jede Stunde das Zeitzeichen kommt, ich die klassische englische Sprache mag und der Empfang überall auf der Welt Spitze ist. Aber ich hörte auch regionale Sender. Als ich bei Australien segelte oder an der brasilianischen Küste, suchte ich die dortigen Stationen.

Ich hatte einen Grundig Satellit 600, mit einem erstaunlich guten Empfang, auch auf der anderen Hälfte der Erdkugel, obwohl ich keine große Antenneninstallation vorgenommen hatte: Fünf Meter über Deck hörte mein mit Isolierband am Achterstag befestigter Kupferdraht auf. Störend war nur der Batterieverbrauch. In kalten Seegebieten brauchte das Gerät alle 14 Tage neue Batterien, obschon ich es wenig benutzte. Ich hatte aufgrund früherer Erfahrungen nur 60 Trockenbatterien dabei.

Mein eindrucksvollstes Erlebnis mit dem Rundfunk war genau in dem Moment, als ich das berüchtigte Kap Hoorn umrundet hatte und in ruhiges Wasser kam. Das muß ich erwähnen, um mal zu zeigen, wofür Rundfunk auch nützlich ist. Nach Wochen der Radioabstinenz fummelte ich dort am Gerät herum und hörte plötzlich die von der Deutschen Welle monatlich ausgestrahlte Sendung »Grüße aus dem Heimathafen«. Ich war gedanklich noch nicht ganz dabei, da hörte ich den Moderator sagen: » Ich habe jetzt Frau Astrid Erdmann aus Goltoft am Telefon.« Zum ersten und einzigen Mal auf der Fahrt hörte ich ihre Stimme, und das gerade nach Passieren des Kap Hoorn. Das war ein durch alle Glieder gehendes Beben. Ich schrie und hüpfte und trommelte, so aufgeregt war ich. Danach wollte ich unbedingt meinen Tee mit Rum anreichern, aber ich hatte alles Zerbrechliche fest unter den Bodenbrettern verschraubt. Ich kam einfach so schnell nicht ran.

Frage: Wiederholt sah ich Werbeaufkleber am Großbaum Ihrer »Kathena nui«. Wurde Ihre Fahrt gesponsert? Wenn ja, in welcher Form?
Antwort: Zum ersten Mal in meinem Segelleben versuchte ich für die Nonstopfahrt Material und Geld von artverwandten Firmen locker zu machen. Beim Material gelang mir das sehr gut. Fast alle angesprochenen Firmen unterstützten mein Vorhaben, ohne lange zu zögern. Allerdings hatte ich auch ein klares Konzept dafür ausgearbeitet: Ich schilderte kurz meine Segelerfahrungen, das Schiff, gab eine Skizze der Route, erläuterte, was die Firma zu erwarten hatte. Das alles graphisch und detailliert aufgelistet. Ich habe meine Anfrage sachlich gehalten, mich nicht angebiedert und auch mein Vorhaben als riskant dargestellt. Es hätte ja schiefgehen können.

Bei den Geldmitteln haperte es dann doch sehr, für die

Werbung machen wir doch alle. Bewußt oder unbewußt. Rudi Cäsar zeichnete uns in Neuguinea, bevor wir irgend etwas damit zu tun hatten.

sind Freunde und Familie eingesprungen. Daher meine ich, die Fahrt ist gefördert worden und nicht gesponsert. Ein Sponsor ist für mich eine Firma, die auch Geld investiert und nicht nur Sachspenden. In den Fachzeitschriften lese ich jetzt immer häufiger, daß sich endlich auch in Deutschland Firmen bequemen, das Hochseesegeln zu unterstützen. Ich wünsche mir das auch in verstärktem Maße, nur: Einer, der nichts hat, wird schwer einen kompetenten Partner finden, der ihn sponsert. Es ist ein Teufelskreis. Andererseits sollten Firmen froh und glücklich sein, daß es uns gibt, die ihren Namen, ihr Produkt auf diese Weise populär machen. Eine Illustriertenanzeige ist oft wesentlich teurer und nach einer Woche in der grünen Tonne.

Frage: Mich interessiert die Fotografie. Sind wirklich alle Aufnahmen unterwegs gemacht, und was für Geräte haben Sie benutzt?

Antwort: Alle Bilder sind von der Reise, außer selbstverständlich die Ankunftsfotos. Aber so viele Bilder, wie es scheint, habe ich gar nicht gemacht. Rund 100 Diafilme hatte ich mitgenommen. Die Reise war lang – 271 Tage. Und ich hatte irgendwann die Nase voll, nur an die gegenwärtige Situation zu denken: Essen, Navigation, Wind, Wäsche waschen, und beschäftigte mich schon gerne mit Fotografieren. Außerdem wollte ich, wenn ich schon Mühe und Kosten investierte, ungewöhnliche Fotos, ungewöhnliche für einen Einhandsegler, mitbringen. Für diesen Zweck hatte ich meine zehn Jahre alte Nikon mit einem Motor und einem Ultraschall-Fernauslöser ausgerüstet. So konnte ich die Kamera mit Stativ an der Reling festzurren oder am Mast oder am Niedergang und mich selber aus jeder gewünschten Position »abknipsen«. Ich brauchte nur den Schallauslöser mitzuführen. So war es möglich, Serien zu schießen und über-

Diese Selbstaufnahme schoß ich mit einer zweiten Kamera. In der rechten Hand halte ich die Ultraschall-Fernauslösung.

haupt diese Vielfalt an Aufnahmen von der Solofahrt mitzubringen.

Mit der Fotokamera wurde ich im Laufe der Fahrt immer mutiger. Montierte sie gar im Schlauchboot und schleppte dieses längsseits und gelegentlich achteraus. Natürlich nur bei gutem, normalem Wetter, denn sonst hätte das Beiboot unterschneiden und kentern können. Das sieht auf den Bildern so leicht aus, das Selbstfotografieren. Es machte jedoch allerhand Mühe. Zunächst, sich selbst zu überzeugen, es zu tun und nicht immer auf morgen zu verschieben – die Reise ist ja noch so lang –; dann das Beiboot aus der Achterpiek holen, aufpumpen, das Stativ mit einer Leine befestigen, Kamera oben aufschrauben und – da ich mit verschiedenen Blenden arbeitete – jedesmal das Beiboot vorsichtig heranziehen, reinjumpen, Blende verändern, wieder an Deck hüpfen, eine Tätigkeit ausüben – und das mehrfach. Eventuell mußte auch noch das Objektiv gewechselt werden. An einigen Aufnahmen habe ich den ganzen Vormittag gearbeitet.

So viel Aufwand betrieb ich in den kalten Breiten der Antarktis nicht. Da war es schon Überwindung, viel Zwang, die Kamera überhaupt aus dem Schapp zu holen und damit an Deck rumzuturnen. Ich hatte in den Sturmphasen anderes im Kopf als Blenden, Zeiten und Ausschnitte. Außerdem manchmal Scham, die schroffen Wellenberge zu knipsen. So sind denn auch alle Sturmfotos kurz vor oder nach der kritischen Phase gemacht.

Neben Nikkormat und Nikon F2 hatte ich noch eine Nikonos und natürlich Wechselobjektive – 20 mm, 28 mm, 50 mm, 105 mm und 200 mm – vom selben Fabrikat an Bord. Gelagert wurden die Geräte, ebenso die Filme, in mit Reis gefüllten Tuppercontainern.

Frage: Kann man vom Segelbücherschreiben leben?
Antwort: Man kann. Nur wie, ist eine andere Sache. Es reicht bei uns zum Leben. Reich werden wir davon nicht. Dafür ist das Gedränge auf dem deutschen maritimen Markt zu groß.
Ja, ein Buch schreiben wollen wir Weltumsegler fast alle. Nicht, weil man dazu nur Papier und Bleistift braucht, son-

Wenn keine Kühlmöglichkeit an Bord ist, alles Filmmaterial, vor allem belichtetes, in mit Reis gefüllten Blechbehältern lagern. Reis schützt vor Feuchtigkeit und kühlt die Filme gleichzeitig.

Ferngläser und Kameraobjektive sind bei längeren Törns vom Pilzbefall bedroht. Um dies zu vermeiden, Kameras und Gläser etwa einmal pro Woche dem direkten Sonnenlicht aussetzen.

Das Meer befreit und
ist feindlich zugleich.
Eine Notiz aus meinem
Logbuch.

dern mehr wohl, weil unsere Fahrten ohne Zuschauer, unter Ausschluß der Öffentlichkeit stattfinden. Ein weiterer Grund ist die Verlockung, damit Geld zu verdienen, zumindest die Kosten einzubringen, die so ein langer Törn verursacht. Schreiben ist ein Geschäft, ein Beruf, eine Kunst, die sehr viel Selbstbeherrschung erfordert. Es ist auch für talentierte Schreiber eine Fleißarbeit. Man muß außerdem geschickt sein, Lücken aufzuspüren.

Ich sitze an einem Buchmanuskript sechs bis acht Monate, ganztags. Ich kann es nämlich nicht nebenher tun, dafür fehlt mir die Routine. Wichtiger als glatte Schreibe ist bei mir die Aussage, der Spannungsbogen und eine gute graphische Gestaltung. Möglichst unverwechselbar. All diese Monate an der Schreibplatte verursachen Kosten für unendliche Telefonate, Recherchen, Porto, Fahrten zum Verlag, Fotos, Skizzen und Zeichnungen.

Der Verlag druckt in der Regel eine Erstauflage von 5000 Exemplaren, von der »Magischen Route«, die mich schon vorher bekannt gemacht hatte, natürlich mehr. Es gibt für meine Bücher inzwischen eine feste Leserschaft, aber die Verkaufszahlen hängen auch von dem jeweiligen Thema ab. Glücklicherweise ist die Tendenz, gierig zu lesen, was andere erlitten, wie sie sich geschunden haben, weiter steigend. Das sichert den Selbsterfahrungsbüchern einen beständigen Markt.

Der Verfasser kann sich freuen, wenn er zehn Prozent des Ladenpreises von jedem verkauften Buchexemplar aushandelt. Ist er langfristig und erfolgreich beim Verlag, kann er zwölf Prozent erwarten. Für einen Autor wird das Honorar erst interessant, wenn der Titel lange läuft. Es ist eine herrliche Sache, von einer Bucharbeit, die zehn und mehr Jahre zurückliegt, Tantiemen zu bekommen. Nebenrechte, also Lizenzen von Buchclubs, Taschenbüchern, Übersetzungen werden normalerweise zwischen Verlag und Autor geteilt. Bei einem Taschenbuch bekommt der Autor selten mehr als 25 Pfennig pro Stück. Dafür ist die Auflage entsprechend höher.

Für keine Sportart gibt es ein so reichhaltiges Buchangebot wie beim Segeln. Selbst die zahlreichen schreibenden Bergsteiger und Fußballer müssen da passen. Der führende Ver-

leger von Segelbüchern sagte mal zu mir: »Ich denke manchmal, daß jeder, der mehr als 1500 Meilen gesegelt ist, auch
darüber geschrieben und es mir zum Lesen zugesandt hat.«

Frage: Welche Segelbücher können Sie einem künftigen
Ozeansegler empfehlen?
Antwort: Eine komplizierte Frage. Egal, was ich für Titel
vorschlage, jeder Lesende wird es anders sehen. Es gibt
heutzutage eine Fülle von Segelbüchern wie nie zuvor. In
den letzten zwölf Monaten sind wieder acht neue hinzuge-
kommen. Ich will trotzdem versuchen, aus meiner inzwi-
schen auf 89 Titel angewachsenen Seglerbibliothek auszu-
wählen. Ich nenne Bücher, die mir gefallen haben und noch
im Handel erhältlich sind.
Reisebeschreibungen sind anfangs immer von Vorteil. Sie
vermitteln Erfahrungen, und man kann sich auf spannende
Weise in die Materie lesen: Hier ein paar Tips:
Hannes Lindemann, »Allein über den Ozean«
Bernard Moitessier, »Der verschenkte Sieg«
Patrick van God, »Trismus«
Burghard Pieske, »Shangri-La«
Jean Merrien, »Sie segelten allein«.
Bei den Fachbüchern für Ozean und Küste finden wir ge-
bündeltes Wissen in:
Hal Roth, »50 000 Meilen unter Segel«
Bobby Schenk, »Blauwassersegeln«
Harald Schwarzlose, »Kleine Kreuzer«.
Ich habe viele meiner Kenntnisse aus dem Buch »Segeln
über sieben Meere« von Hiscock. Leider ist dies Buch schon
lange vergriffen. Es war damals ein Muß in jeder Bord-
bibliothek. Man begann keine Seereise, ohne sich dieses
Buch erarbeitet zu haben.
Da weiter Ozeane besegelt werden, wird es logischerweise
neuen Lesestoff geben. Bleibt noch zu erwähnen: Ich habe
früher eine Menge gelesen. Eigentlich alles, was auf diesem
Gebiet erhältlich war, und mir dabei das gesamte theoretische Wissen angeeignet. Als ich dann auf See war, in meinem ersten schweren Wetter, merkte ich, daß ich zwar zu
einer Masse von Informationen gekommen war, es aber für
die Praxis nicht reichte.

**Im Hafen und an der
Clubbar immer daran
denken:
Seemannsgarn ist nicht
nur zum Nähen da!**

Also, wer meint, er kauft sich jetzt ein paar Bücher, segelt los und ist gegen alles gewappnet, der irrt sich. Denn soviel man auch liest, es wird nie genügen, um auf See bestehen zu können. Trotzdem: Lesen am Kamin ist immer noch eine schöne Sache, dabei büßt man keine Illusionen ein.

Frage: Stichwort – Glück gehabt?
Antwort: Glück spielt bei meinen Fahrten eine Rolle. Ohne Glück und Zufall im Leben säße ich jetzt nicht hier. Aber, ich habe vor allem Glück, wenn ich ihm günstige Bedingungen verschaffe. Z. B. durch eine sorgfältige Ausrüstung, durch Aufmerksamkeit, Wissen und Können, Intuition, aber auch durch so etwas Mysteriöses wie Aberglauben. Ich bin sehr abergläubisch, besonders wenn ich mit Boot und See zu tun habe. Mein Aberglaube äußert sich nicht nur in dem traditionellen Seefahrer-Pechtag – Freitag, den 13. – oder beim Bruch einer Spiere; ich verschaffe mir magische Kräfte mit bestimmten Zahlen oder wenn ich verschieden-farbige Strümpfe trage. Mein Glaube daran ist groß. Neben einem Stechzirkel, der alle Seemeilen mitgemacht hat, besitze ich ein weiteres Maskottchen, das meine Zeit auf dem Meer günstig beeinflussen sollte. Die Hilfsmittel bleiben natürlich geheim, damit der »Zauber« auch noch wirkt, wenn ich wieder unterwegs bin.

Frage: Wann fahren Sie denn nun wieder los?
Antwort: Nie wieder. Jedenfalls nicht in der bisherigen Form. Ich habe vier unvergeßlich schöne und erlebnisreiche Weltreisen mit eigenen Booten gemacht. Die Fahrten haben mir sehr viel, wenn nicht gar alles gegeben, was ich besitze. Ich möchte aus diesem Grund den Mythos Weltumsegeln nicht ganz ausreizen. Daher, und das ist sicher, gibt es das Fahrtensegeln so von Insel zu Insel, von Küste zu Küste und das über Jahre hinweg für mich nicht mehr.
Was mich reizen würde, wäre noch einmal die totale sportliche Herausforderung auf dem Meer. Aber das Unternehmen, das mir vorschwebt, kostet viel Geld, weil ich dabei ja auch erfolgreich sein möchte. Näheres kann ich dazu nicht sagen. Auf alle Fälle halte ich mich fit, trainiere schon dafür. Ich bin 47 Jahre.

30 Etwas Geschichte – Daten und Fakten

Die Chronik der Entwicklung des Fahrtensegelns ist so unvollständig wie die der Menschheitsgeschichte. Es wurde erst registriert, nachdem die ersten Erfahrungs- und Erlebnisberichte übers Fahrtensegeln veröffentlicht worden waren, die seltsamerweise schon damals in Opposition zum Regattasegeln standen, das vor dem Fahrtensegeln existierte. Mit diesen Publikationen wurde immer mehr »Landleuten« bewußt gemacht, daß Vergnügungssegeln Freude bringen kann. Vielleicht die einflußreichste Buchausgabe war die von Claud Worth »Yacht Cruising« von 1910.

Natürlich waren diese ersten Segelboote primitiv. Sie wurden aus Fischerbooten entwickelt oder umgerüstet. Sie waren behäbig und schwer zu manövrieren, das Rigg mit den steifen Baumwolltüchern, dicken Hanftauen schwer zu handhaben. Die Kojen waren aus rohem Holz gezimmert, wo zuvor der Fisch aufbewahrt wurde, war nun der Salon. Fahrtensegeln konnten sich nur wohlhabende Leute leisten, da zur Fortbewegung der Schiffe bezahlte Crew gebraucht wurde. Erst um 1880 wurden die ersten Fahrtenyachten gezeichnet und gebaut.

So wie frühere Generationen berühmte Navigatoren und Entdecker hervorbrachten, hat das letzte Jahrhundert den Fahrtenseglern ihre Pioniere gegeben. Denjenigen, die über die Weltmeere einhand segelten, brachte man damals dieselbe Ehrfurcht entgegen wie heutzutage den ersten Mondfahrern.

Der Amerikaner Joshua Slocum war Seemann von Beruf, bevor er sich mit 52 Jahren aufmachte, die Erde allein zu umsegeln. Drei Jahre brauchte er dafür mit seiner elf Meter langen Yawl »Spray«.

Die folgende Auflistung gewährt einen Blick auf die ersten, berühmtesten und alle hier im Buch erwähnten Segler und ihre Fahrten.

1830–1891 Richard McMullen entwickelt die klassische Fahrtenseglertaktik: In einem aufziehenden Sturm Seeraum zu gewinnen, anstatt Schutz unter Land zu suchen. Mit seinem 6-m-Kutter »Leo« umrundet er die britischen Inseln.

1876 Alfred Johnson überquert als erster den Atlantik einhand. Von Kanada nach Wales in 46 Tagen. »Centennial«, ein 6 m langes kuttergeriggtes Dory.

1876–1877 Lord Thomas Brassey, ein britischer Millionär, umsegelt die Erde als erster zum Vergnügen. 31-m-Schoner »Sunbeam« und bezahlte Crew.

1882–1883 Bernard Gillboy segelt einhand von San Frazisko in die Nähe Australiens, ohne einen Hafen anzulaufen. 164 Tage. »Pacific«, 6 m, Schoner.

1895–1898 Joshua Slocum (Amerikaner) gelingt die erste Einhand-Weltumseglung. Von Boston über Gibraltar, Magellanstraße, Südpazifik, Torresstraße, Kap der Guten Hoffnung nach Boston. »Spray«, 11, 20 m, Kutter.

1901–1904 John C. Voss (Kanadier) umsegelt mit einem indianischen Einbaum die Erde von Kanadas Westküste über den Pazifik, Nord-Australien, Kap der Guten Hoffnung, Brasilien nach London. »Tilikum«, 12 m lang und 1,65 m breit, als Dreimast-Schoner getakelt. Voss ist Begründer der Treibankertechnik – schwere Stürme damit abzureiten.

1910 – Claud Worth, ein Brite, der das erste umfangreiche Handbuch über Fahrtensegeln veröffentlicht: »Yacht Cruising«. Seine Erfahrungen zieht er aus seinen eigenen neun Yachten, die er sich fast alle neu bauen läßt und damit verschiedene Fahrten um die britischen Inseln, in die Biskaya, nach Holland und Irland macht.

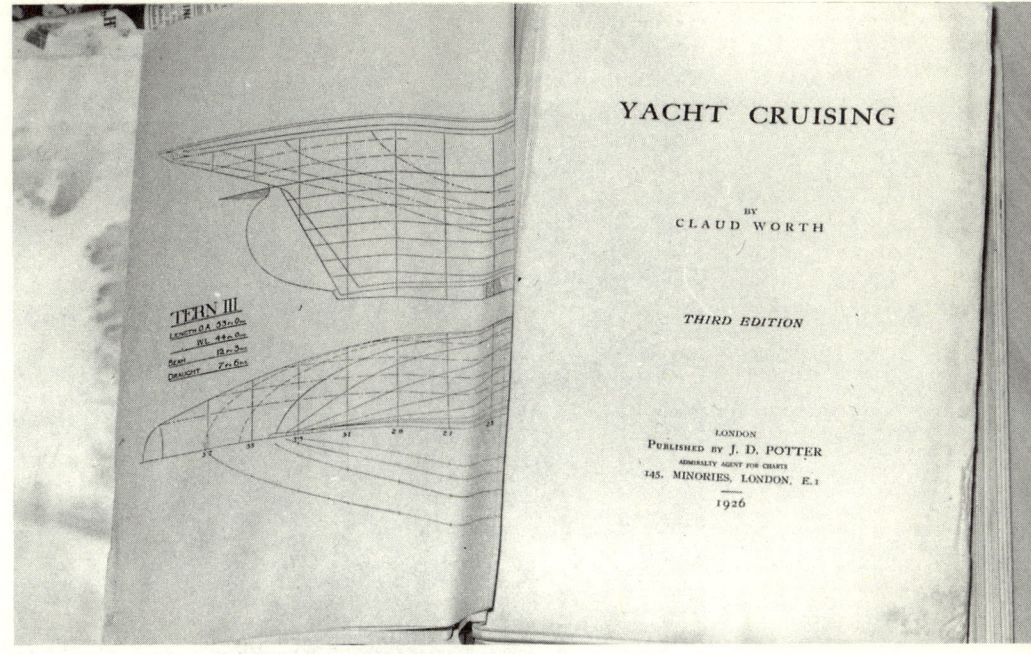

YACHT CRUISING

BY
CLAUD WORTH

THIRD EDITION

LONDON
PUBLISHED BY J. D. POTTER
ADMIRALTY AGENT FOR CHARTS
145. MINORIES, LONDON, E.1
1926

1923–1929 Alain Gerbault, ein Franzose und Intellektueller, nimmt sich sechs Jahre Zeit für seine Einhandfahrt um die Welt. Sein Motiv: von der Zivilisation enttäuscht. Die Route führt von Cannes, Gibraltar, New York, Panama, Südpazifik, Torresstraße, Kap der Guten Hoffnung wieder nach Cannes. »Firecrest«, 11 m, Kutter.

1926–1928 Kapitän Carl Kircheiß (Hamburger) führt eine ungewöhnliche Weltumseglung durch – West-Ost-Kurs von Hamburg via Suezkanal, China, Japan, Westküste USA, Panamakanal, New York, Hamburg. Vier Mann bezahlte Crew. »Hamburg«, ein umgebauter Fischkutter, 22 m lang, 6,40 m breit, 50-PS-Rohölmotor.

1928 Kapitän Romer (Deutscher) überquert im Faltboot den Atlantik von Portugal über die Kanarischen Inseln nach St. Thomas, Antillen in 99 Tagen. Verschollen auf der Weiterfahrt nach New York. »Deutscher Sport«, 6 m lang und 0,95 m breit, Spezialanfertigung.

Das erste ausführliche Fahrtensegler-Handbuch. Es erschien 1910 in England. Diese dritte Auflage (462 Seiten) war an Bord beim Kauf der »Kathena«.

Kapitän Kircheiß und Mannschaft vor der Abfahrt 1928 in Hamburg. – Mit dem umgebauten Fischkutter »Hamburg« machte er seine berühmte »Propagandareise um die Welt gegen die Kriegsschuldlüge«.

1934–1938 A. G. H. Macpherson, ein Engländer, der verschiedene Fahrten Richtung Westindien, Suezkanal, Indien, Indonesien unternimmt. Meistens mit zwei Mann Crew, die gegen Bezahlung mitsegeln. Der Eigner schläft in den Häfen im Hotel. »Driac II«, 10 m, Kutter.

1937 Kapitän Ludwig Schlimbach (Bayer) segelt einhand von Hamburg über Lissabon, Azoren nach New York, Yawl, »Störtebeker III«, 10,20 m.

1942–1943 Vito Dumas (Argentinier), Einhand-Weltumseglung von West nach Ost auf der antarktischen Route in 4 Etappen. »Legh II«, 9,70 m, Ketsch.

1946 Hans de Meiss-Teuffen segelt einhand von Casablanca nach New York in 58 Tagen. »Speranza«, Yawl mit Hilfsmotor. 10,20 m lang. Der Schweizer segelte auch während des Krieges in Mittelmeer und Atlantik.

1952–1955 Eric und Susan Hiscock (Engländer), Weltumseglung auf der Passatroute. »Wanderer III«, 9,30 m-Slup. Pioniere der Ehepaar-Weltumsegler.

1952 Ann Davidson (Engländerin). Einhand-Atlantiküberquerung mit »Felicity Ann«, 7 m, Slup. Erste Frau, die einen Ozean allein überquert.

1956 Dr. Hannes Lindemann (Deutscher) von Las Palmas nach St. Marten/Antillen in 72 Tagen. Serienfaltboot von Klepper.

1964–1967 Ernst-Jürgen und Elga Koch (Hamburger). Weltumseglung auf der Passatroute. »Kairos«, 9,80 m, Slup. Baumaterial Stahl.

1966–1967 Sir Francis Chichester (Engländer). Einhand-Weltumseglung um die berüchtigten Kaps mit nur einem Zwischenhafen, Sydney, insgesamt 29 630 Seemeilen. »Gipsy Moth IV«, 16,20 m, Ketsch.

1966–1968 Wilfried Erdmann. Erste deutsche Einhand-Weltumseglung. Passatroute mit 6 Zwischenstationen. »Kathena«, 7,60 m, Slup.

1965–1969 Walter König (Petershagen). 3. deutscher Einhandweltumsegler. Passatroute. »Zarathustra«, 7 m, umgebautes Rettungsboot.

1965–1970 Robin Lee Graham (Amerikaner). Weltumseglung auf der Passatroute von Kalifornien aus. Mit 19 Jahren jüngster Weltumsegler. »Dove«, 7 m, Slup. Nach der Hälfte der Fahrt: »Dove II«, 9,50 m, Slup.

1968–1969 Robin Knox-Johnston (Engländer), Sieger und einziger Ankommer der ersten Nonstop-Regatta um die Welt. »Suhaili«, 10 m, Ketsch.

1968–1969 Bernard Moitessier (Franzose), Teilnehmer der Nonstop-Regatta, die er, in Führung liegend, nicht beendete, sondern weiter nach Tahiti segelt, wo er die Fahrt nach zehn Monaten ununterbrochenem Segeln und etwa 40000 Seemeilen beendet. »Joshua«, 12 m, Ketsch.

Helmut Erdmann, rechts im Bild, mit Freunden und selbstgebauter Dschunke auf Indonesienfahrt.

1969–1970 Ingeborg von Heister (Düsseldorf) überquert den Atlantik einhand in beiden Richtungen – Gibraltar, Las Palmas, Westindien, Bermuda, Azoren, Gibraltar. »Ultima Ratio«, Trimaran, 10,50 m × 5,20 m, Ketsch.

1971–1972 Helmut Erdmann (Büchen/Schleswig Holstein) segelt einhand von Hamburg via Kanaren in die Karibik. Auf der Weiterfahrt Richtung Panama verschollen. »Spökenkieker«, 7,10 m × 210 m, Slup. Mein Vetter hat bereits 1963/64 mit Freunden eine Dschunke in Penang (Malaysia) gebaut und von dort über Indonesien nach Darwin gesegelt. »Eng Yong«, 9,80 m, motorlos.

1971–1974 Carla und Bobby Schenk (München). Weltumseglung auf der Passatroute. »Thalassa«, 10 m, Slup.

1971–1975 Beate und Peter Kammler (Berlin). Weltumseglung auf der Passatroute. »Mauna Kea«, 11,60 m, Ketsch.

1974–1976 Dorothea und Peter Bufe (Berlin). Weltumseglung mit verschiedenen Freunden und Familienmitgliedern auf der Passatroute. »Hikueru III«, 12 m, Ketsch.

1980 Margaret und Hal Roth (Amerikaner) segeln seit 11 Jahren auf allen Ozeanen. Zum Beispiel innerhalb der Aleuten und ums Kap Hoorn. »Wisper«, 10,60 m, Slup.

1981–1985 Britta und Erich Neidhardt (Flensburg). Weltumseglung auf der Passatroute. »Elefant«, 11,60 m, Slup.

1981–1985 Heide und Günter Voigt (Hamburg). Weltumseglung auf der Passatroute mit großen Abstechern nördlich und südlich davon. »Pusteblume«, 11,60 m, Ketsch.

1977–1987 Helga Seebeck und Burghard Pieske (Hamburg/Lübeck). Weltumseglung mit Unterbrechungen auf extremer Route: Kap Hoorn, Stewart Island, Tasmanien, Fly River, Neufundland, Grönland. »Shangri-la«, Katamaran, 12 m, als Slup getakelt.

Wilfried Erdmann

Seine Bücher bei Kiepenheuer & Witsch:

Die Magische Route – Als erster Deutscher allein und nonstop um die Erde. Großformat. 192 Seiten. Mit 104 farbigen Fotos und Skizzen und Karten. Gebunden. – 1986, 4. Auflage

Gegenwind im Paradies – Segelabenteuer in der Südsee. 264 Seiten. Davon 32 Seiten Farbe. Karten und Skizzen. Gebunden. 1980, 7. Auflage

Der blaue Traum – Leben und Segeln in der Südsee. Bild- und Textband. Großformat. 160 Seiten. Davon 64 Seiten Farbe. Gebunden. 1983, 3. Auflage

Tausend Tage Robinson – Das Abenteuer einer Weltumseglung. 222 Seiten. Davon 16 Seiten Farbe, 1973, 4. Auflage, KiWi-Paperback 34, 1983, 2. Auflage

Das Buch der ersten Weltumseglung bei Edition Maritim:

Mein Schicksal heißt Kathena – Als Einhandsegler um die Welt. 262 Seiten. Farbbilder. Karten und Faksimile. Broschur. Neuauflage 1986, 2. Auflage

Seine Videos bei Delius Klasing:

Die Magische Route – allein und nonstop in 271 Tagen um die Erde. Laufzeit 60 Minuten.

Gegenwind im Paradies – Segelabenteuer in der Südsee. Laufzeit 55 Minuten.